数字化转型系列

软件定义智慧企业

企业应用软件赋能数字化转型

Software-defined Intelligent Enterprise

Digital Transformation Enabled by Enterprise Application Software

彭俊松 孙惠民 ◎编著

机械工业出版社
China Machine Press

图书在版编目（CIP）数据

软件定义智慧企业：企业应用软件赋能数字化转型 / 彭俊松，孙惠民编著．—北京：机械工业出版社，2022.9

（数字化转型系列）

ISBN 978-7-111-71738-6

I. ① 软… II. ① 彭… ② 孙… III. ① 企业管理－应用软件 IV. ① F272.7-39

中国版本图书馆 CIP 数据核字（2022）第 184536 号

软件定义智慧企业：企业应用软件赋能数字化转型

出版发行：机械工业出版社（北京市西城区百万庄大街 22 号 邮政编码：100037）

责任编辑：王 颖 冯秀泳

责任校对：梁 园 李 婷

印 刷：保定市中画美凯印刷有限公司

版 次：2023 年 1 月第 1 版第 1 次印刷

开 本：170mm × 230mm 1/16

印 张：16.5

书 号：ISBN 978-7-111-71738-6

定 价：89.00 元

客服电话：（010）88361066 68326294

Foreword 序 一

云巅赋能，智慧转型，一起走进新时代

1990年，彼得·圣吉在《第五项修炼》中提出了学习型组织的概念，自此掀起了打造学习型组织的热潮，到今天热度依然不减。追究原因，就是越来越多的企业已经认识到，作为一个自运行的生态系统，企业如果不在理念、人才、技术等方面持续有效地输入，引入新的血液，必将逐渐陷入“熵增”之中，走向内卷，而解决之道就是把企业打造成学习型组织。

在这个过程中，不同的企业采取的具体方法和路径也不同，甚至大相径庭，如何学习也就自然成为大家关注的重点。俗语说“独智不抵群谋”，SAP采用的就是“我为人人、人人为我”的众智学习理念。

2019年年底，为了不断提升员工对数字化转型的认知，持续增强员工服务客户并帮助其进行数字化转型的能力，SAP从技术团队中经过层层笔试和面试，选拔了16名精英骨干，举办了“数字化转型特种兵训练营”，按照“新趋势、新历程、新组织、新架构和新战略”五大模块，针对每一位学员设计了一个研究课题，开启了为期一年的以自我研习为主、导师指导为辅的学习旅程。

本书就是导师和学员集体创作的智慧结晶，同时也是SAP内部人员对于企业未来发展之路走向哪里，以及如何到达的深入思考和积极探索的成果。

诺贝尔经济学奖获得者罗纳德·科斯（Ronald Coase）说，企业的本质就是一种资源配置的机制。我们已经迈入了工业4.0的新时代，企业作为工业革命的产物，在不同时期，它的资源配置机制无疑是不同的。总体趋势就是企业由粗放管理走向精准管理，由规模化发展走向集约化发展，尤其在以人工智能、物联网、云计算、大数据、机器人和区块链为代表的数字化技术和工具的帮助下，供

给侧有能力实时精准地洞察到消费端的隐性需求，并通过智能生产、精准营销和敏捷物流高效地完成供需双方的精准匹配，从而有效降低整个社会的运行成本并快速实现消费者对美好生活的向往。近两年由“双碳目标”引发的可持续性发展热潮，其本质也是一个资源优化管理的话题，既需要全面的数据洞察，也需要业务流程的激活。

不难看出，软件定义的数字化技术使得商业要素和生产要素的颗粒度越来越小，我们已经迎来了在微观层面可更有效驾驭企业的智慧时代。从这个意义上说，智慧企业就是人工智能（AI）驱动下的基于大数据决策进行内外部资源有效配置的新型企业范式，而打造智慧企业就是企业数字化转型的应许之地。

当前，高质量发展是中国经济增长的长期主题，以数字经济为核心，打造新业态、新模式和新生活，亦将成为经济发展的新常态。众所周知，我们已经迈入了数字文明新时代，支持整个社会经济发展的技术和资源已经不再仅仅是工业文明时代就已经存在的“水、电、煤、油、铁、公、机”等物理基建，更需要在此之上叠加以云技术为核心的数字基础设施。

2021 年是“十四五”开局之年。在工业和信息化部发布的《“十四五”信息通信行业发展规划》中，已经明确把建设新型数字基础设施、拓展数字化发展空间，作为建设网络强国和数字中国的重点内容，这也成为支撑我国数字经济建设、确保高质量发展的两大动力引擎。

云计算的特点就是一切即服务（XaaS），包括基础设施即服务（IaaS）、平台即服务（PaaS）和软件即服务（SaaS）。由此可以看出，在技术维度，云计算是建设新型数字基础设施，确保产业数字化和转型升级必不可少的技术支撑。在商业维度，云计算是拓展数字化发展空间，打造新业态、新模式、新生活，实现企业数字化转型的重要创新工具和手段。

毫无疑问，今天我们已经迎来了云时代，云计算对社会经济生活的方方面面都已经产生了深远的影响。1992 年，SAP 作为一家源于德国的全球最大的企业应用软件供应商来到中国，到 2022 年已经有 30 年了。秉持着“在中国，为中国”的创新理念，SAP 不仅见证了中国改革开放所取得的举世瞩目之成就，也很荣幸地参与了这场伟大的变革。

“春江水暖鸭先知”，在这个云计算开启的风云际会之时，虽然 SAP 是工业文明时代的信息通信技术（ICT）行业翘楚，但从 10 年前开始，就勇于自我革命，开启了积极拥抱云计算的伟大征程——耗费 700 亿美元，不仅重写了核心产品的

4亿行源代码，彻底将其云化，而且在细分的应用领域，拥有了覆盖企业价值链端到端的诸朵“云”，并且逐一在中国落地。可以说，SAP已经成为助力中国企业和产业数字化转型升级的用户最值得信任的SaaS领导者。无论企业现在处于哪个阶段，希望达成什么目标，基于云的“RISE with SAP解决方案包”都可以满足企业的数字化转型需求。

在本书中，作者从望远镜视角（战略视角，规划企业的数字化转型的方向和路径）、放大镜视角（高维视角，整体呈现企业数字化的价值要素有哪些，以及其中的逻辑组合关系）和显微镜视角（操作视角，详细论证和阐述企业数字化转型应采用的方法和工具），由宏观到微观，以全景扫描的方式向读者展示了云时代企业如何通过数字化转型进化升级为智慧企业。

面对世界百年未有之大变局，SAP希望携手客户一起走进云时代，共创未来美好新生活。

SAP全球执行副总裁，SAP大中华区总裁

黄陈宏　博士

2021年11月于北京

序　二 Foreword

软件定义的数字化变革

当今世界正经历百年未有之大变局，以数字化转型为主要特征的第四次工业革命蓬勃兴起，成为经济社会发展最重要的技术驱动力。与过去30年信息化和全球化相互促进、高歌猛进的发展不同，逆全球化思潮的发酵使得当前数字化浪潮面临更为复杂的国际环境，与2020年以来蔓延全球的新冠肺炎疫情（以下简称疫情）相交织，导致技术、市场、商业模式、产业生态急剧变化，并深刻影响着产业链、供应链乃至全球经济结构。

无疑，当前国际形势变局与疫情的持续给全球经济复苏和可持续发展带来了极大的不确定性，但日益加速的数字化成为各国乃至各个行业的高度确定性共识。过去两年多，疫情极大地冲击了全球经济体系，各行各业都面临着从需求收缩到供应链中断等的严峻挑战。在艰难的时局中，可以清晰看到，数字化水平较高的企业能够更快恢复，也能更敏捷地响应需求与市场变化，更好地处理供应链的不确定性风险，展现了更好的韧性和弹性。同时，一批数字原生企业的异军突起，在短时间内也给行业带来了格局的变化与模式的创新。可以确定地说，全球数字化进程正在加快，对于国家、行业和企业而言，数字化转型已不是可有可无的“锦上添花”，而是关乎生存与可持续发展的“必修课”。

本质上，数字化转型与过去几十年已然发生的全球自动化、信息化浪潮一脉相承，并无本质的变化，都是信息通信技术驱动的产业变革，都带来生产力的巨大进步并进而推动社会的发展变革。对行业和企业而言，数字化转型是技术驱动的转型升级过程；对国家而言，数字化转型是通用目的型技术（GPT）驱动的经济社会变革历史进程，如同一个多世纪以前的电力革命那样。但从企业和行业实践的角度来看，当前阶段的数字化相比于过去30年的信息化有一个显著的新特征，即以数据作为关键要素，以信息通信技术与各个行业的全面融合为主线，通过变革创新范式和优化资源配置方式，实现效率提升、价值增长与敏捷性，从而提升全要素生产率，实现生产力的根本进步。一般而言，广义的数字化转型包含了工业界所谈的“数字化、网络化、智能化”的全部内容。当前，数字化转型呈现出四类核心特征。

一是全面连接。移动互联网的发展推动了生活消费模式的巨大变革，也给实体经济领域带来了冲击。在新一轮的数字化浪潮下，数十年中相对稳定的工业体系正逐步发生重大变化，互联网、无线通信、软件定义网络、边缘计算与云计算等技术的进步，使打造低时延、大带宽、高可靠、广覆盖、知识产权（IP）化、柔性化的工业网络体系成为可能，从而打通原有工业连接的壁垒，实现从产品、设备、生产制造系统到企业IT系统的跨企业以及跨产业链、供应链、价值链的全面连接，并实现数据在工业各个层级、各个环节的无缝传递和集成互通，为形成实时感知、协同交互、智能反馈的生产制造和服务模式奠定了基础。

二是数据驱动。新一代信息技术的进步使海量和异构的工业数据能够被低成本地挖掘和利用，数据成为新的生产要素，基于数据可形成对市场、设备、生产系统乃至供应链、产业链、价值链的精准刻画和实时感知，为数字化转型提供“燃料”。一方面，数据与各个行业的知识和Knowhow相结合，形成“数据驱动+工业知识”的认知与创新范式，使工业系统具有全局、深度和实时的智能优化决策能力，成为转型实践的底层逻辑。另一方面，数据的充分流动有效弥合了生产制造、运营管理乃至产业链、供应链、创新链各环节上的信息不对称，使各类要素资源可在更大范围实现更高效率、更为精准的配置与协同。

三是软件定义。软件本质上是人对客观规律认识的代码化表达，发挥着人类知识显性化与复用传承的作用。近20年软件技术的快速进步，大大降低了软件开发和使用的门槛，软件在各个行业中的重要性急剧上升，不仅使更大范围、更深层次的知识自动化成为可能，也使通过软件定义硬件、产品和服务以实现低成本、快速、敏捷的迭代创新成为重要方向。利用软件敏捷开发、复用与调整的优势，可实现数据驱动的智能和工业知识自动化，并通过二者的结合，将智能优化决策高效部署于实际场景中，形成数字化转型的具体操作范式。同时，App、

SaaS 等软件新形态和软件开源化的发展，进一步加速了数字化转型创新成果的转化与大规模复用。

四是平台支撑。平台向下连接海量设备，向上承载丰富软件，外连用户与生态伙伴，自身秉持工业知识、数据和工具，逐步成为数据汇聚、计算分析、应用创新、生态整合的枢纽，成为工业资源优化调度的“操作系统”。平台提供通用数字技术底座，提供算力资源与创新支持，同时基于数字技术底座形成海量工业数据、工业模型和各类业务组件，推动制造能力和工业知识的标准化、软件化、模块化与服务化，支撑应用软件的社会化开发，实现更广泛制造资源的连接与协同，推动工业生产方式创新、商业模式创新和产业组织创新，驱动工业全要素、全产业链、全价值链实现深度互联，推动生产和服务资源高效优化配置和体系再造。近 20 年，消费领域的“平台经济”迅猛兴起，塑造了全球数字经济；工业等生产领域能否打造“平台经济”，成为国际产业巨头努力探索的方向，迄今虽无最终结论，但也形成了阶段性成果。

工业互联网是工业领域乃至实体经济各个领域数字化转型的路径和方法论，数字化转型本质上要基于工业互联网形成“数据驱动 + 工业知识”的智能优化闭环，进而为各行业构建起泛在感知、敏捷响应、智能决策和全局优化的能力，推动各行业系统性的提升与变革。中国信息通信研究院对近年来国内外的数字化转型应用案例进行了较为系统的梳理，发现当前数字化转型实践已经覆盖原材料、消费品、装备等超过 35 个工业重点大类以及金融、建筑等国民经济重点门类。从转型场景分布来看，当前对数字化转型的探索更多集中在生产和管理领域，驱动效率与质量提升占到了案例总数的 60% 以上；与此同时，通过数字化转型驱动产品与服务创新、商业模式创新的探索也不断涌现，这类转型模式为企业创造了新的收入增长点和商业机会，是未来数字化转型的探索重点。从转型应用深度来看，目前数字化转型三分之二左右的案例尚处于初级水平，以可视化应用与监控为主；有三分之一左右的案例则开始探索通过数据建模分析来挖掘数据价值，特别是有关产品、服务、商业模式创新的探索，深度应用比例更高。

预计未来几年，数字化转型模式与价值将更为清晰，现有业务的优化提升和模式的创新变革两大方向将并行发展，这会对行业带来以下五方面的提升变革。

一是生产方式向高效、精准、智能、柔性、协同转变。企业通过对生产过程进行全面的、深度数据感知的分析，使设备、生产、质量、物料等主要生产环节始终处于最优化运行状态，且通过打通不同生产环节、不同价值链环节以及产业链上下游，更加灵活地响应市场需求，高效组织生产，构建起新的生产方式与能力。

二是业务形态由传统产品向“智能产品 + 智能服务”转变。智能产品使企业具备了实时感知需求的能力，产品不再单纯提供某种功能，而是用户数据与交互体验的入口，企业得以围绕用户需求开展敏捷、精准的创新和迭代，进而提供基于产品数据的衍生和增值服务，大幅提高自身业务的附加价值。

三是产业组织方式由基于供应链、价值链向网络化、平台化组织转变。企业不再仅通过上下游的整合来构建“护城河”，而是基于平台充分连接用户、合作伙伴和社会资源以共建生态。平台化多边组织弥补了单个企业、单个链条的能力局限性，能够在全社会范围内高效配置资源和创造价值。

四是商业模式由直接售卖产品 / 服务向成果经济转变。数据为了更加精准的产品和服务定价提供了支持，未来企业将不再是一次性地确定产品和服务的价格以进行售卖，而是可以精准地计量产品和服务为客户带来的价值，并从中获得一部分收益。这使得从前“一锤子买卖”的商业形态走向了企业间持续共赢的模式。

五是创新范式向数据、人工智能驱动转变。海量的数据和算法的不断创新，很大程度上也改变了创新模式。通过大数据的关联分析、发现数据背后的隐含规律，将使人们进一步拓宽人类的知识边界。对于高度依赖人的知识和经验的传统创新模式来说，这是一种重要的补充，它将为企业注入强劲的创新活力。

数字化转型是一场系统性变革，涉及企业的业务、生产运营管理和组织等各个层面，不会一蹴而就。从已开展的实践中，我们发现了不少困扰着企业实施数字化转型的挑战。一是数字化转型在提升企业价值方面的作用短期内还不够直接和显性化，导致企业探索和投入意愿不足。不少企业认为数字化转型就是建设各类 IT 系统，不清楚其如何能转化为企业竞争力以及能带来哪些价值回报，这使得企业常常把数字化转型视为一项成本，不愿意积极投入。二是数字化转型的模式和推进路径不清晰，很多企业难以找到有效的切入点和实施方案。数字化转型是企业的全方位转型，涉及企业研发、产品、生产、管理、销售等方方面面。企业需要结合自身情况，制定有效的转型模式和推进路径，这对很多企业而言具有很大挑战。三是数字化转型需要的专业人才匮乏。有了清晰的规划和路径，也需要由人来执行。如何培养既懂数字化又懂业务的复合型人才，如何构建基于数字化的新型工作方式，如何更好地运用数字化为员工赋能，这些都是企业面临的挑战。

彭俊松博士与孙惠民先生均是从事数字化工作的企业专家，既有深厚理论素养，更具多年跨行业实战经验，二位联合编著的《软件定义智慧企业：企业应用软件赋能数字化转型》一书，融入了他们对数字化发展的最新洞察和总结，书中尝试对制约数字化转型进程的关键问题给出答案，并详细梳理了数字化转型的方方面面。首先，论述了数字化转型对企业价值创造的作用。书中重点从商业创新与用户为中心两个方面出发，系统论述了数字化转型在产品、服务、营销、体验、生态等方面创新的关键驱动作用和典型模式，以价值创造、价值传递和价值实现的闭环使读者了解数字化转型价值全貌，也展现了数字化转型在价值创造方面的巨大潜力。其次，给出了企业探索数字化转型的框架和实施方法。书中提出了智慧企业数字化架构设计理论与方法，结合我国数字化转型历程和汽车、航空航天、化工、消费品、银行等典型行业的实践总结，梳理了数字化转型实施所需的技术体系、实施方式、人才保障等重点内容。最后，对保障数字化转型的数字化人才提出了系统见解。书中从数字化人才队伍建设、数字化的组织建设、数字化文化、数字化的工作方式等方面，结合产业界实践给出了大量有较大参考价值的模式和案例，对企业加快数字化人才储备、充分释放数字化人才效能具有很好的启示作用。

作为第四次工业革命的主要方向，数字化转型刚刚起步；而面对当前全球经济、地缘政治等异常复杂的形势，数字化转型从技术动力层面提供了解决方案。未来 5 ～ 30 年，我们将见证数字化释放巨大变革潜力和价值空间，推动全球经济社会走向更加智能、绿色和包容的发展道路。同时，面对这样一个充满无尽可能性的方向，我们也将面对行业差异化路径、创新无人区等带来的种种未知挑战，而基于工业互联网形成的“数据驱动 + 工业知识”的智能优化闭环提供了共性的方法论，为推动工业和实体经济高质量发展提供了关键路径。20 世纪 80 年代，获得诺贝尔经济学奖的罗伯特·索洛曾提出过“索洛悖论”，其中提到计算机和 IT 投入的生产率回报问题。20 世纪 90 年代的信息化浪潮和生产率进步已很好地回答了“索洛悖论”，而目前可能也面临数字化转型的新“索洛悖论”问题，其实质还是如何将企业对数字化转型的投资真正转化为生产力的全面提升，这需要从理论到实践的进一步探索、创新和突破。

《软件定义智慧企业：企业应用软件赋能数字化转型》对数字化转型做了从理论到实践较为深入和系统的总结和洞察，相信不同行业、不同背景的读者不仅可以看到现象，更会从中得到一些规律的启发，从而更好地推动数字化转型，使数字技术真正全面地提升生产力，实现产业升级，推动可持续发展。

中国信息通信研究院院长　余晓晖

前　言[1] Preface

“双循环”时代的到来，意味着我国的经济体系已经从“低成本 + 低附加值”的外循环，转向提升供给侧竞争能力和创新能力的双循环，形成需求牵引供给、供给创造需求的更高水平的动态平衡。对于企业来说，在微笑曲线的形态上，需要从“劳动密集型制造”向“高附加值制造”“知识密集型制造与服务”直至“难以替代的高附加值制造与服务”升级。这也意味着企业对数字技术的要求，将会上升到“创造价值，引领创新”的更高水平，从而推动我国的数字技术水平赶超国际领先水平，如图 1 所示。

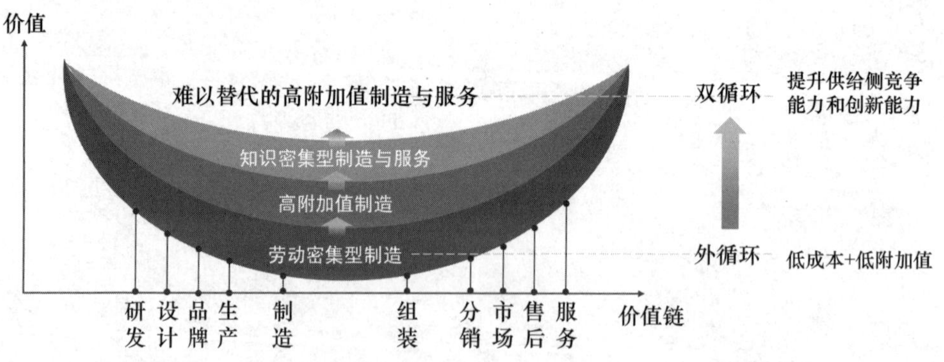

图 1　外循环（劳动密集型制造）→双循环（难以替代的高附加值制造与服务）

在全球软件技术日新月异的背景下，企业应用软件也面临着一场大变局。作为企业应用软件的从业者，需要认真思考和回答下面三个问题：

- 目前的技术发展处于哪个阶段？

[1] 摘自 2020 年 10 月 23 日作者在北京召开的“2020 第四届国有企业信息技术创新与应用研讨会”上的发言和 PPT《建设智慧企业，推动数字化转型》。

- 下一个技术发展阶段是什么？
- 如何迈向新的技术阶段？

这三个问题可以从2020年7月9日和10日美国股市的两个标志性事件中找出端倪。

第一个事件是，2020年7月9日，英伟达的市值反超英特尔的市值。英伟达作为一家专注于图像显示芯片技术的企业，市值上竟然能够超过主导美国半导体时代数十年的英特尔，背后的逻辑就是人工智能。人工智能毫无疑问是下一阶段引领科技变革的主导技术，企业应用软件同样也将在人工智能的推动下进入新的阶段。

第二个事件是，2020年7月10日，Salesforce的市值反超Oracle的市值。Salesforce仅凭CRM这个产品，就在市值上超过了拥有服务器硬件、数据库、中间件、开发语言和企业应用软件的老牌IT厂商。毫无疑问，背后的逻辑就是软件即服务（Software as a Service，SaaS）。SaaS的出现，深刻地改变了整个企业应用软件市场的发展和格局。

以ERP为代表的企业应用软件市场经历了数十年的发展，可分为三个阶段，从第一阶段的“同类最佳”，到第二阶段的“套装软件”，直至第三阶段的“后现代ERP”（见图2）。

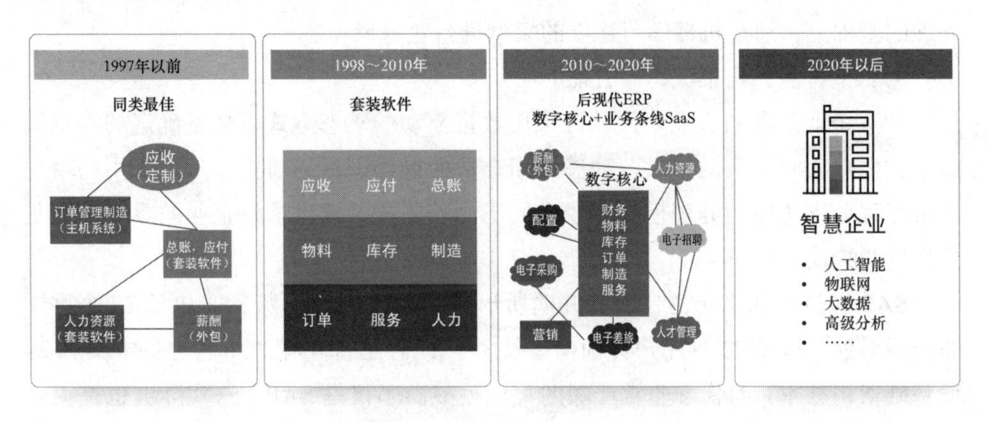

图2 以ERP为代表的企业应用软件的发展阶段

第三阶段的特点是以“数字核心+业务条线SaaS”的形式，实现企业应用软件的全面上云。目前，全球企业应用软件市场已经基本完成第三阶段，正在向第四阶段“智慧企业”迈进。

近年来，在企业应用软件领域，与国外企业相比，中国企业在向云计算转型的方向上，实际差距正在拉大。根据国际数据公司（IDC）的预测，在2022年，全球企业应用软件市场中的“软件即服务”和本地部署（On-Premise）的比例，将达到50%的临界点。到2024年，SaaS的份额将达到56.8%。而全球云计算产业也呈现出以SaaS为主导的态势。SaaS的全球市场规模，远超“基础设施即服务”（Infrastructure as a Service，IaaS）和“平台即服务”（Platform as a Service，PaaS）之和。而在中国市场中，SaaS在企业应用软件领域的份额依旧很小。在整个云计算市场中，不仅IaaS一枝独大，占据了60%以上的份额，甚至还在进一步蚕食SaaS和PaaS的份额。

那么，进入第四阶段“智慧企业”的企业应用软件有什么特点呢？

第一个特点：采数据，生智慧。

企业应用软件的下一个发展阶段，是以人工智能、物联网、大数据等技术为支撑的“智慧企业”阶段。长期以来，企业应用软件涵盖的范围是“信息+知识”的“流程驱动”，是在关系型数据库的基础上，将人们掌握的企业管理和业务知识，通过企业数据建模和业务规则定义，固化到软件系统中，对输入的信息进行处理。在企业应用软件发展的下一阶段，企业应用软件涵盖的范围将向上、下游两个方向分别延展，形成“数据－信息－知识－智慧”的全域智能的可以自感知、自决策、自行动的“自治体”。未来的企业应用系统，可以在直接对数据进行预处理的基础上，通过机器学习建立的模型进行业务操作。

第二个特点：高集成，高智能。

智慧企业阶段的企业应用软件采用数据驱动的动态方式，从不确定的海量数据中，根据实时洞察的结果，动态调用合适的操作。这与前三个阶段采用的事先确定流程分支走向的处理模式有较大的不同。因此，建设智慧企业的重要前提是更高度的集成。

SAP经过为期十年的自研和并购所形成的后现代ERP架构（包括17个重要的产品系列，以及25种用户界面前端技术、21种运行环境、20种存储方案和24种基础架构技术）面临着非常严峻的集成挑战。不仅是SAP，这实际上也是很多企业在订购了多家SaaS供应商服务之后，必然会面对的复杂局面。这种仅通过技术集成形成的“联邦式”方案，由于只是根据事前已知的有限的企业客户要求，在产品之间做了有限集成，只能做到“事后集成+事后智能”。而智慧企业的动态运行需要的是“预制集成+内嵌智能”，让企业摆脱束缚，更加轻松地迎接不确定性的挑战。

SAP 的解决方案，是从基于中间件在系统之间实现数据交换的“技术集成”，向基于统一的数据模型、语义模型和用户体验的“流程集成”转变。根据全球领先企业的最新实践，SAP 将企业的业务流程分为线索到现金、寻源到付款、招聘到退休、设计到运营等几大类，并对流程进行智能化改造。这也是目前业界最大的在企业应用软件领域进行 AI 改造升级的成功项目，它给数字时代的集成提出了新的内涵和要求。

第三个特点：去中心，建平台。

传统的企业应用系统架构，是以 ERP 为核心的。而在未来万物互联的环境中，每个机器、设备、产品都会在云端形成对应的网络映射，通过相应的服务调用推动业务运行。要达到这样的目标，需要集 SAP 和合作伙伴、客户之力共同打造，没有平台化的支持和模块化的支撑，是不可能实现的。为此，SAP 推出了业务技术平台（Business Technology Platform，BTP），将其定位为“业务操作系统”，既支持 SAP 自身产品的开发和运行，也支持合作伙伴和客户进行开发。

此外，SAP 在业务技术平台上，结合流程集成的能力，实现了“业务流程即服务”（Business Process as a Service，BPaaS）——客户选择端到端的业务流程范围，然后基于 SAP 的产品，自动组合成为正确的软件产品和方案。这种模式让 SAP 的 BTP 成为进行流程配置的工厂化运作平台。

毫无疑问，“智慧企业”阶段对企业应用软件提出了更高的要求。我们有理由相信，作为人类在企业经营管理中的知识和智慧结晶，企业应用软件将会在软件定义世界的时代大放光彩。现在，让我们一同开启一场企业应用软件的创新之旅吧。

彭俊松

2021 年 7 月 4 日于上海

导　读 Reading guide

今天，数字化转型已经成为众多企业为实现高质量发展而采取的顶层战略。在支撑数字化转型的众多技术中，软件无疑是其中的翘楚，它甚至可以直接转化成为企业的核心竞争力。以汽车行业为例，今天一辆汽车超过 90% 的价值来源于硬件。而在大约十年以后，预计硬件的比例会快速下降到 50%，另外 50% 则是软件和用户体验。其实不仅是汽车行业，每个行业在某种程度上都将变为软件行业。“软件定义世界”（Software Defined X，SDX）的时代正在快速到来。

在各类软件中，毫无疑问，企业应用软件（Enterprise Application Software）与企业数字化转型的关系最为密切。无论是经营管理还是业务运行，无论是研发、生产、采购、销售、服务还是分析、决策、预警，无论是新的商业模式创新还是传统商业模式的改进，都离不开企业应用软件的支持。研究企业应用软件如何赋能数字化转型，具有重要的现实意义和实用价值。

与其他软件门类相比，企业应用软件集软件与管理于一体。由于客户在管理实践上呈现出高度的个性化，市场竞争十分激烈。近年来出现的一系列数字化技术，以及由此给客户带来的新的商业模式创新和转型，极大地加快了企业应用软件升级换代的速度。对于那些提供商品化产品而非从事项目型定制的企业应用软件厂商来说，在制定产品路线的时候，需要非常合理地在客户需求的个性和共性、客户短期成本和整体拥有成本之间，结合产业发展、技术趋势、市场规模、生态系统等因素，进行综合权衡，把握产品研发方向和进度。经过数十年的发展，在发达国家中，也只有美国和德国这两个国家在企业应用软件行业建立了完整的产业基础，并且在全球市场取得成功。其背后的经验，值得我们学习。

与此同时，从企业管理的视角，经历了第一次工业革命，到第二次、第三次直至第四次工业革命，代表性的工业技术从蒸汽机、电力、计算机与通信技术发展到人工智能、物联网和大数据，对应的管理方式也经历了传统管理、科学管理、现代管理和智慧管理四个阶段。今天，企业进行数字化转型的目标就是要建设智慧企业。为了更好地服务智慧企业，企业应用软件也不断与时俱进，广泛引入了人工智能、物联网、高级分析等技术，进行深度的升级和改造，以实现“软件定义智慧企业”的目标。

目前，数字化转型这一话题在国内热度很高。根据作者的观察，在国内出版的相关书籍一般可以分为三类：第一类以大数据和人工智能技术为背景，强调各种数据分析处理技术；第二类以互联网公司为背景，突出通过消费互联网技术的应用来带动其他行业的数字化进程；第三类以政策分析为背景，侧重经济学概念，从产业变革和国家竞争的宏观视角展开论述。而对于软件，尤其是企业应用软件本身在企业数字化转型中的作用，则鲜有书籍。背后的原因，作者认为大致可以归结为两个方面：第一，在企业应用软件领域，国内企业与国外领先同行相比，无论是在产品线的覆盖面，还是在技术水平以及企业规模、收入和市值等各个方面，都存在明显的差距，很少有人进行这方面的写作；第二，近年来企业应用软件发展势头迅猛，新技术和新应用层出不穷，对写作本身提出了非常高的要求。

近年来，特别是新冠肺炎疫情暴发以来，全社会对于数字化转型提出了更高的迫切要求。企业应用软件既融合了企业管理思想，又承载了数字化平台和技术，毫无疑问是企业实现数字化转型的最重要的武器。为此，本书从企业应用软件的视角，全面论述企业数字化转型的方法和历程，以便为企业迈向智慧企业提供借鉴。

本书的主要思路来自 SAP 中国公司在 2020 ～ 2021 年举办的为期一年的“数字化特种兵训练营”的研究成果。该特训营由彭俊松率领，集中了在全公司经过层层筛选的一批技术专家。通过一年的深入学习和研究，他们和教务组成员一起，经过反复提炼和总结，定义了 16 个研究课题，最终集体撰写成文。本书代表了工作在企业应用软件第一线的专家对数字化转型的真知灼见，具有难得的思考深度和鲜明的实战风格。全书力求深入浅出，将最新的技术与丰富的客户案例相结合，以提高可读性和实用性。

本书以软件定义智慧企业为宗旨，围绕着企业应用软件推动数字化转型这一主题，从发展趋势、战略愿景、实践方法、系统技术、工作组织五个方面，帮助读者掌握和了解相关的前沿知识和发展趋势，从而为实际工作提供指导。

全书共4篇，分为12章，主要内容包括：

- 第一篇　新趋势：介绍和归纳数字技术的发展趋势，以及企业应用软件的创新走向，从微观（企业层）、中观（产业层）和宏观（经济层）阐述企业应用软件如何为经济发展带来新动能。通过对智慧企业的定义和介绍，深入探讨智慧企业的认知和模型，阐述如何运用数字化转型的方法，帮助企业向智慧企业迈进。
- 第二篇　新历程：数字化转型的意义在于用户价值最大化，实现的过程始于一场用户之旅，商业模式的再造和创新掀起了用户价值最大化的高潮，而支撑用户价值最大化的则是迈向智慧企业的新一代数字化架构、数字化人才和数字化工作方式。通过多维并举，确保了用户需求的洞察和满足，使得价值创造、价值传递和价值实现形成了一个闭环。
- 第三篇　新实践：围绕数字化协同生态建设和应用软件项目实施方法，对SAP智慧企业在数字化转型领域的探索进行介绍和总结。
- 第四篇　新征程：围绕SAP的产品和解决方案，首先介绍SAP的智慧企业应用软件解读和发展方向，然后以工业互联网为对象，介绍SAP如何将智慧企业应用到工业互联网的发展战略中。

第一篇由彭俊松总体负责，包括三章：

- 第1章：由郑芳华、周金宏主笔。
- 第2章：由郑芳华、陈惠波主笔。
- 第3章：由彭俊松主笔。

第二篇由孙惠民总体负责，包括五章：

- 第4章：由孙惠民、荆丹平主笔。
- 第5章：由孙惠民、汪洋主笔。
- 第6章：由徐之刚主笔。
- 第7章：由许永硕主笔。
- 第8章：由刘家骥、贾广畅主笔。

第三篇由彭俊松总体负责，包括两章：

- 第9章：由于瀚主笔。
- 第10章：由刘侃主笔。

第四篇由孙惠民总体负责，包括两章：

- 第11章：由彭俊松主笔。
- 第12章：由彭俊松、孙惠民主笔。

本书的读者包括以下几大类：

1）制定企业数字化战略和推动企业数字化转型的高级管理人员。由于企业应用软件在企业数字化转型中的重要性，他们迫切需要了解这方面的知识。

2）实施企业数字化转型项目的业务人员和技术人员，其中既包括企业的员工，也包括项目实施过程中涉及的软件供应商的员工。

3）其他与数字化转型相关的各类专业人士、大专院校的学生，以及IT行业的广大从业人员。

目　录 Contents

第三篇 新实践

第四篇 新征程

Part 1 第一篇

新趋势

第 1 章 Chapter 1

数字技术驱动的创新时代

著名经济学家、复杂性科学的奠基人布莱恩·阿瑟（Brian Arthur）在《技术的本质》一书中提出，“科学和经济的发展，本质上都是由技术驱动的。”显然，时代创造着技术，技术同样也创造着时代。引领着新一轮技术革命和产业变革蓬勃发展的数字技术，与任何其他事物相比，都更能定义我们所处的这个数字经济时代。通过连通物理世界与信息世界，打造一体化的运算模式，数字技术正在推动全球迈向万物互联、数据驱动、软件定义、平台支撑、智能主导的新时代，而数字化转型也正成为产业变革的主旋律。

1.1 信息技术的演进历程

当我们回看历史的时候，在脑海里描述过去的场景，挥之不去的就是那个时代的技术特征。无论是石器时代，还是铁器时代、蒸汽机时代、电气时代，一直到信息化时代，技术比任何其他事物都更能代表时代的特征，它与人类文明的更迭息息相关。信息技术的演进同样如此。不断发展的信息技术，展现着一百多年来人类社会生活的进步历程。然而，随着云计算、大数据、人工智能等新一代信息技术的成熟，各种诸如 IT、DT、数字技术、数字化技术等提法层出不穷，一时间让人眼花缭乱。如何为这个数字经济时代的新兴技术群给出一个准确的概念？恐怕要到信息技术的演进历程中去探究。

1.1.1 信息技术以“载体 - 内容”螺旋上升的方式演进

今天，我们生活在信息技术的时代。从1844年商用电报的发明，到1876年固定电话的发明，再到1946年个人计算机、1969年互联网、1973年商用移动通信的出现，乃至21世纪初云计算、大数据等数字技术的提出，可以说，一百多年的信息技术的发展史（见图1-1），就是半部技术和商业进步的历史，信息技术当之无愧地成为带动经济社会进步的火车头。在这百年恢宏的大潮中，不同阶段的信息技术具有什么样的阶段特征？当前大热的数字技术又与信息技术有什么关系？

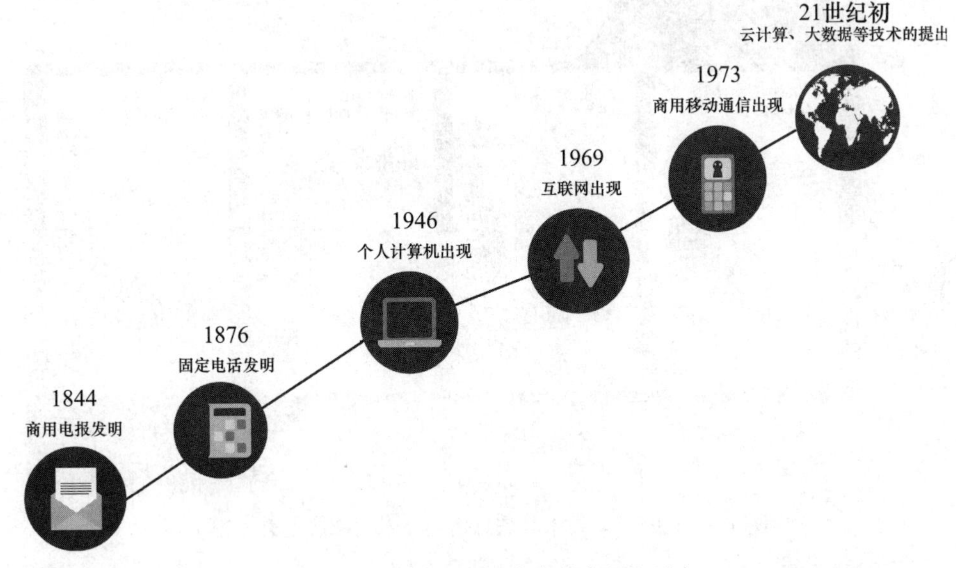

图1-1 具有代表性的信息技术的发展史

按照信息论创始人香农对于信息本质的阐述，“信息是不确定性的辨析度”，信息的意义在于使用它能够消除未知世界的不确定性，从而达到了解它的目的。显然，信息的内涵与承载它的方式无关。随着电信号成为信息载体，极大地加速了信息的传播，对社会经济的发展做出了巨大贡献，并推动与信息呈现相关的业态快速演进。今天，人们普遍将19世纪中期商用电报的发明作为信息技术历史的起点，不仅因为电报是第一项近代通信技术，更因为它和我们今天理解的信息有较大的相关性。可以说，进入19世纪之后，电的使用催生出近代的信息产业，而我们能够说出的对人类影响最大的那些发明创造，如电报、电话、电影、无线电、计算机、移动通信、互联网等，全都和信息有关。

从本质上讲，信息技术可以分为“信息载体技术”和“信息内容技术”，如图1-2所示。其中，信息载体技术涵盖了信息获取、信息存储、信息传输等，它们共同的特点是与信息处理无关，如光盘、半导体存储器、电话、手机通信和互联网等。信息内容技术涵盖了信息技术中与信息内容的加工、梳理、抽象、凝练等相关的技术，包括信息组织、数据挖掘、智能推理、机器学习等。从一百多年来信息技术的演进过程来看，信息技术的发展并不是简单地从一种技术向另一种技术的切换，而是在一系列经济社会发展规律的驱动下，经过无数理论探索和技术试错的复杂过程。其中，一个非常重要的规律就是“载体－内容交替律”。

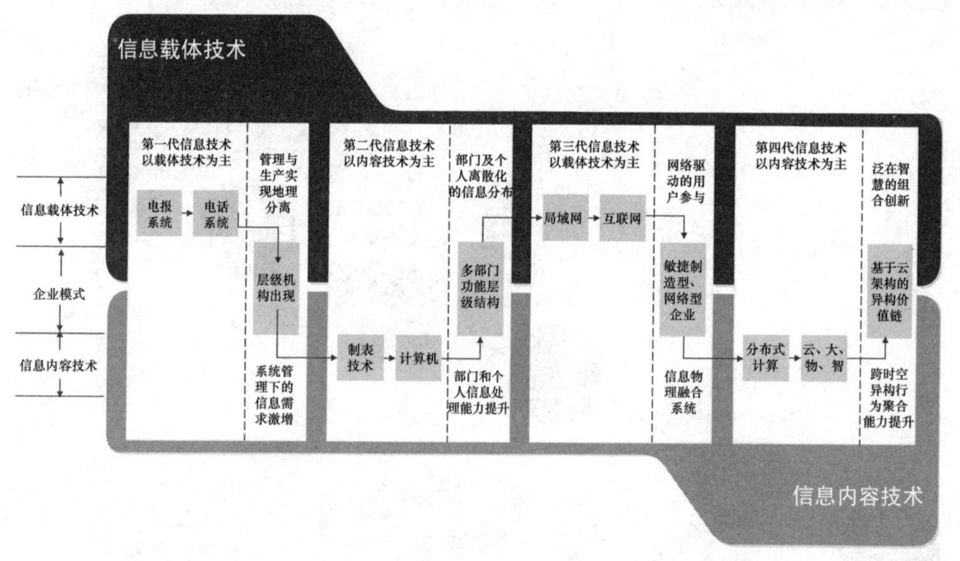

图 1-2 信息载体技术与信息内容技术的螺旋上升过程

简单来说，“载体－内容交替律”是指信息技术的发展遵循从载体技术到内容技术再到载体技术，这样互为依托、交替演进的螺旋上升过程，这也符合哲学辩证法中对事物发展规律的基本认识。近百年来，信息技术经历了从“电报、电话（载体技术）”到“制表技术、计算机（内容技术）”，再到“企业局域网、互联网（载体技术）”这样两次交替演进的过程。目前正经历第三轮的交替，即从“企业局域网、互联网（载体技术）”向以云、大、物、智为代表的“融合性的数字技术（内容技术）”转变。这种演进规律的背后，正是复杂性科学奠基人布莱恩·阿瑟提出的“技术是由技术构成”这一深刻判断的具体体现。技术进化是现实需求驱动下的一种自创生现象，大部分技术的重大突破都来自对已有技术的重新组合。

规模经济和生产与管理在空间的分离，促使企业需要处理的信息总量开始激增，以计算机为代表的第二代信息技术得到大规模商用。计算机技术推动部门和个人信息处理能力大幅提升。随着企业规模和经营领域的不断扩大，一些领军企业开始倡导分权化管理，采用多部门层级式结构的企业多设立拥有自主经营权的事业部，包括了垂直的生产部门和管理部门。部门、个人以分散化的方式存储文件。这种趋势得以迅速蔓延，催生了对企业内部乃至企业之间进行便捷和广泛的信息交流的需求，企业局域网开始出现，并成为组织内部信息资源共享的基本载体。

以网络为中心的计算理念促使以载体为中心的第三代信息技术阶段即网络时代最终到来。网络技术的变革，对人类社会产生了巨大影响。随着网络技术的发展，企业开始将信息视为一种资源，层级型的组织结构被打破，企业组织在管理流程上呈现水平化的价值链特征，由此扩展出企业网络。网络化的企业组织对传统层级组织形式进行改造，大规模生产转变为弹性生产，企业根据客户需求来从事生产。

第三代信息技术的发展，导致网络带宽快速上升，迅速接近计算机内部总线的传输速度，使主机间的传输能力（反映了系统的通信能力）与主机内部的传输能力（反映了系统的计算能力）之间的差距逐渐缩小，通信和计算的界限逐渐消弭，催生了融合信息空间和物理空间的一体化运算模式。云计算、分布式计算、大数据、人工智能等第四代信息技术群体，形成一种集计算、通信和控制能力于一体的“信息－物理融合系统”，称为信息物理系统（Cyber Physical System，CPS）。CPS将分布在物理环境各个角落的信息终端通过网络和云平台连接成为一个有机体，形成信息空间和物理空间紧密联动的格局，从而彻底将人类的生产和生活带入数字化时代。这种普遍具有宽带、融合、泛在的第四代信息技术，看似边界模糊不清，但实际上所遵循的技术规律是一致的，也被人们视为数字技术的真正内涵。信息技术的演进路径如图1-3所示。

图1-3　信息技术的演进路径

1.1.2 四代信息技术演进剖析

1. 第一代和第二代信息技术的演进

19世纪中期到20世纪初期：以电为载体的第一代信息技术消除了通信空间及时间距离，带来信息产业最初的萌芽，但此时仍是模拟信号的时代。毫不夸张地说，在这一阶段，经济引擎中的每一个齿轮都已经离不开电话。新技术不断推动社会分工的深化，催生了企业电话系统服务、市场行情通报等新业态，可以被视为信息产业化的早期阶段。工业企业利用电话、电报等信息技术和服务，有效地管理协调生产与销售，对企业实现跨地域的远程协同生产和运作提供了有利条件，从而引发了服务经济革命。但该阶段的数据信息仍是模拟信号，数字产业尚未出现。

20世纪初期到20世纪70年代：以计算机为代表的第二代信息技术开启了数据化和数字化的发展进程，奠定了数字产业发展的基础。在这一阶段，以打字机、加法器、表格技术、图形表示技术、计算器、制表系统以及后来的电子计算机为代表的第二代信息技术纷纷出现。尤其是随着电子计算机的发明和后来几波产品形态的不断演变，开启了人类的计算新时代，同时也开启了与之配套的信息产业（数字产业）的演进历程。“0-1”数字化的出现引发了数字经济的第一轮浪潮。由此，数据分析、计算机系统集成、情报检索、办公自动化、企业财务管理等信息产业产生，为管理决策层及基础工作实施层提供服务。

2. 第三代和第四代信息技术的演进

20世纪70年代到21世纪初期：以网络技术为代表的第三代信息技术是数据激增的革命性动因，信息产业逐步转型到数字产业，产业数字化拉开大幕，数字经济开始浮现。如果说电子计算机的出现实现了信息存储和处理方式的变革，那么互联网的出现则完全开启了一个新的时代。人类的经济社会活动有了一个虚拟化的“映射”，从现实世界投影到了虚拟的世界。这个虚拟的世界通过大量的软件和信息服务，创造了多种多样的语言和图形等信息表达形态，不断丰富和完善着数字经济的世界。

从土地，到生产性资本，再到数据，人类生产活动中使用的生产要素的接触性和竞争性越来越弱，而生产要素所能产生的规模经济、网络效应和范围经济效应却越来越强，显然数字经济的生产效率提升潜能要远高于传统经济。在网络社会里，传统的科层组织结构在逐步瓦解，组织结构越来越呈现出高度有机、灵活的网络组织结构。网络时代到来之后，信息已经成为主导全球经济运行的一种关键性要素。信息技术不仅仅是用来提升产业的科技水平和生产制造水平，还是消弭行业企业之间各种信息不对称和信息不充分问题的保障。在这一阶段，催生了电子商务、ERP、CRM、SCM等信息产业与数字产业新业态，信息产业逐步转型为数字产业，开始进入高附加值阶段，同时，信息资源开始成为企业生存和发展壮大必不可少的资源，信息产业和数字产业逐渐具备成为国民经济中主导产业的潜在条件。

随着互联网泡沫的破灭，数字经济一度进入了发展的低谷，但经济的低谷往往孕育着新的技术突破。以大数据、云计算、人工智能等为代表的数字技术快速发展，推动了物理世界和数字世界的融合，从数据、算力、算法等各个方面带来颠覆性的改变，带动数字经济再次进入快速发展期。以大数据、云计算、人工智能为代表的第四代信息技术，打造了划时代的全新技术范式，以前所未有的力度整合异构平台和业务，推动数字经济浪潮的真正来临。

目前，技术创新和商业模式创新推动大数据的行业应用领域不断增加，大数据产业化的范围和深度持续拓展。维克托·迈尔–舍恩伯格等总结了大数据的"4V"（Volume，Velocity，Variety，Value）特征，即海量数据规模、数据快速流转、数据类型多样和数据价值密度低四大特征（见表1-1）。大数据直指向数字经济时代的核心——海量、多样的数据产生的价值。大数据强调浩大信息量的价值提取，超越了传统的统计与计量方法，可能带来人类对经济、社会认识方法论的改变。

表1-1 大数据的"4V"特征

特征	描述
海量数据规模（Volume）	2011年全球数据量已经达到1.82ZB，超过人类有史以来所有印刷材料数据总量
数据快速流转（Velocity）	大数据往往以数据流的形态快速产生，具有很强的时效性
数据类型多样（Variety）	大数据不仅包括结构化数据，还包括大量的半结构化、非结构化数据
数据价值密度低（Value）	大数据的价值需要深度挖掘，原数据本身的价值较低

云计算最早由Salesforce在2000年推出"No Software"的产品宣传开始，掀起了SaaS浪潮；2006年，亚马逊推出IaaS产品；2007年，Salesforce推出PaaS产品。自此，业界完成了IaaS、PaaS和SaaS的创新。云计算是基于网络提供的按需的、共享的、可配置的计算以及其他资源，可实现计算、网络、存储资源的时间灵活性和空间灵活性，本质是资源到应用的全面弹性（见图1-4）。云服务核心理念是以租代购、按量计费为企业带来弹性的ICT资源，降低企业IT设备和人员成本，提升企业运营效率和响应速度。它的出现和发展使得成千上万廉价的服务器能够通过虚拟化和分布式等技术按需提供计算和存储能力，推动着云计算成为类似于水电这样的公共基础设施服务，大大降低了技术创新创业的成本，提高了创新效率，使得数据流动起来。相对于IT自建模式，云计算便于统一部署业务，统一运维，企业可以根据自己需求弹性申请计算资源。例如全球最大在线视频公司Netflix已经关闭其所有数据中心，将业务负载全部搬到云上，解决了高峰时段

容量激增的问题。

以深度学习为代表的人工智能技术之所以能取得突飞猛进的进展得益于良好的大数据基础，即计算能力、数据、算法的大幅提升和改善。移动互联网、物联网等技术的发展让我们拥有了以往难以想象的海量数据，尤其是在某一细分领域更深度的、逻辑化的数据，而这些都是训练某一领域智能的前提。从软件时代到互联网，再到如今的大数据时代，数据的量和复杂性都经历了从量到质的改变。

人工智能（Artificial Intelligence，AI）本质是对人的意识、思维的信息过程的模拟。人工智能一词最初是在1956年美国计算机协会组织的Dartmouth学会上提出的。自那以后，研究者们发展了众多理论和原理，人工智能的概念也随之扩展。根据技术原理不同，人工智能可分为三个流派：符号主义、联结主义和行为主义。不同流派对人工智能发展的观点不同，研究方法也不相同，但在不同的细分领域中都取得了突破和成就。前文提到的Alpha Go正是利用联结主义中的深度学习技术，战胜了人类围棋高手。近来人工智能取得极大突破的重要原因之一，便是以深度学习算法为代表的核心算法改良应用。近三十年来，随着核心算法的不断改进，人工智能获得了迅速的发展，基于人工智能技术的各种产品如雨后春笋般出现，在各个领域代替人类从事简单重复的体力或者脑力活动，人工智能真正成为智能产品的大脑。

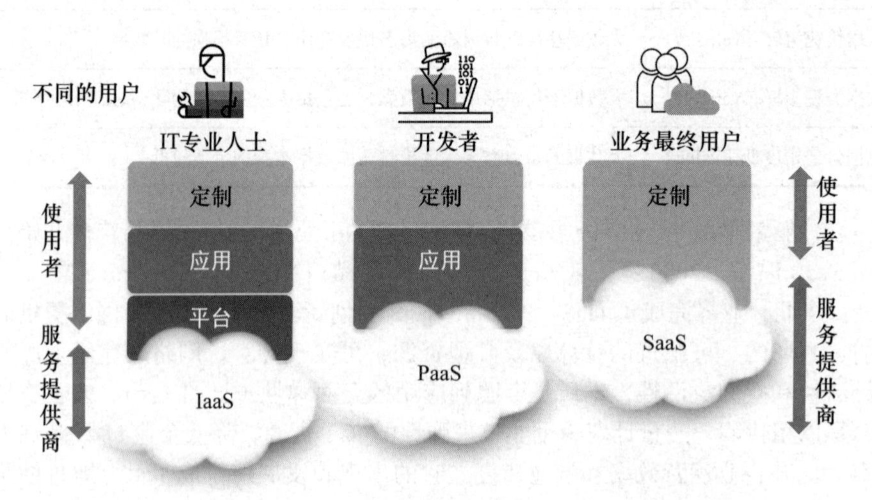

图1-4　云计算本质是资源到应用的全面弹性

大数据、云计算、物联网、区块链、人工智能等数字技术，以前所未有的力度整合异构的技术平台和业务，催生出一大批融合型的数字化产业新业态。信息化进入新阶段，数字化的特征是“万物数字化”，越来越多物理实体的实时状态被采集、传输和汇聚，从而使数字化的范围蔓延到整个物理世界，海量、多样、时效等大数据特征也更加突出。智能化作为刚刚开启的数字化新阶段的主要特征，通过各类智能化的信息应用帮助人们判断态势、预测趋势并付诸决策，实现数据驱动的智能。随着数字技术的不断进步，以及应用智能化程度的提升，数据资源蕴藏的巨大能量将进一步释放。

在此阶段，企业、机构和个人等各类社会主体的信息行为和信息需求也将随之产生复杂而深刻的变化。在企业层面上，第四代信息技术平台的异构整合，使应用层面上不同主体行为之间出现了“平滑的过渡”，而这种行为模式的变化，最终体现到企业的业务运作上，就是现代企业管理越来越趋向于快速反应和组合创新的模式发展，业务平台的交叉联动成为现代企业管理的核心理念。第四代信息技术的诸多应用模式，如云计算、分布式计算、网格计算等，是深深扎根于以网络技术为代表的第三代信息技术的土壤之中的，它将分布在物理环境各个角落的信息终端通过网络和云平台连接成为一个有机体，形成信息空间和物理空间紧密联动的格局之后，消弭了网络时代“计算”“通信”和“控制”过程之间的技术隔阂，最终将在信息化、数字化、智能化领域推动全球迈向“智能世界”。数字技术由此成为新的生产力和生产关系，驱动产业商业模式创新，驱动产业生态系统重构，驱动企业服务大变革，推动新一轮产业数字化浪潮的到来。

基于信息技术推动信息产业化（数字产业化）和产业信息化（产业数字化）的发展，可以看出，当前新一轮工业革命背景下的数字技术，彻底实现了物理世界和数字世界的融合，引发各行各业的资源配置方式、产业创新体系、生产运行方式、组织管理模式的根本性变革，从而将全球经济带入数字化转型的新阶段，而推动数字化转型的新一代信息技术也成为具有鲜明特征的数字技术。

1.2 数字技术的概念内涵

1.2.1 数据化与数字化的辩证关系

事实上，尽管数字技术仍属于广义信息技术的范畴，但相比于定义清晰的信息技术，业界对于数字技术的概念有多种认知。一种普遍的观点认为数字技术（Digital Technology）是与模拟技术（Analog Technology）相对应的概念，是指利用计算机技术，把各种信息资源的传统形式转换成计算机能够识别的二进制编码数字的电子技术。其产业化的对应英文多用Digitization，常翻译为“数码化”，基本含义与中国市场上的信息化类似。另一种普遍的观点认为数字技术是新一轮科技革命与产业变革以来，推动数字化转型的几种主要的新兴技术（英文多用Digital Transformation Technology表示），如云计算、大数据、物联网、区块链、人工智能等。其产业化对应的英文多用 Digitalization，翻译为“数字化”，强调的是数字技术对于商业模式的重塑，技术不再单纯解决企业提质增效、降本降耗，而成为赋能商业模式创新和突破的核心能力。到此可知，数字化浪潮下，我们讨论的数字技术显然是指“数字化转型技术”。由于中文的文字局限，我们经常将 Digitization 和 Digitalization 不加区别，统统称之为数字化，由此埋下了概念混淆的种子。

更重要的是，种种数字化转型技术纷繁复杂且边界看似模糊不清，也在一定程度上造成了人们对于数字技术概念内涵“知其然不知其所以然”的状况。究其根源，这在于目前的主流话语体系中提到的数字技术实际上并非一个严谨的学术概念，而是类似于一种行业概念。这些数字技术遵从着相同的技术规律，由不同行业视角下的信息技术整合而成，共同构成了具有统一特征的新兴技术群体。如何从信息技术的发展历程中去理解数字技术的阶段特征、概念内涵、演进驱动力，洞察数字技术对数字产业和产业数字化转型带来的影响，是读者在阅读本书时首先需要了解的。

在汉语的语境中，“化”是一个动词，表示某事或某物在动态中持续发生改变。由此，数字化的直观理解就是把某对象持续改变为数字状态的过程。

数字化概念最早源于西方国家对工业革命的研究和战略报告之中，来自两个英文单词，即 Digitization 和 Digitalization，它们其实是一种递进关系的表述。

具体来说，Digitization 是基于采集信号的角度来讲定义的，可以理解为数据化，它是从模拟形式向数字形式转变的过程，可称之为数字实现。换言之，数据化需要一个模拟过程，并将其转化为数字形式，而过程本身并没有任何不同的实物变化。例如，通过 OCR 扫描或者语音识别技术，将图像、文字、声音等，转换为一系列由数字表达的点或者样本的离散集合表现形式，其结果存储为数字文件，就是数据化。在这个过程中，数据通常是二进制的，以便计算机处理，进一步说，任何把模拟源转化为任何类型的数字格式的过程，都可以称之为 Digitization。

Digitization 着重于将数字模拟信号转化为计算机可以处理的数字形式的行为，更接近于中国市场所说的信息化，其主要特点是企业通过 IT 手段，使其业务流程数字化和标准化，以达到提升企业边际效益（即降低运营成本和提高运营效率）的目标。在过去 30 年里，大量企业广泛采用以企业资源计划（Enterprise Resource Planning，ERP）和客户关系管理（Customer Relationship Management，CRM）为代表的软件系统，积极进行“信息”数字化建设，在包括采购、生产、销售和财务，乃至质量管理和业务流程管理（Business Process Management，BPM）等各方面有了很大的改善和提升。

Digitalization，也就是数字化，可以理解为数据化的升级，是一种价值的提升。例如，在物流中把纸质单据变成电子单据，从而使物流计算机系统能自动处理订单，以及在公司审批流程中将手工签章变为电子签章，这都还处于Digitization（数据化）的阶段。如果某家公司的线上购物服务提供了一整套从选择、下单、付费，到配送的线上线下相结合的流程，实现了无缝衔接的购物过程和高效快捷的交付体验，就属于数字化的范畴了。由此不难发现，Digitalization（数字化）意味着将人、机、信息系统之间的交互和通信，乃至业务过程和商业模式等转化为数字形式，实现数字和物理信息的融合，从而提升了企业的运营效率，提升了产品和服务的质量，实现了业务模式的创新，最终实现了客户价值的提升。

Digitalization 更侧重的是在“信息”数字化建设的基础上，广泛、深入运用A（人工智能）、B（区块链）、C（云计算）、D（大数据）、T（物联网）和V（虚拟现实）等为代表的数字技术，对于企业价值体系的重塑，数字化已经定位为企业价值创造环节赋能的核心能力。

如前所述，数字化本质是“Digitization”与“Digitalization”两个维度的递进叠加态，很难也没有必要机械式地割裂开来。

1.2.2 数字技术是推动产业数字化转型的一体化运算模式

不言自明，数字技术遵从CPS形式，具有融合等特征，是打通信息空间与物理空间的全新运算模式。但是，从信息技术的发展历史不难看出，从数字计算机的商用开始，信息就已经以数字形态呈现，产业信息化与数字化也早就开始，那么为什么直到云计算、大数据、人工智能等第四代信息技术出现时，人们才开始将此阶段视为推动产业数字化转型的全新发展时代呢？前面提到，当下所指的数字技术实际上是一个产业概念，即所谓的“数字产业化”和“产业数字化”的提法。

众所周知，“数字产业化”和“产业数字化”是近年来才为人们所熟知的概念，在中国信通院发布的《中国数字经济发展与就业白皮书（2019年）》中，明确将数字经济分为“数字产业化”和“产业数字化”两大组成部分。简单来说，数字产业化一般是指信息技术产业，是数字经济发展的先导产业，为数字经济发展提供技术、产品、服务和解决方案等。产业数字化是指传统产业应用数字技术所带来的生产规模和效率提升，其新增产出构成数字经济的重要组成部分。根据中国信息通信研究院的数据，2019年全球产业数字化占数字经济比重达84.3%，产业数字化成为驱动全球数字经济发展的主导力量。经济发展水平越高的国家，产业数字化占比越高，甚至高达86.3%。数字产业化和产业数字化是伴随着信息技术的进步而逐渐演进的过程。正是因为云计算、大数据、人工智能等第四代信息技术的出现，使得人类进入了前所未有的使用新兴技术赋能产业数字化转型的大时代，数字技术才成为这个时代、这群技术簇最恰当的标签。

在前文中，不止一次地出现了对信息技术发展阶段的划分。到目前为止，数字产业化和产业数字化与信息技术的发展保持同步，经历了四个阶段，如图1-5所示。

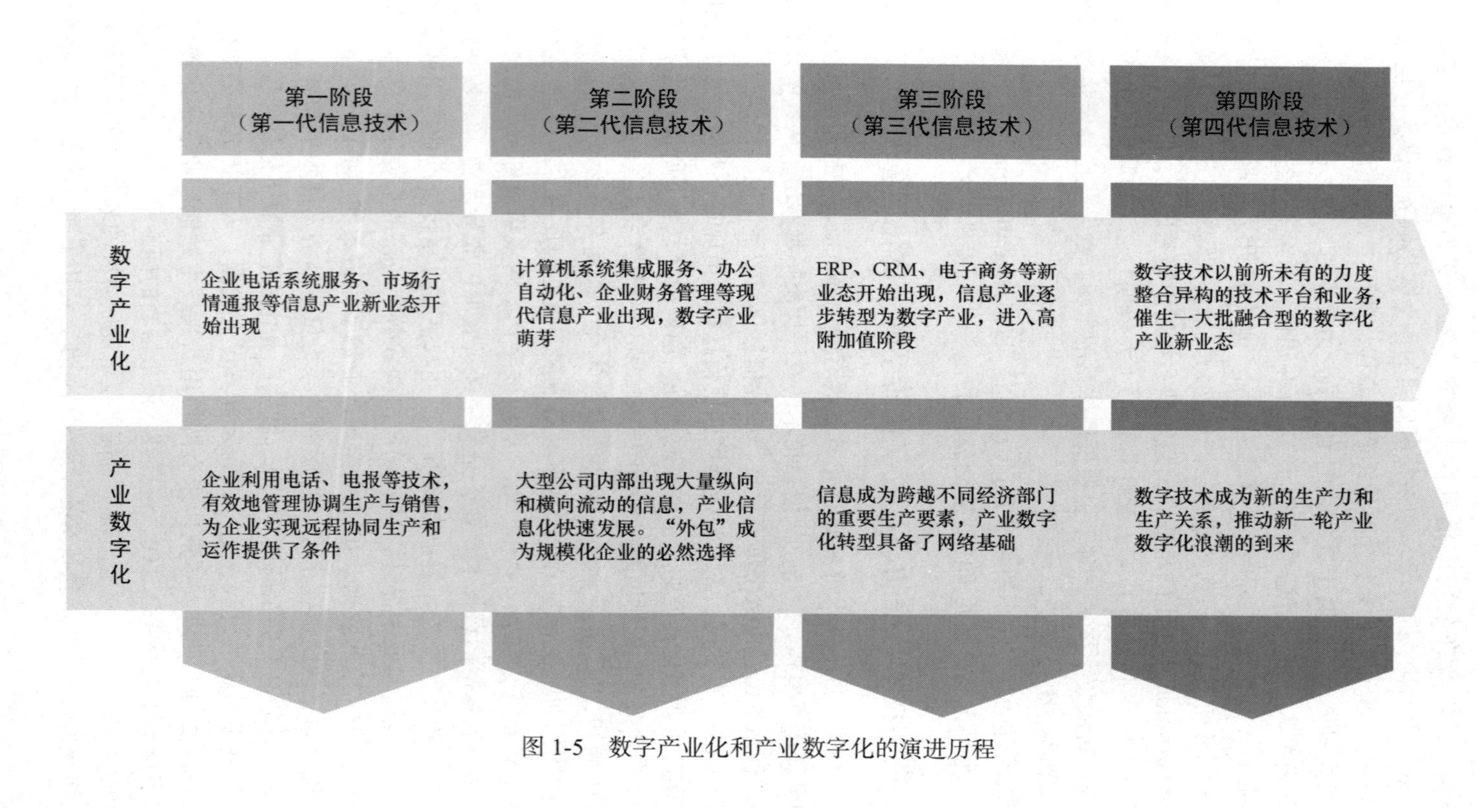

图 1-5 数字产业化和产业数字化的演进历程

1.3 数字技术的主要特征与发展趋势

数字技术将计算、通信和控制技术进行了一体化整合，从而实现了消费级行为和企业级行为在时间和空间要素上的无缝、平滑和一体化处理。显然，无论从技术角度还是从经济角度来看，数字技术都表现出了明显的革命性趋势，并且因其“宽带”“融合”“泛在”等基本特征，对人类生产和生活带来颠覆式改变，创造了崭新的商业价值。

1.3.1 业界观点分析与洞察

近几年来，数字技术风起云涌，新技术层出不穷。业界机构对数字技术及其发展趋势进行了广泛和持续的研究，这里简要介绍一下其中具有代表性的一些观点和结论。

1. 埃森哲

埃森哲在2018～2020年的数字技术趋势分析中，2019年和2020年突出了以用户为核心的数字技术，如图1-6所示。企业一直追求通过个性化产品和服务来提升竞争力的目标，认为关注用户并进而关注用户个性化体验的设计过程和控制权是非常重要的。因为通过让用户共同参与体验设计，可以和用户建立长期互利互信的伙伴关系，提升用户忠诚度。这种打破主观单向的体验设计方式，借助5G、泛现实、沉浸式数字体验等技术，让用户体验变成双向的，实现零距离接触，并把主动权交给用户，实现以用户价值为中心，形成懂“我”经济。

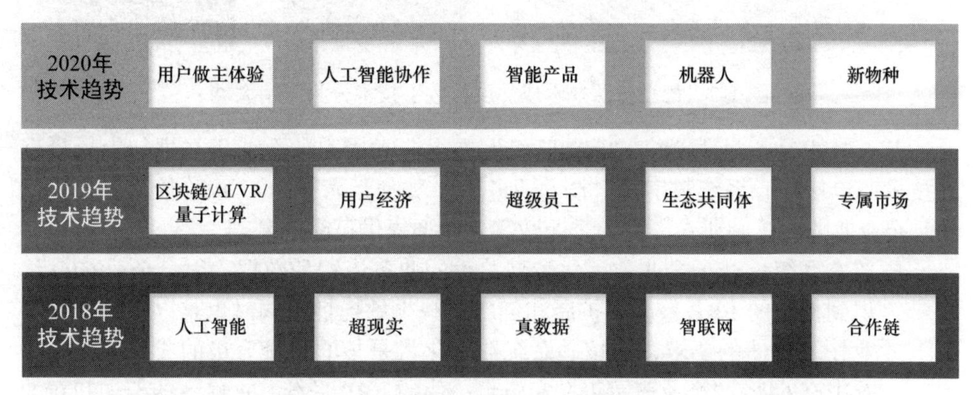

图1-6 埃森哲：突出以用户为核心的数字技术和人工智能技术

人工智能技术也是埃森哲的研究重点。根据埃森哲对受访者的调研，受访的中国业界高管当中，有87%将人工智能技术视作未来创新的关键一环，这一比例高于79%的全球平均水平。为了让企业获得长足发展，领先企业已不再将人工智能技术视为简单的技术工具，而是将其打造成为整个组织的变革引擎，以及推动企业转型和行业变革的关键要素。当然，单纯凭借人工智能技术无法实现业务重塑。它需要人的管理、指导和完善才能发挥作用。以人机协作为核心，运用机器学习、自然语言处理等技术，可以帮助人与机器更好地进行沟通和协同，进而从营销、需求管理、产品设计、生产物流供应链等角度对业务进行重构，面对多变的商业环境进行迅速转变和应对，提升运营效率和敏捷性等竞争力。总之，人工智能技术将推动企业和社会加速创新。

2. 德勤

德勤通过连续十一年发布技术趋势年度报告，分析 IT 所面临的挑战及未来技术给企业带来的机遇和酝酿的重大变革。在 2018 ～ 2020 年报告中，既包含了大家都聚焦的数字体验与数字现实、认知与分析技术、云技术与区块链，也特别不同地提出了包括风险和技术业务（IT 如何运营）。

德勤同时以 10 年为一个周期，按照技术成熟度将数字技术分为 4 个大类，如图 1-7 所示。

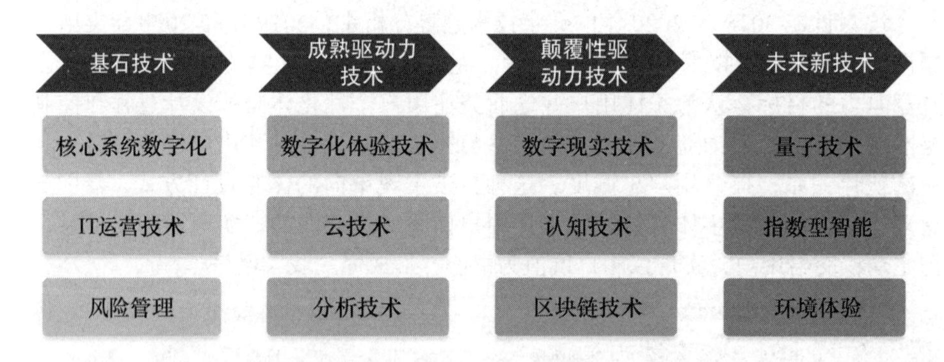

图 1-7 德勤按照技术成熟度将数字技术分为 4 个大类

基石技术是指过去 20 ～ 30 年已经发展得非常成熟的企业仍在进行大量投资的技术，包括核心系统数字化、技术业务（IT 如何运营技术）、风险管理。它们依然是企业业务的核心所在，并为企业数字化转型提供可靠的基础。

- 核心系统承载了企业数字化转型关键的业务流程和数据。很多企业 CIO 认识到传统的 ERP 系统在扩展和创新上缺少敏捷性，同时也难以满足降低企业技术负债的要求，而核心系统数字化将是核心系统升级的成熟策略，调查中有 64% 的企业表示正在实施新一代的 ERP 系统，这些新的架构和新的平台可以成为企业的数字底座，帮助企业获得数字化、敏捷化、安全和可扩展的能力。
- 随着 IT 运营技术的不断发展，可以通过 IT 重塑，更加敏捷地响应市场的变化，并实现业务价值的创造和效率的提升。

- 风险管理是企业经营至关重要的永恒话题，在数字时代，既要借助新技术来降低风险，同时也要考虑新技术带来新的风险和挑战。

成熟驱动力技术是指在过去 10 年已经发展成熟并得到市场验证的技术，包括数字化体验技术、云技术、分析技术。这些技术通过赋能和应用，已经体现出了巨大的价值，成为企业推进数字化战略和商业新模式的底座基础。

- 数字化体验技术是企业转型的重要驱动力。60% 企业通过这个技术由传统的以客户为中心的模式转变为以客户为本的互动模式。
- 云技术已经不仅仅是作为基础性应用，它带来的“一切就是服务”的理念已经深入企业，有超过 90% 的企业在使用一项或者多项云技术。接下来 3 年，市场对云技术的投入还会再翻番。而且通过云技术的赋能，为其他数字技术如分析技术、区块链、人工智能、数字现实等提供了创新的基础平台。
- 分析技术是能够提供深刻洞察的基本技术和工具，也是未来人工智能技术的基础，通过新一代动态快速的分析技术和云技术相结合，为企业解决异常复杂问题的挑战提供全新的方案。

颠覆性驱动力技术是指接下来 10 年将成为企业变革颠覆驱动力的技术，主要包括数字现实技术、认知技术、区块链技术，这些技术正在蓬勃发展并将推动未来重大变革。

- 数字现实技术打破了空间界限，让人通过技术可以实现与大自然的互动。
- 以机器学习、神经网络、机器人流程自动化、人机识别等为代表的认知技术，通过人机场景化、个性化的理解和协同驱动业务流程，实现产业变革。IDC 预测 2022 年企业对认知技术的需求将大幅增长到 776 亿美元。
- 在参与的调查者中，超过半数的受访者认为区块链技术很重要，其中 83% 已经构思出实际的应用场景，这主要以金融科技为代表，同时政府、生命科学、通信等领域都在大力开展区块链技术的应用。

未来新技术包含了前瞻性的量子技术、指数型智能、环境体验。随着研究的突破和算力的发展，这些未来新技术正处在爆发的前夜。

- 量子技术通过利用亚原子微粒的特性进行新型计算，实现“不可非法侵入式”通信和技术微型化。量子计算可以解决对当前超级计算机而言过于高度复杂的问题，并在通信、安全、密码学、能量等不同领域创造无限可能。
- 当前机器智能可发现大数据中蕴藏的规律，但是无法判断这些规律是否有内在的含义比如因果关系，而且缺乏情感，指数型智能将超越统计和计算层面的智能，并通过虚拟助手实现具备情绪的能力。

- 环境体验展现了未来技术只是环境的一部分，随着设备无所不在地嵌入日常的环境中，将人类的输入从非自然的（点击、指向）演变成自然的（说话、思考），人类的交互也从被动式回答问题变成主动建议。

3. Gartner

Gartner将数字技术分成四个主题：智能化、数字化、网格化和其他，并提出从“以人为中心”和“智能空间”两个维度来预测数字技术发展10大趋势。

- “以人为中心”是人作为技术的核心，强调了技术最重要的作用之一是影响客户、员工、业务合作伙伴、社会或其他关键群体。企业、机构采取的所有行动都是为了直接或间接地影响个人和群体。
- “智能空间”是建立在以人为中心的理念上，是人与科技系统能够在日益开放、互联、协调且智能的生态中进行交互的物理空间。人、流程、服务及物等多项元素在智能空间汇聚，创造出沉浸度、交互性和自动化程度更高的体验。

围绕着这两个维度，2020年Gartner进一步预测了数字技术发展10大趋势，如图1-8所示。

- 超自动化：超自动化涵盖了多种机器学习、软件和自动化工具的集合体，以及实现自动化的所需步骤（发现、分析、设计、自动化、测量、监控和再评估）。该趋势由机器人流程自动化（Robotic Process Automation，RPA）应用开始。

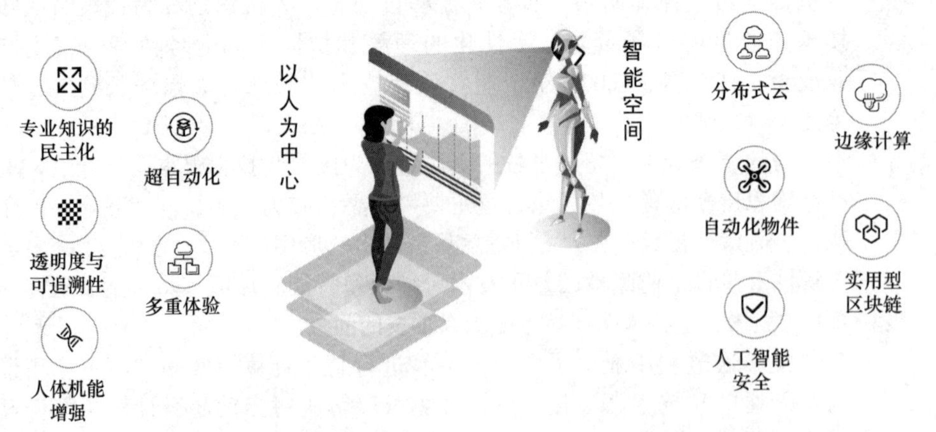

图1-8 Gartner：2020年从两个维度预测数字技术发展10大趋势

- 多重体验：用户体验正在发生巨大的变化，包括用户对于数字世界的感知以及用户与数字世界的交互方式。虚拟现实、增强现实与混合现实正在改变人们对数字世界的感知，会话平台正在改变人与数字世界的交互方式，成为“理解人类的技术”。感知与交互模式的同时改变，将带来多感官与多模式体验。

- 专业知识的民主化：通过极简的体验并在需要投入大量成本高昂的培训的前提下，为人们提供专业技术知识（例如机器语言）、业务领域专业知识（例如销售、采购流程等）、数据和分析的民主化（从针对数据科学家的专用工具扩大到适用于一般开发人员的普及工具）、开发的民主化（应用程序中使用的人工智能工具）、设计的民主化（低代码、无代码的场景持续增加，更多的应用程序开发功能实现自动化）以及知识的民主化（非 IT 专业人员通过使用工具和专家系统，获得超出自身专业知识以外的专业技能）。
- 透明度与可追溯性：越来越多的消费者已经意识到个人信息的价值，并提出控制个人信息的要求。企业机构也认识到保护与管理个人数据的风险日益增加，而政府正在实施严格的法律法规，确保企业机构做到这一点。透明度与可追溯性已成为支持此类数字道德与隐私需求的关键要素。企业机构在建立透明度与信誉措施时专注于人工智能与机器学习、个人数据隐私、所有权与控制、符合道德的设计。
- 人体机能增强：研究如何使用技术提供认知与体能增强，并使其成为人类体验中不可或缺的一部分。体能增强通过在人类身体上植入或外置可穿戴设备等技术部件，改变人类固有的身体机能，从而实现增强。认知增强则是通过计算机和新兴智能空间中的多体验接口的信息和应用来实现的。
- 边缘计算：边缘计算是一种在信息来源、存储库及使用者附近进行信息处理、内容收集和交付的计算拓扑结构，通过将网络流量与计算处理保留在本地以减少延迟、发挥边缘能力以及赋予边缘更大的自治性。目前，边缘计算主要用在制造、零售等特定行业中，为物联网系统提供离线或分布式能力。未来边缘计算将成为几乎每个行业和应用的主导要素，机器人、无人机、自动驾驶汽车等复杂的边缘设备将加快这一转变。
- 实用型区块链：区块链可以通过实现信任、提高跨业务生态透明度和价值交换、降低成本、减少交易结算时间及改善现金流等来重塑整个行业。目前由于可扩展性与互操作性不佳等各种技术问题，区块链在企业中的应用还不尽成熟。尽管有这些挑战，由于区块链所具有的颠覆性特性以及收入增长的巨大潜力，企业已经开始积极评估使用这项技术。
- 分布式云：将目前集中式的公有云服务分布到不同的物理位置，原来的公有云提供商继续负责分布式云的运营、治理、更新和迭代。对于目前大多数公有云服务采用的集中式模式来说，这将是一次巨大的转变，并且将开辟云计算的新时代。

- 自动化物件：自动化物件是使用人工智能自动执行那些以往由人类执行的任务的物理设备。最典型的自动化物件包括机器人、无人机、自动驾驶设备等。这些物件能够借助人工智能，完成与所在环境和人类进行自然交互的高级行为。随着技术能力的改进、监管机构的批准以及社会接受度的提高，自动化物件将被越来越多地用于更多的场所。
- 人工智能安全：虽然人工智能与机器学习将继续用于提升各种应用场景中人类的决策能力，但也因为物联网、云计算、微服务及智能空间中广泛存在的连接，增加了大量潜在攻击点，从而给安全与风险管理带来了新的挑战。

4. 中国工业互联网产业联盟

中国工业互联网产业联盟（Alliance of Industrial Internet，AII）通过持续不断地深入研究国际国内数字技术，提出互联网、物联网、云计算、大数据、人工智能等数字技术通过与产业深度融合，推动着生产方式、产品形态、商业模式、产业组织和国际格局发生深刻变革，加快了第四次工业革命的孕育与发展。工业互联网是实现这一数字化转型的关键路径，构筑了第四次工业革命发展的重要基石，为实体经济数字化转型提供了关键支撑。

工业互联网作为全新的工业生态、关键基础设施和新型应用模式，通过人、机、物的全面互联，实现全要素、全产业链、全价值链的全面连接，正在全球范围内不断颠覆传统制造模式、生产组织方式和产业形态，加快传统产业转型升级和加速新兴产业发展壮大。工业互联网是数字技术的集大成者，几乎所有的数字技术都可以在其中找到应用场景。AII 通过研究德国工业 4.0 参考架构模型（Reference Architecture Model Industrie 4.0，RAMI4.0）、美国工业互联网 IIRA，结合中国的国情特点，发布了《中国工业互联网体系架构 2.0》，从业务、功能、实施等三个视角，重新定义了工业互联网的体系架构，为政府、企业、科研机构等利益相关方提供引导和参考，共同推动工业互联网的创新发展。

工业互联网的出现，离不开 CPS 技术的发展。在前面三代信息技术阶段，信息技术（IT）和运营技术（OT）技术分别沿着各自的路径快速发展。到了第四代数字技术阶段，IT 和 OT 快速融合，实现物理世界和数字世界打通，突破了数字和实体之间的界限，并通过物联网、5G、WiFi 等技术实现万物互联。这个促使 IT 和 OT 融合的划时代技术，就是“信息物理系统”CPS（Cyber-Physical Systems），它是继互联网将计算机与计算机连接之后，进一步将计算机与物理世界连接的一种全新的信息技术范式。CPS 的核心是 3C（Computation、Communication、Control），即计算、通信和控制的融合。

如图 1-9 所示，CPS 范式可以划分为计算维度、通信维度和控制维度。三个维度各有侧重，但技术内核相同，所遵循的技术范式本质上也相似。

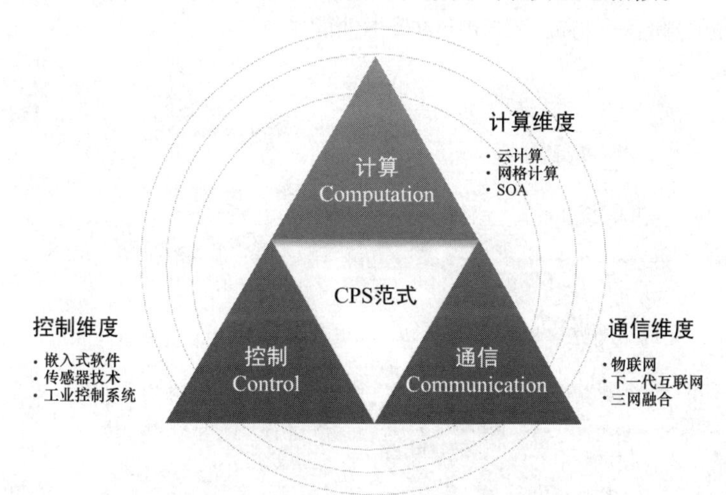

图 1-9 技术视角下的数字技术架构体系（CPS 范式）

- 计算维度主要包括云计算、网格计算、SOA，这类技术的着眼点是提升 CPS 系统的计算能力，但其最终实现还需要基于移动网络、传感器、互联网等多种网络融合而成的通信基础设施的支撑，其计算的数据来源则依赖于嵌入各个物理实体中的数据采集终端。
- 通信维度主要包括物联网、下一代互联网、三网融合，这类技术的着眼点是提升 CPS 系统的通信能力，但其最终实现同样需要依赖云计算等计算模式，以及嵌入式的数据采集终端。
- 控制维度主要包括嵌入式软件、传感器技术、工业控制系统，这类技术的着眼点是提升 CPS 系统的控制能力。一是信息采集端，即各种通过嵌入式软件控制的感应和传输设备；二是将各种经过云计算系统发出的控制信号，经过各种高端工业软件转化为机器执行的命令。这两类技术实际上都与计算和通信两个维度的技术密不可分。

CPS 是一系列数字新技术的集成，具有超级的整合能力，涵盖了物联网、嵌入式软件、无线传感网、移动互联网、大数据计算、云计算平台等多种技术，可以视为数字新技术的集成者。CPS 打通了物理世界和数字世界，形成了泛在、互联、无边界的交互协作，大幅降低了数据获取、评价决策等交易成本，带来了企业组织的形态、流程、机制、甚至主体的深刻变化，推进了动态柔性、扁平化组织、产业生态体系的形成，提高了响应市场的速度、快速应变需求变化、提升企业管理沟通效率。

CPS 在产业应用非常广泛。无论是德国的 RAMI4.0 架构，美国工业互联网的 IIRA 架构，还是中国工业互联网的体系架构 2.0（见图 1-10），都是为了实现物理和数字世界的融合，都需要 CPS 作为技术使能系统。

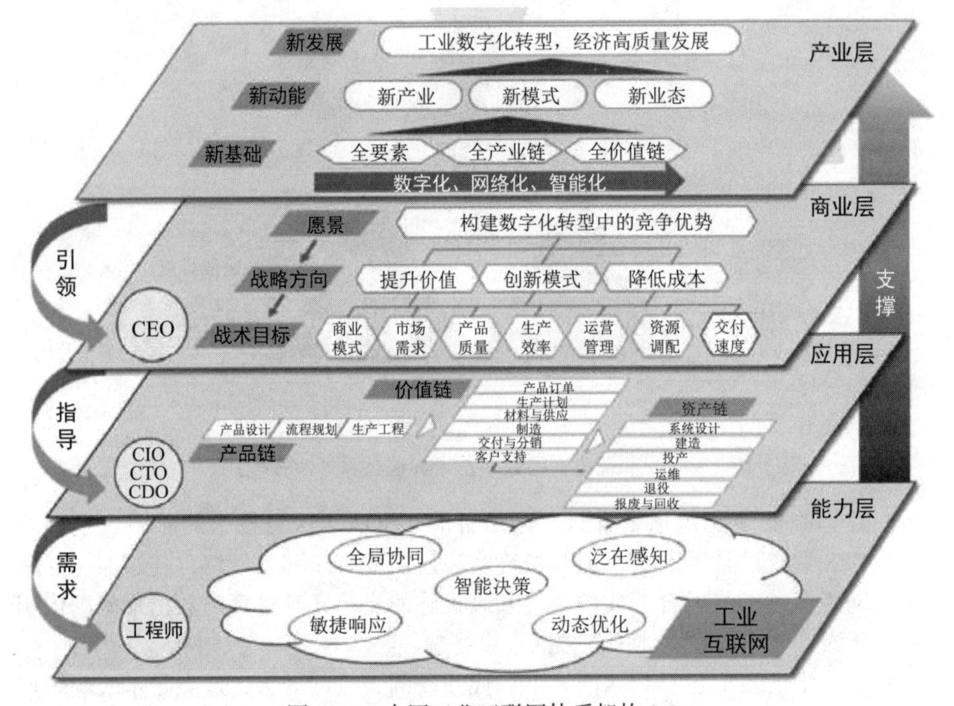

图 1-10　中国工业互联网体系架构 2.0

数字技术层出不穷。前面分析了业界的一些代表性机构所关注和研究的主要数字技术。可以看出，各家所处的行业和背景不同，关注点有所不相同，但是从中可以发现业界形成的一些重要共识，如图 1-11 所示。

- 数字技术是第四次工业革命和数字经济的重要引擎，数字经济是“不确定中的确定性”的历史发展机遇，是各国不约而同的战略选择。
- 数字技术融合了物理空间和数字空间，对人类行为产生深刻的影响，将重塑社会生产关系的方方面面：如商业新模式、产业新业态、客户新历程、企业新架构、组织新方式、公司新战略等。
- 工业互联网不只是数字技术，还是其他数字技术融合的承载体，几乎所有数字技术都可以在其中找到应用场景和实现价值。
- 在万物互联的数字时代，外部环境成为影响组织绩效关键因素，尤其在不确定环境中，协同打造生态命运共同体才能获得组织内外的协同高效率。
- 由于中国近年来的快速发展以及国际环境的变化，偏硬件或者软硬结合的数字技术，如芯片、5G、边缘计算、工业互联网等，形成了中国的独特优势。

- 云、人工智能、数字现实、区块链、数字双胞胎等领域已经形成普遍共识，但在数字化管理理论、数字化软件定义等管理实践领域还没有形成系统化的体系。
- 数字技术不仅仅是局限在“硬”技术层面，更带来了“软”技术管理理论的巨大变化，是当前乃至未来研究的重要方向之一。
- 未来10年是新型基础设施“数字基建”的密集安装期，将建设以5G、物联网、工业互联网、数据中心、人工智能、云计算、区块链等为代表的新技术基础设施平台。数字基建是数字经济发展的基础和保障，是经济高质量发展的新动能。在数字产业化方面和产业数字化方面，数字基建起到了“底座”的重要作用。

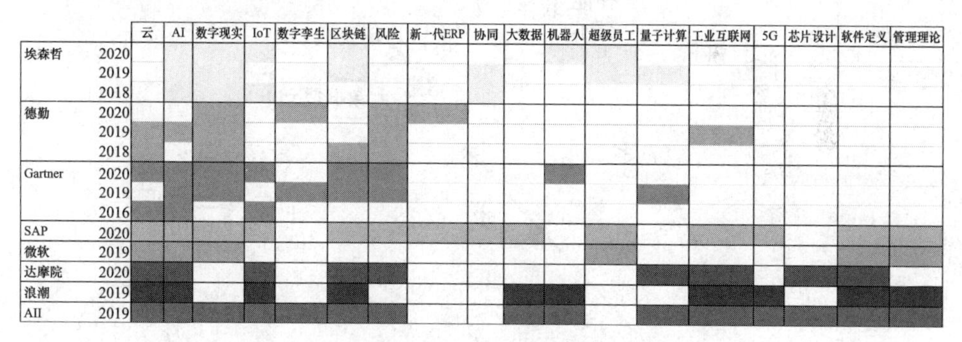

图1-11 业界综合分析：数字技术发展聚焦点

1.3.2 主要特征与发展趋势

新一代信息技术的发展及其深度应用推动着人类社会步入数字技术驱动的创新时代。数字技术的主要特征与发展趋势如图1-12所示。

- 从基础设施视角，可将其视为以新一代信息技术演化生成的新型基础设施的建设，提供数字化转型、智能升级、融合创新等服务为特征的“数字基建时代”。
- 从通信传输视角，可将其视为通过5G技术的快速发展、极低的时延性和极高的数据传输率，使得线上线下融为一体，实现信息传播双向互动，进入实时连接的“虚实交互时代”。
- 从计算模式视角，可将其视为以支持计算、存储、网络、数据、应用等资源的集约式管理和服务化使用，边缘计算与云计算相辅相成协调发展为特征的“云边端协同时代”。

- 从信息资源视角，可将其视为将数据作为新型战略资源和数字经济的关键生产要素，并以数据的深度挖掘和融合应用为特征的“大数据驱动时代”。
- 从使能技术视角，可将其视为IT与OT快速发展融合，通过全新信息技术范式CPS，打通并连接物理世界和数字世界而进入的“软件定义时代”。
- 从信息应用视角，可将其视为遵循人工智能技术演化阶段，从为人类提供计算能力、智能感知到智能认知决策的智能主导的“智能主导时代”。

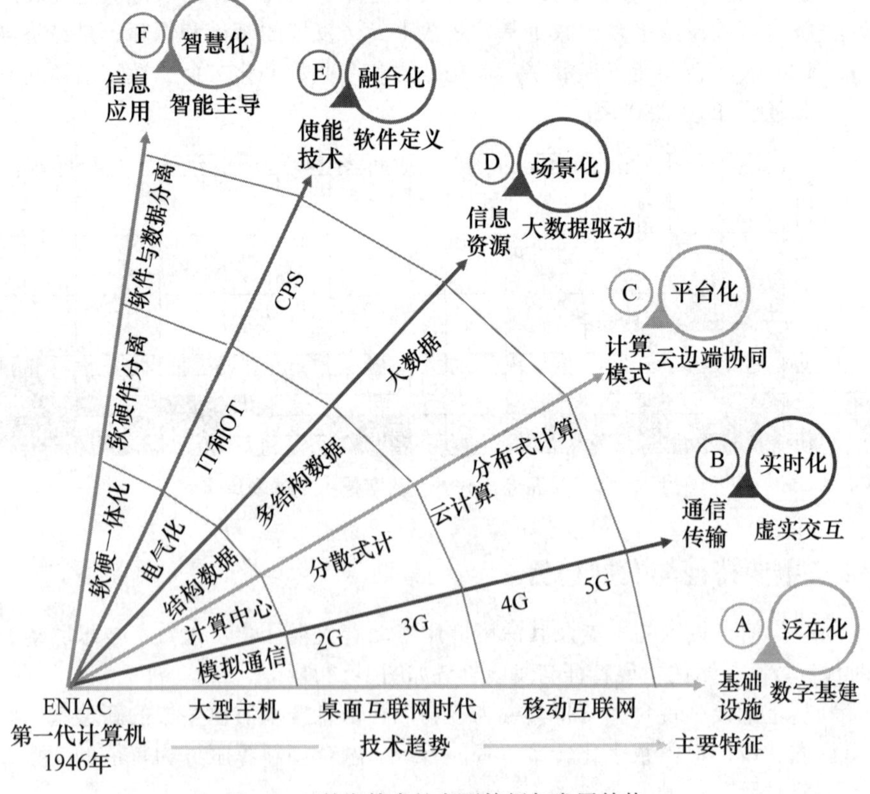

图1-12 数字技术的主要特征与发展趋势

1. 趋势1：泛在化的“数字基建时代”

从基础设施视角，纵观前三次工业革命，都是以相应时代的新基础设施建设为标志，铁路、公路和电网、互联网分别是推动前三次工业革命发展的基础设施。在第三次工业革命期间，传统大型机、桌面互联网、移动互联网技术解决了人机连接的问题，各种沟通、交流、协作的技术手段都已经发展成熟，但是不同技术架构之间的融合尚未形成且被割裂为孤立的链条。

当前，由新一代信息技术引发了第四次工业革命，“数字基建”（新型数字基础设施的建设）正在成为全球产业竞争、投资布局的战略高地。新技术基础设施主要包括5G、物联网、工业互联网、数据中心、人工智能、云计算、区块链等，标志着进入了“新基建–数字基建时代”。尤其是物联网、工业互联网等新技术出现，解决了第三次工业革命没有解决的“物与物”，“人与物”等连接问题，并通过这些数字平台为社会提供了无所不在，无时不在的服务，实现了“泛在化”。

广义的泛在化，是指数字技术和能力能够随时随地提供服务，成为像水和电一样的基础设施，对国民经济和社会生活的方方面面都能无所不在地提供服务。技术的泛在化，是指每个“物”都有传感智能芯片，能够随时随地采集周围数据，通过边缘计算和控制技术来实现智能化、主动化、泛在化的物联网，实现万物互联。

着眼长远，数字基建是经济高质量发展的新动能。数字经济的发展，必须要有相应的数字基础设施作为基础和保障。在数字产业化方面，当新基建与数字产业形成良性互动时，就能真正体现出其“乘数效应”和“裂变功能”。在产业数字化方面，新基建可助力传统产业尽快实现数字化、网络化和智能化转型，并催生产业的新业态、新模式、新平台，而实体经济发展又能反哺新基建，形成良性循环。

2. 趋势2：实时化的“虚实交互时代”

从通信传输视角，移动通信技术已经演进到了第四代。从第一代到第三代移动通信技术，都是围绕的都是人与人之间的通信。而在如今网络直播、虚拟现实等需求越来越迫切的环境下，用户对于网络的要求也越来越高。一个带宽更高、时延更低、覆盖更广的移动网络必不可少。5G正是一个能够满足这些需求的网络。除了人与人之间的通信，5G更重要的目标是万物互联。如果说4G改变了人类的生活方式，那么5G将会改变社会的生产模式。

5G网络主要有三大技术场景：增强移动宽带业务（enhanced Mobile BroadBand，eMBB）、海量机器通信（massive Machine Type Communication，mMTC）、高可靠低时延（Ultra Reliable Low Latency Communication，URLLC）。每种技术场景都基于各行各业对未来通信的需求。三大场景中mMTC和URLLC都是主要针对垂直行业的业务需求。通过5G赋能的工业互联网、大数据、云计算、AI等，有效地支撑了如5G+AR、5G+VR、5G+机器人、5G+无人机、5G+远程控制等在各个行业的具体应用。人类进入了实时化的“虚实交互时代”。

3. 趋势 3：平台化的“云边端协同时代”

从计算模式视角，云计算把许多资源集合起来，通过软件实现自动化管理，具体呈现为与信息技术、软件、互联网等相关的一种服务，可以在互联网上按使用量付费而且价格较为低廉。

云计算平台化的模式，有利于企业管理向敏捷反应和快速创新方向发展，通过云服务平台如企业人力资源平台、采购网络平台、供应链协作平台、营销平台、B2B 平台、工业互联网平台等，快速实现企业内部不同部门之间、企业与企业之间、企业与行业之间、企业与世界的泛在连接，形成云端生态圈产业链。资本市场也对云服务模式给了非常高的 PE 值，在 2020 年，很多云平台公司的股票在过去两年成长了 300% ～ 400%。

随着万物互联时代到来，特别是 5G 商业化推进，除了公有云计算模式，也催生了边缘计算模式。边缘计算的发展与 5G 密切相关，5G 的网络切片技术就是将一个物理网络切割成多个虚拟的网络切片，每个虚拟网络切片具备不同的功能特点，可以面向低延时、大容量等不同的需求进行服务。5G 催生的海量边缘连接场景，使得传统云计算架构无法满足这种爆发式的海量数据计算需求，将云计算的能力下沉到边缘侧、设备侧，并通过中心进行统一交付、运维、管控，将是重要发展趋势。

边缘计算按功能角色分为“云、边、端”三个部分：“云”是传统云计算的中心节点，是边缘计算的管控端；“边”是云计算边缘侧的基础设施边缘和设备边缘；“端”是指终端设备，如手机、智能家电、摄像头、汽车等。可以看出，边缘计算是云计算的延伸，而两者各有其特点：云计算能够把握全局，处理大量数据并进行深入分析，在企业管理、商业决策等非超高实时数据处理场景发挥着重要作用；边缘计算则侧重于局部，能够更好地在小规模、实时的计算和分析控制中发挥作用，满足企业的实时需求。

因此，云计算更适合大规模数据的集中处理，边缘计算可以用于小规模的本地实时服务。随着云计算能力从中心下沉到边缘，边缘计算与云计算相辅相成、协调发展，形成“云、边、端”三位一体的协同计算体系，这将更好地在计算模式上推动企业数字化转型。

4. 趋势 4：场景化的“大数据驱动时代”

从信息资源视角，可将数据视为新型战略资源和数字经济的关键生产要素，形成了数据的深度挖掘和融合应用为特征的“大数据驱动时代”。

随着大数据驱动时代的到来，大数据带来的巨大价值已经得到认可，通过对数据的全面感知、收集、挖掘和分析人们获得了一种全新的看待世界的方法。对于企业而言，大数据正在重构很多传统行业。广泛运用数据分析方法管理和优化运营的公司其实质都是一个数据公司，并且这些技术得到了应用，带来了巨大的价值。这些价值的实现需要具备大数据思维，这主要体现在两个方面：一是以数据为核心和数据驱动的思维方式；二是以业务为核心，将业务分割为场景的思维方式，业务场景的丰富程度决定了大数据利用价值的深度和广度，这样大数据的价值才能充分地发挥出来。同时，企业应该培养三种能力；一是整合企业数据的能力；其次是挖掘数据背后的价值和制定行动计划的能力，三是进行精准快速行动的能力。这样可以通过大数据的价值驱动企业快速发展。

5. 趋势 5：融合化的“软件定义时代”

“软件定义”是近年来信息技术的热点术语。一般认为，“软件定义”的说法始于“软件定义的网络”（Software-Defined Network，SDN）。在传统的网络体系结构中，网络资源配置大多是对各个路由器 / 交换机进行独立配置，网络设备制造商不允许第三方开发者对硬件进行重新编程，控制逻辑都是以硬编码的方式直接写入路由器 / 交换机的。这种以硬件为中心的网络体系结构，复杂性高、扩展性差、资源利用率低、管理维护工作量大，无法适应上层业务扩展演化的需要。2008 年前后，斯坦福大学提出了“软件定义网络”的概念，并研制了 OpenFlow 交换机原型。在 OpenFlow 中，网络设备的管理控制功能从硬件中被分离出来，成为一个单独的完全由软件形成的控制层，抽象化底层网络设备的具体细节，为上层应用提供了一组统一的管理视图和应用编程接口（Application Programming Interface，API）。用户则可以通过 API 对网络设备进行任意编程，从而实现新型的网络协议、拓扑架构，并且不需要改动网络设备本身就可满足上层应用对网络资源的不同需求。2011 年前后，SDN 逐渐被广泛应用于数据中心的网络管理，并取得了巨大的成功，重新“定义”了传统的网络架构，甚至改变了传统通信产业结构。

在 SDN 之后，又陆续出现了“软件定义”的存储、“软件定义”的环境、“软件定义”的数据中心等。可以说，针对泛在化资源的“软件定义一切”（Software-Defined Everything，SDX）正在重塑传统的信息技术体系，成为信息技术产业发展的重要趋势。

实现 SDX 的技术途径，就打破把过去的一体化硬件设施，实现硬件资源的虚拟化和管理任务的可编程，即将传统的“一体式”硬件设施分解为“基础硬件虚拟化及其 API+ 管控软件”两部分：基础硬件通过 API 提供标准化的基本功能，进而新增一个软件层替换“一体式”硬件设施中实现管控的“硬”逻辑，为用户提供更开放、更灵活的系统管控服务。

通过“软件定义”，底层基础设施架构在抽象层次上就能趋于一致。换言之，对于上层应用而言，不再有因异构的计算设备、存储设备、网络设备、安全设备导致的区别，应用开发者能根据需求更加方便、灵活地配置和使用这些资源，从而可以为云计算、大数据、移动计算、边缘计算、泛在计算等信息应用按需“定义”适用的基础资源架构。从用户的视角来看，操作系统就是一台“软件定义”的“计算机”；从软件研究者的视角来看，操作系统集“软件定义”之大成。无论是“软件定义”的网络、“软件定义”的存储、“软件定义”的数据中心还是其他“SDX”，就其技术本质而言，均意味着构造针对“X”的“操作系统”。

面向人机物融合的基于 CPS 的软件平台，通过借助 CPS 超级的整合能力，形成对海量异构基础设施资源进行按需管理、深度“软件定义”而形成的泛在操作系统。因此，“软件定义”是在 CPS 环境下实现人机物融合的软件“基础设施化”的重要技术途径。

软件技术在数字技术中始终处于“灵魂”地位。所有新的信息技术应用、平台和服务模式，均以软件技术作为基础支撑；更为重要的是，在数字经济时代，软件技术已经成为企业的核心竞争力，不仅引领了信息技术产业的变革，在很多传统领域（如汽车、能源、制造、零售等）中的存在比重和重要性也在不断加大，在支持这些传统领域产业结构升级换代甚至颠覆式创新的过程中起到了核心作用，并进一步加速重构全球分工体系和竞争格局。特别地，作为新一轮科技革命和产业变革的标志，德国的“工业 4.0”和美国的“工业互联网”，均将软件技术作为发展重点。软件已经走出信息世界的范畴，深度渗透到物理世界和人类社会中，全面发挥“赋能、赋值、赋智”的重要作用，迎来了“软件定义”的时代！

6. 趋势 6：智慧化的“智能主导时代”

人工智能对经济的影响主要来自两个方面：一是利用人工智能技术提高现有劳动力效率；二是利用人工智能赋能提供个性化和高质量型产品和服务创造。普华永道的一篇研究报告认为，人工智能对全球经济增长的贡献，到 2030 年，通过提升劳动生产率将带来 5.6 万亿欧元增量增长，通过创造客户新的消费需求将带来 7.73 万亿欧元的增量增长。

人工智能的发展可分为三个阶段：

- 辅助智能，以计算智能为主：即能存会算。机器开始像人类一样会计算，传递信息。它的价值是能够帮助人类存储和快速处理海量数据，将人类从重复性工作中解放出来。
- 感知智能 / 增强智能：即能听会看，并辅助人的决策。机器开始能看懂和听懂，做出判断。例如，可以识别人脸的摄像头、可以听懂语言的音箱。它的价值是能够帮助人类高效地完成“看”和“听”相关的工作。
- 认知智能 / 自主智能：即机器能理解，会思考与决策，并执行。机器开始像人类一样能理解、思考与决策。

未来人工智能越来越成为一种通用技术，通过泛在化的服务平台，推动数字化转型、智能升级和融合创新。

总之，通过分析数字技术的典型“数字产业化”和“产业数字化”特征，数字技术正在引领新一轮科技革命，全球正在迈入数字经济时代，数字化转型已经成为产业变革的主要推手。

第 2 章 Chapter 2

数字经济时代下的企业应用软件

美国军方曾经提出一个 VUCA 概念，即易变性（Volatility）、不确定性（Uncertainty）、复杂性（Complexity）、模糊性（Ambiguity），来形容新时期的战场局势。商场如战场，现在的企业同样面临 VUCA 大环境。新技术的普及，让很多行业的运营模式和格局被彻底颠覆。全球市场、供应链和金融体系高度互联，导致蝴蝶效应屡见不鲜。地缘政治紧张、贸易摩擦等因素，更加剧了商业世界的不确定性。

回望 2020 年，全球新冠肺炎疫情的大流行，标志着世界进入一个新的不确定性时代。在这个高度复杂、不确定性、智能化的时代，机遇与挑战并存，快速更迭与复杂创新同在。企业频繁地遭遇高度不确定性的挑战，常规的管理思路和方法已经无法满足新环境的需求。

我们面对"复杂性和不确定性"的"新常态"，需要从底层逻辑来思考技术在 VUCA 时代的核心地位。从历史长河不难看出，生产力的跃升和人类认知模式的升级，是技术和社会进步的两大主线，而"范式"（Paradigm）恰恰就是把握两大主线的最佳工具。

企业应用软件作为技术创新与管理思想在微观组织层面的核心承载，是范式思想在企业应用领域的集中体现与深入应用。尤其是数字经济时代，企业应用软件作为核心技术底层逻辑的重要性不断凸显，它通过与实体经济的深度融合，成为企业发展的关键驱动力。在此背景下，研究新范式下企业应用软件的创新，可以让我们更好地理解"今日从何而来，未来向何而去"。

2.1 范式思想的发展历程与最新启迪

2.1.1 发展历程

1962年，托马斯·库恩（Thomas Kuhn）在其代表作《科学革命的结构》中提出了“范式”的概念。库恩认为，“范式是指在科学活动中某些被公认的范例，可以用来界定什么应该被研究、什么问题应该被提出、如何对问题进行质疑以及在解释我们获得的答案时应该遵循什么样的规则”。自此，范式作为一个独特的概念，不断地被人们使用。图2-1所示为主流范式的相关理论。

范式不仅在科学和哲学研究中被广泛使用，而且在技术、创新、经济等领域被赋予了不同的内涵和意义，从不同层面反映技术、产业乃至国家层面技术和经济的发展进程。同时也是我们观察数字经济时代变迁的最佳工具。

1982年，范式被引入技术创新领域，范式与技术的经济功能被开创性地连接在一起。技术创新经济学家乔瓦尼·多西（Giovanni Dosi）首先提出了技术范式（Technology Paradigm）概念，他认为同科学研究存在一个库恩的共同体范式一样，技术也存在一种发展范式。技术范式是基于所选择的自然科学原理，对技术问题给出解决方案的模式。多西的技术范式本质上是一种技术活动遵循的逻辑，肯定了技术范式在产业经济发展中的重要作用。

1998年，英国演化经济学家卡萝塔·佩蕾丝（Carlota Perez）提出了联系技术进步与经济增长的关键概念——技术经济范式，为认识各个时代提供了“基础设施+投入要素+支柱产业+商业模式和组织模式”的一整套理论。每一次的科技革命，都是一次技术经济范式的革命。技术经济范式作为一种新兴的实践模式，代表着一场特定的技术革命得以运用，并提振了整个经济的发展。表2-1给出了科技革命关键要素的技术经济范式的变迁。

进入数字经济时代，数字技术对社会经济各个层面的影响不断加大，也推动着范式理论的创新，用于解释人类认识客观世界方法论的第四范式理论应运而生。2007年，图灵奖得主，同时也是关系型数据库的鼻祖吉米·格雷（Jim Gary），将科学研究分成了四类范式，它们分别是基于实验科学的第一范式、基于归纳总结的第二范式、基于计算机仿真的第三范式，以及基于大数据科学研究的第四范式。第四范式的本质是“数据驱动”，其核心是“相关关系”。第四范式最大的转变，就是放弃对因果关系的渴求，转而关注相关关系。也就是说，只要知道“是什么”，而不需要知道“为什么”。第四范式认为，用一系列的因果关系来验证各种猜想的传统研究范式已经不适用了，要让数据自己“发声”。表2-2列出了科学研究范式的演进。

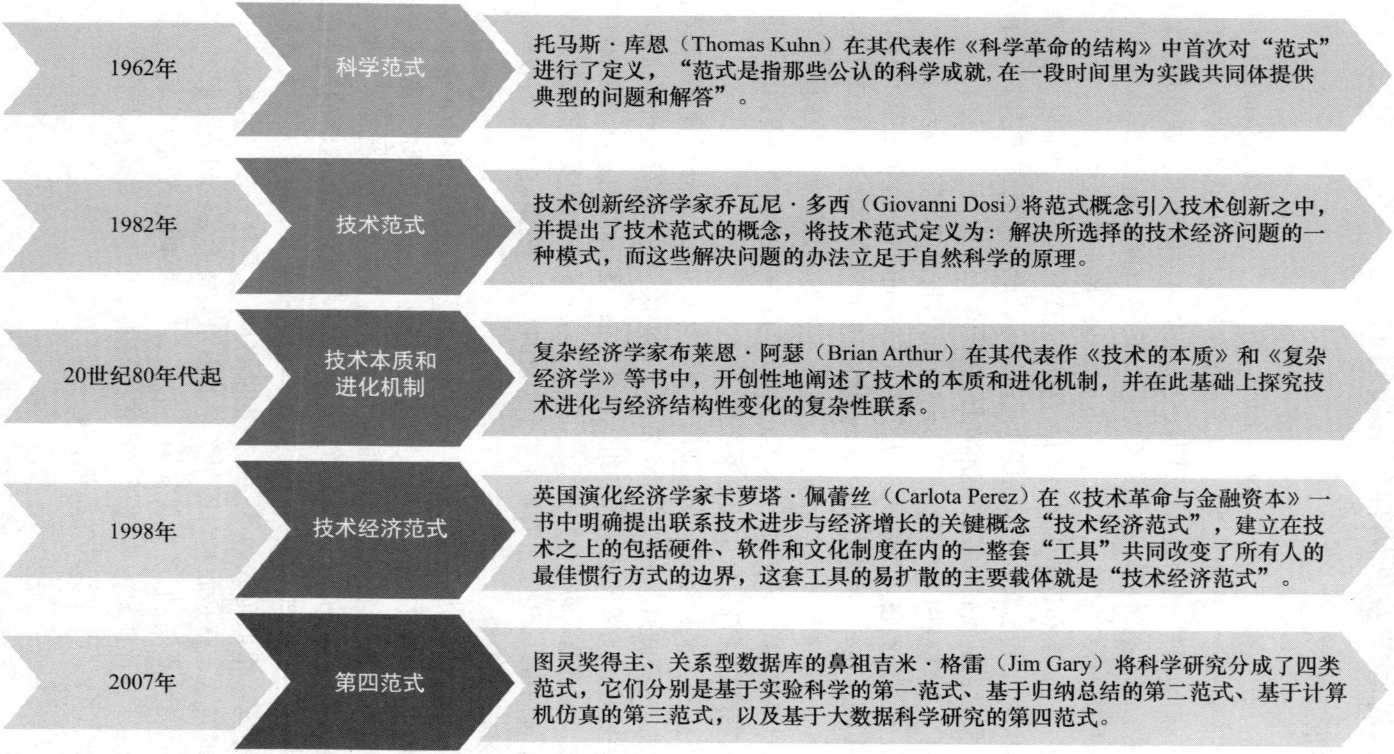

1962年	科学范式	托马斯·库恩（Thomas Kuhn）在其代表作《科学革命的结构》中首次对“范式”进行了定义，“范式是指那些公认的科学成就，在一段时间里为实践共同体提供典型的问题和解答”。
1982年	技术范式	技术创新经济学家乔瓦尼·多西（Giovanni Dosi）将范式概念引入技术创新之中，并提出了技术范式的概念，将技术范式定义为：解决所选择的技术经济问题的一种模式，而这些解决问题的办法立足于自然科学的原理。
20世纪80年代起	技术本质和进化机制	复杂经济学家布莱恩·阿瑟（Brian Arthur）在其代表作《技术的本质》和《复杂经济学》等书中，开创性地阐述了技术的本质和进化机制，并在此基础上探究技术进化与经济结构性变化的复杂性联系。
1998年	技术经济范式	英国演化经济学家卡萝塔·佩蕾丝（Carlota Perez）在《技术革命与金融资本》一书中明确提出联系技术进步与经济增长的关键概念“技术经济范式”，建立在技术之上的包括硬件、软件和文化制度在内的一整套“工具”共同改变了所有人的最佳惯行方式的边界，这套工具的易扩散的主要载体就是“技术经济范式”。
2007年	第四范式	图灵奖得主、关系型数据库的鼻祖吉米·格雷（Jim Gary）将科学研究分成了四类范式，它们分别是基于实验科学的第一范式、基于归纳总结的第二范式、基于计算机仿真的第三范式，以及基于大数据科学研究的第四范式。

图 2-1　主流范式的相关理论

表 2-1 科技革命关键要素的技术经济范式的变迁

关键要素	技术经济范式	突破限制
生铁、棉花	机器生产、工厂、分工协作	初步实现规模化、机械化生产和过程控制
煤炭、运输	蒸汽机动力、铁路运输、公司化运作	工厂选址更为灵活、生产规模进一步扩大、陆路运输成本大幅下降
钢铁、电力	标准化、批量生产；企业研发实验室；垄断寡头、巨型公司；银行和金融资本集中；职业经理人出现	工程材料强度、精度和耐用性大大提高；电机解决了蒸汽机体系庞大、结构复杂、热效率低、难以远距离运输
石油	流水线、装备线、零部件标准化、汽车与航空运输；大众消费；寡头竞争；跨国公司、纵向一体化	解决批量生产过程不连续对生产规模的限制；原材料和能源更为廉价
芯片	柔性制造、范围经济、电子控制系统、企业组织结构网络化、产业聚集、全球化加深	解决了专用装配线出现的规模不经济和缺乏弹性的局限；电子控制技术降低能源材料消耗强度
数据信息	分布式、网络化、智能化、集成化、产业融合、跨界融合、线上线下融合、大规模个性化定制	提高生产过程中资源要素的协同性，解决信息不对称和委托代理问题；减少中间环节，增加消费者选择；减少闲置资源

表 2-2 科学研究范式的演进

范式名称	时间	研究方法	模型	关键要素
第一范式	18 世纪之前	以归纳为主，带有较多盲目性的观测和实验	理论推理	观察+抽象+数字
第二范式	19 世纪之前	以演绎法为主，不局限于经验事实	实验验证	假设+实验+归纳
第三范式	20 世纪中叶	对各个科学学科中的问题，进行计算机模拟和其他形式的计算	模拟择优	样本数据+机理模型
第四范式	21 世纪早期	利用数据管理和统计工具分析数据	大数据分析	海量数据+科学建模分析

2.1.2 最新启迪

基于科学研究范式的不断演进和深化，可得出以下三点启迪。

一是重新认识技术的重要作用。当下，我们普遍能够意识到科学作为生产力的重要性，但容易因将技术视为科学的附属而将技术工具化和平庸化。实际上，过去很多年，技术的诞生与科学没有关系。直到19世纪的时候，技术才开始大规模借鉴科学思维。科学能够对结果提供更多的洞见和更好的预测，科学研究的方法论从第一范式向第二范式跃迁了。到了第三范式阶段，科学逐渐成为技术的一部分，深深地植入技术，而技术也同样被深深地植入科学，科学和技术融为一体了。此后，科学和技术一直是以一种共生的方式进化。当前，数字技术尤其是软件技术正在成为时代发展的核心要素，更加需要我们重新认识技术的重要作用，把握澎湃而来的数字化转型浪潮。

二是深刻理解技术与经济演进的关系。传统意义上的经济定义是将其视为一个生产、分配和消费商品与服务的系统。这种定义通常认为技术内含于经济之中，技术由经济的需要决定，但这种观点很难打开经济发展的内在“黑箱”。要从产业及企业的角度理解技术与经济的关系，从而深入挖掘技术对经济增长的作用，以及技术在企业中地位的变化。随着范式理论的演进，复杂经济学将技术进化与经济结构性变化联系在一起，认为经济建构在技术之上，技术构成了经济的骨架。技术创造了经济结构，经济反过来调节着新技术的创造。与此同时，技术范式理论和技术经济范式理论，分别从微观技术视角和宏观经济视角，发展了技术与经济演进的理论，从而提供了更具宏观历史格局的视角。数字技术已经成为经济发展的新型基础设施，推动着新旧动能的持续转换。范式理论无疑对我们理解当前的新经济趋势、探究新兴技术进化与经济结构性变化的复杂联系，提供了逻辑基础和有力工具。

三是积极拥抱愈加不确定性的时代。面对百年未有之大变局，如果说古典经济学、新古典经济学分别是人类农业文明和工业文明的结晶，那么复杂及不确定性思维就是人类信息文明的结晶，无疑是我们理解数字经济时代最重要的法则和智慧。1921年，美国经济学家弗兰克·奈特在《风险、不确定性与利润》一书中提出了一个传世的洞见：利润来自不确定性。企业作为应对不确定性，并从不确定性中盈利的组织，如何理解并拥抱这个不确定性的时代至关重要。

2.2 范式视角下的信息时代与数字经济时代

实际上，人类的历史是一部不确定性驱动下的生产力和认知进化史。面对客观及主观存在的种种不确定性，人类不断沿着提升生产力工具和升级认知世界的方法论两大主线，推动社会经济的发展。技术经济范式是技术范式、经济范式乃至社会文化范式的综合，描述了生产体系（包括组织、技术、产业等）的变迁。第四范式理论则为人类认识和研究世界提供了方法论和认知论。

2.2.1 范式演进下的信息时代

在技术经济范式下，观察不同时代产生的新基础设施、关键投入要素，可以很好地梳理人类社会生产力的变迁。同时，伴随着生产力的进步，人类认识世界的方法也在不断升级，反过来也影响着技术的发展。

范式演进下的信息时代，人类找到了面对不确定世界的方法论。进入 20 世纪后，概率论和统计学让人类掌握了随机性，为探索不确定性规律提供了钥匙。1948 年，香农找到了不确定性和信息的关系，从此为人类找到了面对不确定性世界的方法论。香农最大的贡献在于告诉大家，信息可以衡量，重点在信息量。信息量的大小不在于长短，而在于开创了多少新知。信息论提出之前，信息仅是某种事实或描述某事物的细节。信息论提出之后，信息与熵、不确定性之间的联系无处不在。比如，大数据思维本质上也是这种方法论的一个应用，带动了科学研究范式从计算机仿真向大数据分析驱动的进化，进而给产业创新模式、效率、主体、流程等多个方面带来了颠覆式改变。传统的产业创新需要进行大量实验验证，风险大、周期长、费用高。数字技术通过将物理世界数字化，并在网络空间建立虚拟镜像，具有实时高效、零边际成本、架构灵活等特点，为产业创新带来了极大便利。从效率来看，数字技术使得产业创新活动在网络空间快速迭代，促使创新活动在时间和空间上交叉、融合和优化，大幅缩短新技术产品研发的周期。从主体来看，数字技术降低了创新创业的门槛和成本，使得大众创业可以依托平台，充分利用产业资源开展创新活动，直接参与产品构思、设计、制造、改进等环节。从流程来看，数字技术的快速发展，促进生产过程的参与主体从生产者向消费者演进，个性化定制模式的兴起使得消费者可全程参与生产过程，以往以生产者为中心的正向整合生产要素的创新流程，正向着以消费者为中心的创新流程转变。

信息论是物理、通信、计算机科学、经济学、数学、概率论、统计学的交叉，是理解信息时代的基本思维框架，更是拥抱智能时代的正确姿态。自此，大规模处理信息成为可能，计算机、网络、移动互联网，再到今天的各种数字技术层出不穷。信息不仅是关键生产要素，同时贯穿了产业链的全部环节，成为推动产业进步的主导性生产力。在信息生产力作用于制造业的初级阶段，以自动化为特征的信息化辅助生产；当发展到中级阶段，信息化与工业化相结合，以信息化带动工业化；而到了高级阶段，信息生产力成为最具活力和先进的生产力形态，并具备高度智能化、网络化和全球化的特征。

2.2.2 新范式下的数字经济时代

从 21 世纪的第一个十年开始，世界范围内爆发了新一轮科技革命，其核心推动力正是由云计算、大数据、物联网、人工智能等技术所形成的数字技术群。数字技术由众多细分领域和大量细分技术构成，不同的细分技术又与该技术所依托的产业实体对应，形成汹涌的数字产业化潮流，电子商务、社交媒体、新闻聚合、分享经济、视频直播等新模式、新业态不断涌现，云计算、物联网、人工智能等技术本身也形成规模巨大、发展迅速的新兴产业。数字技术群还与各个产业相融合，触发更多样化的产业变革，例如，在制造业领域，美国的工业互联网、德国的“工业 4.0”、日本的“互联工业”以及中国的智能制造、工业互联网、服务型制造等，都是通过数字技术与制造业的深度融合来实现产业的颠覆与创新。数字技术自身的发展壮大及通过价值网络向整个经济系统的渗透、融合，最终形成了“数字经济”的新经济形态。

数字技术如何塑造出数字经济？这一过程是如何发生的？布莱恩·阿瑟指出：“经济涌现于它自身的安排和自身的技术，经济就是它自身技术的表达”，“当一个新的技术进入经济，它会召唤新的安排——新技术和新的组织模式”。在经济领域，布莱恩·阿瑟所指的“安排”的本质，就是基于新技术的经济新结构和新制度。云计算、大数据、人工智能等数字技术驱动传统经济向数字经济转型的过程，实质上就是布莱恩·阿瑟复杂经济学理论的现实演绎。云计算、分布式计算、大数据、人工智能等信息技术，形成一种集计算、通信和控制于一体的“信息物理融合系统”，将分布在物理环境各个角落的信息终端通过网络和云平台连接成为一个有机体，形成信息空间和物理空间紧密联动的格局，产业进入数字技术经济范式阶段。随着数字技术及数字产业的发展，各行业数字化转型进程不断深化，数字技术对社会经济各个领域的影响力逐步凸显。在数字技术驱动下，包括“基础设施 + 投入要素 + 支柱产业 + 商业模式和组织模式”等在内的一整套数字技术经济范式，已开始逐渐显现其雏形。

数字技术正在打造新的生产力和生产关系。数据作为一种越来越重要的生产要素，将成为比土地、资本、劳动力等更为核心的要素，推动社会经济迎来一个新的黄金年代。当前，经济社会正处于从传统的信息技术经济范式向数字技术经济范式转变的过程中。2019 年 10 月，十九届四中全会把数据与劳动、资本、土地、知识、技术、管理并列为生产要素，推动数据要素市场化配置。

相比传统的土地、劳动力、资本等要素，数据要素具有资源丰富、价值倍增等特点（见表 2-3）。随着数字技术与经济活动的不断融合，数据逐渐从辅助性资源中独立出来，演化为推动经济高质量发展的关键生产要素。以数据驱动为特征的数字化、网络化、智能化深入推进，数据化的知识和信息作为关键生产要素，在推动生产力发展和生产关系变革中的作用更加凸显。经济社会实现从生产要素到生产力，再到生产关系的全面系统变革。由此看出，每一次经济形态的重大变革，都将伴随着新型生产要素的诞生，形成更加先进的生产力来创造物质和精神财富，这是有限生产力与人类日益增长的需求的矛盾所导致的必然结果。从这个角度来看，随着云计算奠定数字经济的新生产工具，大数据成为数字经济的关键生产要素，基于“数据 + 算力 + 算法”的人工智能通过不断放大和延伸智力劳动，持续推动社会产生新的需求和新的生产模式，从而带来生产力“质”的飞跃。

表 2-3 传统要素与数据要素的特征对比

	土地	劳动力	资本	技术	数据
要素主体特征	主权单一	主体单一	主体多样	主体多样	主体繁杂
权属流转模式	权属明晰	权属明晰	权属明晰	权属明晰	权属复杂
资源稀缺程度	资源稀缺	资源稀缺	资源较为稀缺	资源较为稀缺	资源富足
要素交叉关联	相对独立	存在交叉	存在交叉	存在交叉	紧密交叉
价值溢出效应	溢出不明显	溢出不明显	溢出明显	溢出明显	溢出明显

2016 年，G20 杭州峰会通过的《二十国集团数字经济发展与合作倡议》提出：“数字经济是指以使用数字化的知识和信息作为关键生产要素……的一系列经济活动。”美国经济分析局（BEA）把数字经济界定为数字化基础设施、电子商务和数字媒体等三类商品与服务。中国信息通信研究院把数字经济划分为数字产业化、产业数字化、数字化治理、数据价值化四个方面。可见新基础设施、新投入要素对数字经济的巨大作用。中国政府也出台了要素市场化改革和新基建等多项政策，旨在推动数字经济大时代的加速到来。

如图 2-2 所示，新基建包括了以 5G、大数据中心、人工智能、工业互联网等为代表的信息基础设施、数字技术在传统基础设施深度应用形成的融合基础设施，还有提供公共创新环境的创新基础设施。可以看出，新基建之新的灵魂在于数字技术，不仅包括以数字技术改造提升信息网、交通网和能源网，更重要的是打造了适应数字经济换代发展要求的“高速公路”，使人们迈向一个网络包容万物、宽带永无止境、计算无处不在、软件定义一切、连接随手可及、智慧点亮未来的数字经济新阶段。新基建的意义不仅在于数字技术对传统基建的重新定义，更在于数字技术对传统产业数字化、智能化、网络化转型的推动和赋能，其本质目的在于为数字经济提供创新发展的种子和动能。

数字技术作为数字基建和数据要素的承载，推动生产力和生产关系全面的革新。数字技术生产力成为人类改造自然的新型能力，人类改造自然的方式从直接走向间接，从使用能量转换工具走向使用智能工具，从劳动者走向知识创造者，从能源资源走向数据新要素，从经验决策走向基于“数据+算法”的决策，从产品分工走向知识分工，从小规模协作迈向大规模实时协作。

图 2-2 数字技术成为新基建的核心

2.3 企业应用软件是科学范式在企业领域的积淀

2.3.1 企业应用软件发展历程

在计算机诞生后相当长的一段时间内，实际上并没有“软件”的概念，计算机主要通过用机器语言和汇编语言编写程序来直接操作硬件的方式运行，因此只有“程序”的概念。1957 年，IBM 开发了第一个高级程序设计语言 Fortran，“软件”才作为与“硬件”对应的词被提出，并以程序和文档融合体的形态从硬件中分离出来，独立呈现。在这个时期，“高级语言程序+文档”是软件的主要展现形式。

软件是帮助人们更方便、更高效地使用计算机，大体上经历了软硬件一体化、软件产品化和产业化、软件网络化和服务化，以及软件基础设施化四个阶段。在软件的不同发展阶段，企业实现了从利用软件管理各类资源到企业核心业务软件化的演化。企业应用软件的发展相继经历了企业应用软件萌芽、兴起（企业业务功能的软件应用、企业资源管理功能的全面拓展）、企业应用软件的集成化发展及企业应用软件定义智慧企业四个阶段，后三个阶段如图 2-3 所示。图中还展示了信息化 1.0、2.0、3.0 与第二、三、四代信息技术的对应关系，以及软件应用形式、技术模式、价值体现和企业软件典型应用、发展阶段分别在信息化 1.0、2.0、3.0 时代呈现的内容。

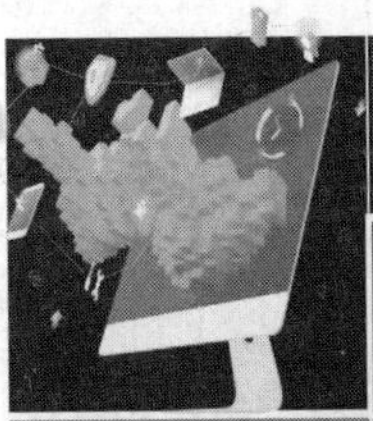

	第二代信息技术 个人计算机兴起	第三代信息技术 企业内联网出现	第三代信息技术 互联网浪潮	第四代信息技术 信息物理系统融合
	信息化1.0	信息化2.0		信息化3.0
企业软件发展阶段	企业业务功能的软件应用	企业资源管理功能的全面拓展	企业应用软件的集成化发展	基础设施化，企业应用软件定义智慧企业
企业软件典型应用	MIS思想开始应用于企业管理	ERP、CRM等理念和软件相继面世，企业应用软件产业开始深刻影响企业经营管理	从主机托管，到应用服务托管，逐步演变成全新的SaaS市场	• 工业互联网 • 产业互联网
软件价值体现	价值链中的个人活动实现自动化	企业内生产活动的协同整合	企业间生产经营活动的协同与整合	IT成为产品和服务本身不可分割的部分
软件技术模式	主机应用程序	C/S架构或单机版应用	B/S架构	万物互联时代的颠覆模式
软件应用形式	按功能划分的企业软件	企业内软件集成	企业间集成	端到端集成

图 2-3　企业应用软件发展历程

（1）软硬件一体化阶段，企业应用软件开始萌芽

在软硬件一体化阶段，软件还是作为硬件的附属品存在，基本面向大型机 / 小型机设计，应用领域有限，其移植性和灵活性也比较差。那时主流观点认为软件要为每一个客户定制开发或随计算机厂商分发，无法独立成为一种盈利模式。直到在计算机发展史上具有里程碑意义的大型机——IBM 360 系列机中出现了最早的与硬件系统解耦的主机操作系统——OS/360 操作系统，这种观点才得以改变。尽管 OS/360 操作系统还是和 IBM 硬件捆绑在一起销售，但人们已经开始意识到软件的重要性，这对 IBM 360 系列机的推广应用起到了非常重要的作用，同时也对日后的软件技术和软件产业产生了很大的影响。

软件产品的许可证商业模式的提出，大大加快了软件产业化的步伐。考虑到软件开发和维护成本不断增长，1969 年 6 月 23 日，IBM 公司做出了一个影响整个产业发展的声明：停止发送随机免费软件，开始分别为硬件和软件定价，这一天被誉为“软件业的诞辰日”，但大量的客户服务仍被包括在计算机的售价之中，免费为客户提供产业维护和升级。直到1971年，Informatics开始尝试为软件明码标价，而这一改变逐步发展出了后来大家熟知的、影响整个软件产业的许可证模式。ADR公司为了防范自己研发的产品Autoflow未经授权的复制，为产品申请了专利，Autoflow成为历史上第一个软件专利产品。至此，软件产品的知识产权保护和盈利模式开始逐步清晰。

（2）软件产品化和产业化阶段，企业应用软件兴起

1973年，Charles Thacker设计与实现了第一台现代个人计算机Xerox Alto，被视作PC时代的开端。随着PC的广泛应用和软件的产品化，软件在计算机技术和计算机产业中的比重不断加大，地位越来越重要，由此催生了人类历史上第一波信息化浪潮，即以单机应用为主要特征的数字化阶段。软件逐渐颠覆了传统计算机产业“硬件为王”的格局，开始成为IT产业的主导者。软件在各个行业领域不断普及，也极大地影响甚至改变了人类的生产和生活方式。作为一种“无污染、微能耗、高就业”的新型产业，从这个时期起，开始大幅度提高国家经济的整体运行效率，其自身也在不断形成庞大的规模，拉动国民经济指数快速增长，软件产业逐渐成为衡量一个国家信息产业水平，甚至是综合国力的标志之一。在这样的背景下，SAP（1972年）、微软（1975年）、甲骨文（1997年）等一批软件业巨头先后兴起，为全球经济带来了强劲的增长动力，管理信息系统（Management Information System，MIS）应运而生，制造资源计划（Manufacturing Resource Planning，MRP）、企业资源计划（Enterprise Resource Planning，ERP）、客户关系管理（Enterprise Resource Planning，ERP）等理念和软件产品相继面世，在软件产业里面一个新的分支——企业应用软件开始慢慢浮现，并越来越深刻地影响着企业的经营管理。

企业应用软件的兴起可以划分为两个阶段，即企业业务功能的软件应用和企业资源管理功能的全面拓展。企业业务功能的软件应用：最早的企业应用软件主要用于事务处理、计算机辅助设计、物料需求管理、财务管理等单项业务，单独为各个职能部门服务。企业根据营运目标，实现企业资源的合理有效利用，以期企业利润最大化。然而这一阶段企业仅仅实现了单独部门业务数据的数字化，在一定程度上帮助企业提高了工作效率。以早期的MRP系统为例，MRP系统最主要的目标是确定每项物料在每个时区的需求量，以便为生产库存管理提供必要的信息。从MRP系统的运行过程可以看出，早期的企业应用软件功能单一、应用面窄。这类软件通常只是将一部分特定数据数字化，然后加以处理。这样的软件在实际操作中，往往会因为信息的滞后而降低生产效率。企业资源管理功能的全面拓展：随着市场竞争的进一步加剧，企业统筹规划企业资源的能力变得越来越重要，业务单一且独立的业务功能软件并不能将企业的各个系统都统

一起来。因此，人们想到应该建立一个一体化的管理系统，去掉不必要的重复性工作，减少数据不一致的现象，从而提高工作效率。因此，这一阶段的企业应用软件不仅仅是将企业的各个子系统进行统一，还要将整个企业作为一个整体，进行系统管理。其中最具代表性的就是MRP Ⅱ系统。MRP Ⅱ系统把企业中的各个子系统有机结合起来，组成了一个全面的、有关生产管理的集成优化管理系统。同时，MRP Ⅱ系统具有模拟功能，能根据不同的决策方针模拟出各种未来将会发生的情况。企业资源的全面信息化管理，将企业的生产过程、物料流动、事务处理、现金流动、客户交互等业务过程数字化，通过各种信息系统网络加工生成新的信息资源，提供给各层管理人员以便其做出有利于生产要素组合优化的决策，以使企业能适应瞬息万变的市场经济竞争环境，实现经济效益最大化。

（3）软件网络化和服务化阶段，企业应用软件集成化发展

自20世纪中期开始，互联网开始了商用进程，并得到快速发展和普及，推动了软件从单机计算环境向网络计算环境的延伸，带来了第二波信息化浪潮，即以联网应用为主要特征的网络化阶段。软件开始逐步进入网络化和服务化阶段，并覆盖到社会经济生活的方方面面。在互联网环境下，软件的形态也发生了重大的变化，“软件即服务”成为一种非常重要的网络化软件交付形态和使用方式。不同于传统的面向单机的复制形态，SaaS使得人们不必再拥有软件产品的全部，而是可以在任何时间和任何地点，通过互联网在任何设备上直接与软件提供者连接，并按需获取和使用软件的功能。互联网的快速发展和深度应用，催生了各种新的商业模式和盈利模式，并开始颠覆传统行业。如果说，互联网的核心价值是“连接”，那么，软件就是实现“连接”的基础使能技术。

企业应用软件的集成化发展：信息技术在企业中的应用不再局限于企业活动的某些环节，而是开始渗透到企业活动的各个领域、各个环节中，极大地改变了企业的生产、流通和组织管理方式，推动了企业物资流、资金流和信息流的相互结合。企业需要的不只是在企业内建设一个局域网，而是要将其管理思想融入系统，使企业完全掌控人、财、物的情况，实现物畅其流、财尽其利、人尽其用。在这种情况下，企业信息的获取就变得尤为重要。企业信息的来源不仅局限于企业的内部，还包括与企业生产、销售和竞争相关的企业外部。而企业获取信息的质量又受企业的信息战略指向、企业内部对信息的需求、信息获得的难易程度等因素的影响，因此企业所处的不再是以往的物质经济环境，而是以网络为媒介，以客户为中心，将企业组织结构、技术研发、生产制造、市场营销、售后服务紧密联系在一起的信息经济环境。信息技术的发展使企业彻底改变了原有的经营思想、经营方法、经营模式。

这个时期的集大成者就是ERP系统，它把客户需求与企业内部的制造活动及

供应商的制造资源整合在一起，体现了完全按用户需求制造的思想，这使得企业适应市场与客户需求快速变化的能力大大增强。同时，ERP 系统将制造业企业的制造流程看作是一个在全社会范围内紧密连接的供应链，包括供应商、制造工厂、分销网络和客户等；将分布在各地的内部系统划分成几个相互协同作业的支持子系统，如财务、市场营销、生产制造、质量控制、服务维护、工程技术、对竞争对手的监视等系统。ERP 系统提供了对供应链中的所有环节进行有效管理的功能，这些环节包括订单的下达、物料的采购、库存的评估、计划的制订、生产制造、质量控制、运输、分销、服务与维护、财务管理、人事管理、实验室管理、项目管理、配方管理等。从系统功能来看，ERP 系统虽然只是比 MRP Ⅱ系统增加了一些功能子系统，但是这些子系统的紧密联系和配合大大提高了企业的运转效率。正是这些功能子系统把企业所有的制造场所、营销系统、财务系统紧密结合在一起，从而实现了全球范围内多工厂、多地点的经营运作。企业完成了从信息孤岛到信息集成的转化，实现了扁平化管理、网络化管理、供应链管理、电子商务和客户关系管理。

（4）软件基础设施化阶段，企业应用软件定义智慧企业

互联网、电信网、移动网和物联网的交汇融合，进一步推动了信息空间与物理世界的融合，形成新的人、机、物融合的环境，从终端互联、用户互联、应用互联开始走向万物互联。信息技术及其应用更加无处不在，以数据的深度挖掘与融合应用为主要特征的大数据智能化阶段正在开启。人、机、物融合环境下，信息基础设施蕴含着覆盖数据中心（云）、通信网络（网和边缘设备）和智能终端及物联网设备（端）的海量异构资源，而信息技术及其应用开始呈现出泛在化、社会化、情境化、智能化等新型应用形态与模式，需求多样且多变。在此背景下，一方面，软件自身已成为信息技术应用基础设施的重要组成部分，以平台方式为各类信息技术应用和服务提供基础性能力和运行支撑。另一方面，软件正在“融入”支撑整个人类经济社会运行的“基础设施”中。特别是随着互联网和其他网络的不断交汇融合，软件正在对传统物理世界基础设施和社会经济基础设施进行重塑和重构，通过软件定义的方式赋予其新的能力和灵活性，成为促进生产方式升级、生产关系变革、产业升级、新兴产业和价值链的诞生与发展的重要引擎。

从软件技术驱动社会经济发展的历史看，软件从在计算机时代作为工具属性发挥“赋值”功能，发展到在互联网时代作为要素属性发挥“赋能”功能，正在向作为社会细胞属性发挥“赋智”功能迈进。软件定义向各领域加速渗透融合，推动了基础设施、生产方式、创新模式持续变革。

- 软件赋值作用是指软件作为一种工具，在生产、管理等多个环节中为企业发展增加活力、提高价值，其作用主要体现在企业层面。

- 软件赋能作用是指软件已经逐步从企业层面跃升到产业发展层面，软件日益成为产业发展的一种资源要素，成为促进产业增长的一种动力，发挥着提质增效的作用，给发展提供新的动能。
- 软件赋智作用是指软件已经由产业层面跃升到社会经济层面，对社会运行的影响更加突出，软件与各产业及社会运行深度融合，软件已经成为经济的有机组成部分，赋予各行各业智能思考与智能化运行的能力，推动社会经济进入智能时代。

显然，企业应用软件正在进入软件定义智慧企业的阶段。人、机、物融合环境下的新型企业应用对软件“基础设施化”提出了新的要求，软件平台需要更好地凝练应用共性，更有效地管理资源，并根据频繁变化的应用需求和动态多变的应用场景对各类资源进行按需、深度、灵活的定制。而现有的软件平台主要面向传统计算模式的应用需求，存在很大的局限。纵向上看，各类资源紧密耦合难以分割，很难根据应用特征进行性能优化，难以对底层资源进行弹性可伸缩的调度及分配。横向上看，各类资源被锁定在单个应用系统的内部，形成大量的“信息孤岛”，难以实现互连互通。

为了应对这些挑战，就需要实现对海量异构资源的深度“软件定义”。在此背景下，软件定义的智慧企业已经成为不可阻挡的趋势。上一个阶段的企业软件系统，虽然考虑了企业怎样适应市场需求的变化及怎样利用全社会资源高效地进行生产经营，但并未从根本上考虑社会化持续创新和市场竞争环境的迅速变化对企业生产流程与业务管理流程的动态调整的要求。软件定义的智慧企业加强了企业的动态适应能力，为企业的转型升级带来了新的机会。软件定义的智慧企业，其管理结构和流程应灵活地顺应市场的发展而不断调整，帮助企业实现转型升级。软件定义的智慧企业，其所有活动都实现数字化，通过互联网把众多信息系统紧密相连，使企业能够及时地对市场变化做出反应。企业的所有活动都可以映射到数字网络空间中，如产品研发、客户管理的大数据分析，云端的虚拟制造，前端的 App 管理和体验等。软件定义的智慧企业不仅包括对产品和生产流程的重整和数字化，还涉及企业组织结构与业务管理流程的数字化，以适应客户多变的需求和提高客户满意度为目标。

2.3.2 新范式下的企业应用软件创新

企业应用软件的发展历程告诉我们，人类已经进入软件定义的新时代。伴随着“软件定义”的泛化与延伸，软件有望为任意物理实体定义新的功能、效能与边界。而企业作为现代经济的微观主体，是技术创新与管理思想在微观经济层面的最佳载体，同时也在新技术的推动下不断创新。随着技术经济范式的变迁，企业组织不断迭代，企业管理范式也经历了由科学管理、信息管理、知识管理，到当下的智慧管理阶段，如图 2-4 所示。在信息管理、知识管理阶段，企业往往专注于特定的市场定位，并建立一系列核心业务能力来支撑这一定位。这意味着企业更加重视如何实现卓越运行，技术团队致力于提高效率和实现规划化，因此企业往往会采用行业的最佳实践方式来达成这种期望。在流程和控制占主导地位的时代，信息技术作为辅助角色出现，主要用于提升扩展性和效率，因此不管市场如何变化，技术仍然平稳地发展。

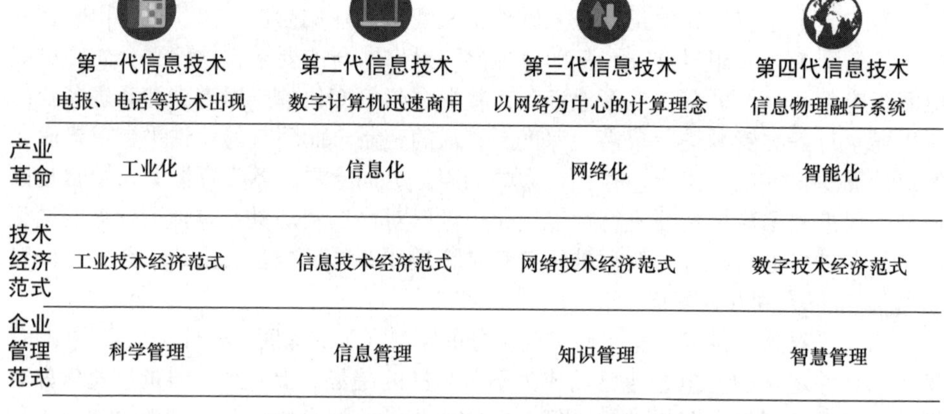

图 2-4　企业技术范式与管理范式的演进

智慧是构建在数据、信息和知识之上的人类专有的体现创造性的一种高级能力。在智慧管理时代，联合创新对于企业更为重要。企业商业领袖和技术专家需要更加紧密地合作，通过构建新型生态系统、打造学习型组织，实施开放式架构等关键举措，打造以科技为核心的敏捷组织，以获得新的市场竞争优势。现在，市场上的机会越来越多地依赖科技，企业的思维模式和工作方式发生了根本性变化，商业领袖、技术专家更加紧密地合作，推动科技成为新业务契机的主要推动者。颠覆者和成熟企业应对机会时的能力差距越来越大。在这场商业与数字技术的深度转型趋势中，数字技术的核心地位愈加凸显。这种核心地位，绝不是局限在物联网、大数据和云计算等几个具体的新兴技术上，而是数字技术整体所带来的范式变革。企业的任务，不是简单地更加重视某一种新兴技术，而是需要采用一种全新的思维和工作方式，让数字技术成为新商业契机的主要推动者。

智慧管理阶段，企业将成为建立在人工智能、大数据、物联网等技术之上的体现人类智慧的人机协同企业。智慧企业的管理目标，是提高企业的自动化和智能化水平，减少重复性的工作内容和工作岗位，提高工作效率和创造性高价值工作内容的比例。软件定义的智慧企业不仅可以提升效率和更好地规避风险、提高韧性、把握机遇，“还可将企业中各类信息 / 物理基础设施进行开放共享和互连互通，并为各个部门构造数据流通交换和业务功能组合的API，支持这些部门的智能联动，实现动态高效的、精细化的企业治理。企业管理的进一步“软件化”体现为构建由信息空间向人类社会与物理世界的映射，通过软件驱动信息变换，优化物理世界的物质运动和能量运动，以及人类社会的生产活动，更便捷、更高效地提供高品质的产品和服务，使得生产过程更加高效、灵活、智能、人性化，从而促进企业转型升级。当前，协同的韧性智慧企业正是企业应用软件创新的方向，从而为企业带来更稳健的供应链、更高效的运营系统和更全面的体验管理。

更稳健的供应链：传统的企业供应链建设过于偏向对下游消费者的柔性，而缺乏对上游供应商的韧性。很多企业都建设或规划了柔性的供应链，尽可能满足客户的多样化需求。对于上游的供应商，则尽可能用各种方法降低流通库存、缩短交货周期和降低采购成本。但是，这样的供应链只考虑了供应链的柔性，而忽视了供应链的韧性。在日益动荡的大环境下，不确定性和易变性将愈发显现，向柔性与韧性兼备的供应链的转换，已经势在必行。以A公司为例，它的主要产品是有机食品饮料，主要依靠全球供应链进行生产和销售，原材料椰汁等主要来自印尼和菲律宾等台风频繁地区，因此非常容易受到极端事件影响。A公司一直非常注重供应链的设计，力求实现合理的供应链网络，实现精准严密的供应链全程监控，建立高效的供应链协同。为此，它启动了全球一体化的新一代供应链项目，综合利用云平台、数字化供应链双胞胎、机器学习、大数据等多项技术，实现供应链管理上的多项突破。在新冠肺炎疫情当中，A公司不仅在供应链运行上经受了考验，还进一步加大了云计算的投入，提高了后疫情时代员工的工作效率，确保了业务的连续性。

更高效的运营系统：传统的运营系统，依赖流程驱动下的单据流转，业务环节之间的连接和跳转主要依靠人工决策，效率低，灵活性差。智慧企业下的运营系统，通过数字化手段获取第一手数据，生成数字化洞察，大大加快决策速度，提高运营效率。以哈尔滨电气集团（哈电集团）为例，面对突来的新冠肺炎疫情，作为大型装备制造业的哈电集团面临复工人数不足、物流受限、原材料供应难等问题，利用远程设计、ERP科学排产、电站服务平台远程运维等多种手段保证业务平稳运行；充分利用5G、大数据、互联网+等新技术，增强数据采集、管理和挖掘能力，优化业务流程，提高作业效率；利用数字化采购云平台，降低寻源采购周期，规范合同、供应商管理，优化流程，有效控制采购支出，打造健康合规的供应链生态环境。哈电集团通过企业数字化转型，推动企业管理决策链、生产制造链、客户服务链反应更加敏捷高效，推动企业实现高质量发展。

更全面的客户服务管理：传统工业时代，企业仅能够提供标准化产品，对于客户的服务也多局限在产品的售后服务，是一种局部的静态的体验。智慧企业的客户服务管理，基于一体化的数据驱动，实现对客户、品牌、产品、员工等多维度的闭环式动态客户服务管理，其本质是通过满足用户高品质差异化的需求，获得较高的溢价，打造新的利润增长点。新冠肺炎疫情期间，众多的线下商家受到剧烈冲击，迫切需要开展线上业务。例如，某企业的电商云系统，成功帮助众多商家顺利完成迁移工作，并为商户和顾客提供个性化千人千面的服务，自身也实现了销售额和订单数量的显著增加。疫情最焦灼的2020年2月份，销售额实现同比增长169.3%，日平均订单数量实现同比增长165%。

2.4 企业应用软件助力新旧动能转换

新旧动能转换是一个经济学概念。新动能是指新一轮科技革命和产业变革中形成的经济社会发展新动力，新技术、新产业、新业态、新模式都属于新动能。旧动能是指传统动能，它不仅涉及高耗能、高污染的传统制造业，还更宽泛地覆盖利用传统经营模式经营的第一、二、三产业。根据经济学的有关论述，以及政府相关工作报告的解读，新旧动能转换在具体内容上主要包括新模式代替旧模式、新业态代替旧业态、新技术代替旧技术三个方面，通过新旧动能转换达到产业升级的目的，实现数量增长型向质量增长型、外延增长型向内涵增长型、劳动密集型向知识密集型经济增长方式转变，如图2-5所示。

图2-5 新旧动能转换

从新动能和新旧动能转换的概念中不难看出，企业应用软件作为数字技术的集大成者，显然是新动能的核心组成部分。然而，企业应用软件作为数字技术赋能产业发展的主要载体，其核心价值更在于它是推动新旧动能转换的催化剂和加速器。相较于消费级、个人级的数字化应用，企业应用软件是数字技术与实体经济深度融合的载体。一方面，企业应用软件已经成为数字基建的核心组成部分，企业应用软件以平台的方式，为各类企业级应用和服务提供基础能力和运行支撑；另一方面，企业应用软件正在对传统物理世界的基础设施进行重塑和重构，通过软件定义的方式赋予企业新能力和灵活性，成为促进生产方式升级、生产关系变革、产业升级的主引擎。

当前，中国经济已经转入高质量发展的新阶段，急需推动质量变革、效率变革和动力变革。但是，这一转型过程并非自然而然，而是如逆水行舟，不进则退。显然，如何充分把握产业数字化转型浪潮的发展机遇，从传统产业中挖掘和激发新动能，扩大并稳定实体经济高质量发展的增长来源，将是未来我国实现长期稳定高质量发展过程中极为重要的现实问题。而企业应用软件，无疑就成为激发传统产业新动能的关键落脚点。

动力变革的关键在于推动产业数字化转型，利用新技术、新应用对传统产业进行全方位、全角度、全链条的改造，提高全要素生产率，释放数字对经济发展的放大、叠加、倍增作用。C++ 编程语言的发明者 Bjarne Stroustrup 有一个大胆的论断，他认为人类文明运行在软件之上（our civilization runs on software）。同样，在万物互联已经开启的今天，软件正开始成为人类社会基础设施的时代，企业应用软件当之无愧成为数字基建的集大成者和企业运行的操作系统，当今的企业乃至产业都运行在企业应用软件之上。通过企业应用软件的“赋能、赋值、赋智”作用，实现人机物、物理世界与数字世界的深度融合，联通虚拟世界和物理世界，发挥巨大的使能作用和渗透辐射作用。

中国经济在企业应用软件的赋能之下，迎来了战略机遇期。中国产业链发展历程如图 2-6 所示。20 世纪 90 年代后期建立市场经济体制以来，中国以化工能源为产业基础设施，建立起全要素、全链条的制造业。2008 年金融危机以后，中国大力推动的高铁、地铁运输网络，让生产资料、产品、劳动力这三者快速流转起来，提高制造业的流转效率。新基建尤其是数字基建，则是让新的基础设施作用于已经形成的产业链条与流通网络，以更好地实现全局调度，提质增效。可以说，以企业应用软件为核心载体的数字基建是中国未来应对全球化挑战时进行高质量发展的生产力加速器，为最新技术运用到企业管理和业务创新提供一体化平台，促进基于智能产品和服务的模式与业态创新，深入支撑产业智慧、韧性、可持续发展。

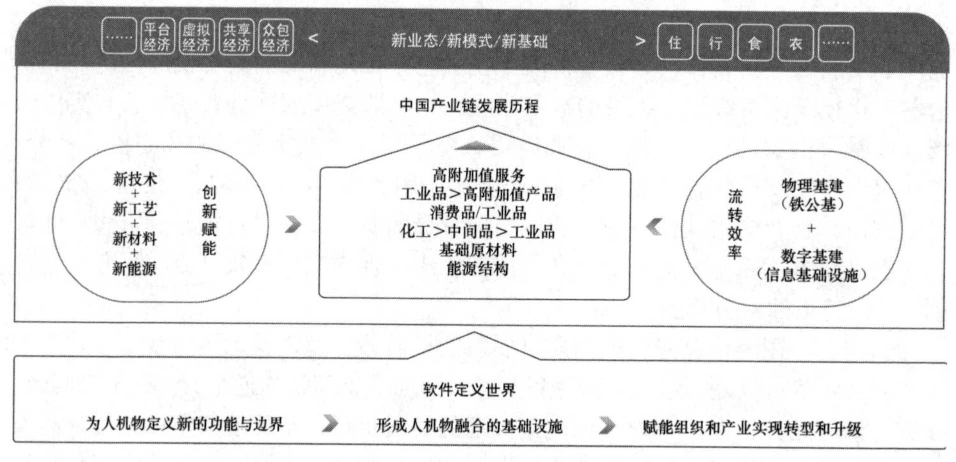

图 2-6 中国产业链发展历程

2.5 企业应用软件助力企业创新与产业集成

2.5.1 企业应用软件作为一体化商用载体平台

企业将 AI 等最新的数字技术运用到企业经营管理和业务创新中，企业应用软件作为一体化的商用载体平台，其特点如图 2-7 所示。一方面，企业的信息系统架构从本地独立部署转向云端部署，基于公有云的 SaaS 应用得到快速发展，并在全球范围内逐渐成为企业信息系统的主流；另一方面，企业信息系统的工作机理也发生了本质改变。传统的业务流程软件，长期以来大量依靠人工进行操控，在信息录入、数据比对、流向判断、推理决策等环节，不但效率低下，出错的情况也时有发生。这种类似于“人工驾驶汽车”的业务处理模式，正逐渐被 AI 支持下的“自动驾驶汽车”所取代。AI 在企业中广泛而深入的应用，带来了企业效率大幅提升的拐点，也是 AI 带来经济增长的最主要的应用领域。企业以开放灵活的方式打造智慧企业（见图 2-8），主要的应用技术包括以下几类。一是基于图形、图像、视频技术的智慧套件：通过以深度学习为基础的意向识别服务，洞察系统操作人员的意图，引导和帮助业务人员完成操作，并学习企业管理运营场景数据，帮助企业在设备生产的全生命周期管理获得高效的业务升级。二是人机交互技术：在海量积累的专业业务语言基础上，开发语言交互技术，智能识别高级业务需求和表达方式，构建 Chatbot 人机交互助手，实现了基于自然语言的人机对话系统。三是智能机器人流程自动化：开发开箱即用的自动化流程机器人服务，并将大量流程知识和业务操作经验整合到 RPA 系统，创造独具竞争力的自动化流程模型和操作机器，将以前需要人工的重复劳动转变为高质量、高自动化、低错误率的自动化过程。四是开放的机器学习平台：整合语音、图像、文字等机器学习算法，开发针对企业应用场景的开放 API，帮助企业快速搭建应用性 AI，从而为企业提供新的智能洞察。

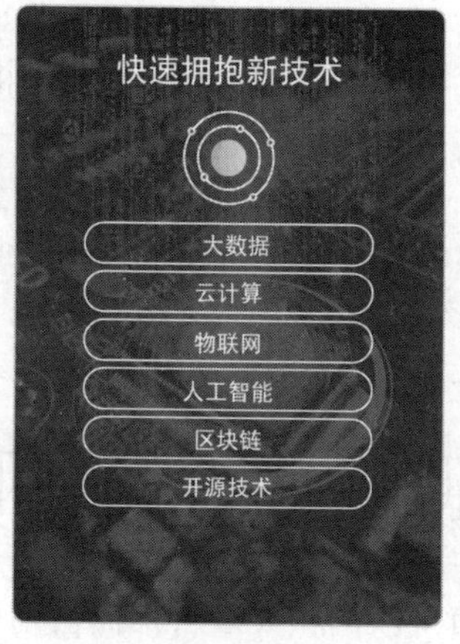

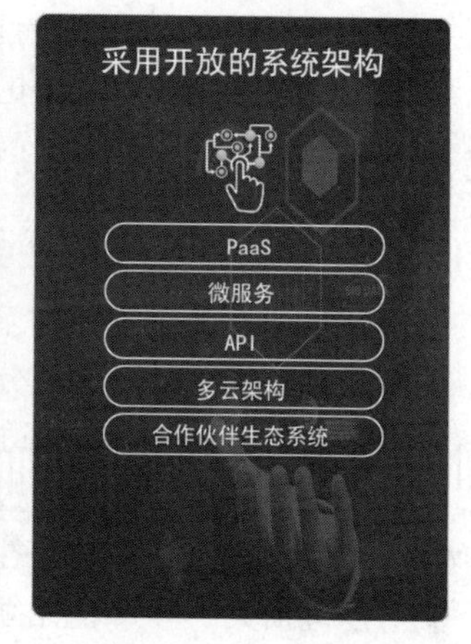

图 2-7　企业应用软件的特点

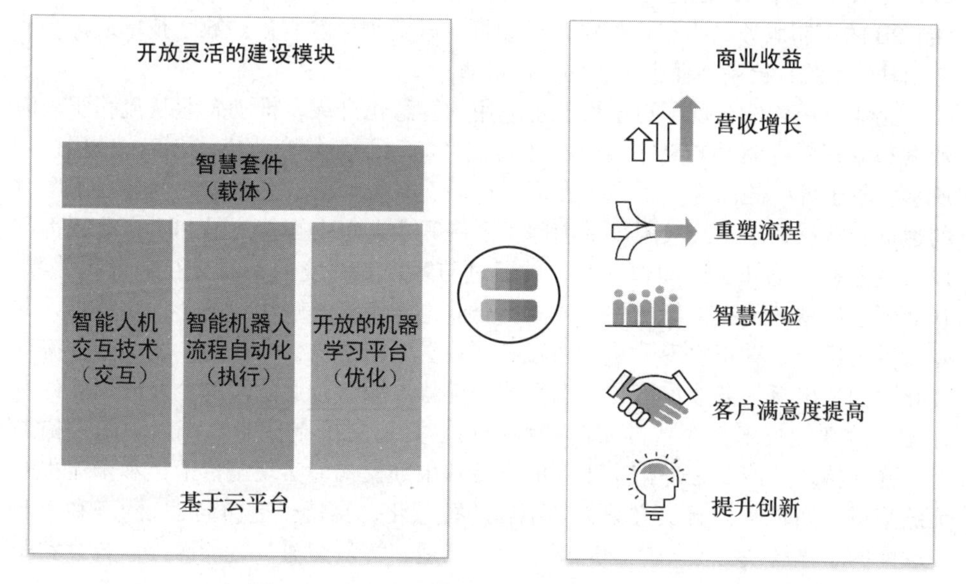

图 2-8　企业以开放灵活的方式打造智慧企业

2.5.2 企业应用软件推动企业商业模式创新

大多数制造企业还是基于产品的传统服务，比如产品售后服务、产品租赁服务、为客户购买产品提供的融资服务等。单单靠这些传统服务给客户带来的价值有限，也常常跟不上客户需求的变化，很难实现服务转型。而数字技术通过企业应用软件为企业向服务转型开辟了新的空间。例如，基于数据驱动的物联网通过各种传感器抓取物理世界的数据，再通过人工智能对这些数据的分析和应用，帮助企业优化生产流程，提高运营效率；更为重要的是借助企业应用软件一体化平台，打通了从数据到洞察的全链条，企业得以持续感知客户的需求，创造新的服务模式，推动业务增长。

通过分析和应用万物互联的海量数据，企业能够为客户提供动态、个性化的智能服务，实时、持续地分析并预测客户需求，根据分析结果自动对服务进行优化和调整，乃至能自动地适应环境并自主决策这位客户带来了高度的个性化体验。例如，装备制造企业能通过在设备上安装的传感器提前预知客户设备的某个零件需要替换，提前将备件运往客户附近仓库，大大缩短了客户等待备件的时间，减少了停机损失，客户也无须自己囤积大量备件而占用资金和仓储，同时也降低了客户购买其他品牌备件的可能性。企业还可以通过数字技术创造出的新的服务模式，比如开放自己的制造能力，为其他企业提供生产服务；根据客户的需求，提供 C2B 的定制服务；为客户提供基于数据的融资和保险服务。数字技术通过企业应用软件系统，给制造业带来新的价值机遇。

企业应用软件实现了对全价值链应用的智慧化升级，推动企业从流程驱动向数据和流程混合驱动转型，促进基于智能产品和服务的商业模式创新，如图 2-9 所示。基于统一的高性能平台，在人、产品、系统、资产和机器之间建立了实时的通信和数据共享，最大限度地消除了系统冗余。每个智能产品和生产流程都可以自主监控，感知了解周边环境，并通过与客户和环境的不断交互来自我学习，从而创造出越来越有价值的用户体验；企业也能实时了解用户的个性化需求，并及时做出反应，真正实现了从万物互联的数据中洞察机会和风险，驱动业务流程优化，创造出新的商业价值和生态系统的优势。智慧企业阶段的企业应用软件专注于高阶智能技术在企业的实时持续应用，真正支撑制造业生产效率的大幅提升，并在传统的产品之外衍生出新的产品和服务模式，实现全价值链和全流程的无缝集成，实现整体解决方案无处不在的智慧化，支持打造面向工业 4.0 和工业互联网的整体解决方案，广泛应用于智能制造、智慧交通、智能医疗、智慧农业等产业领域。

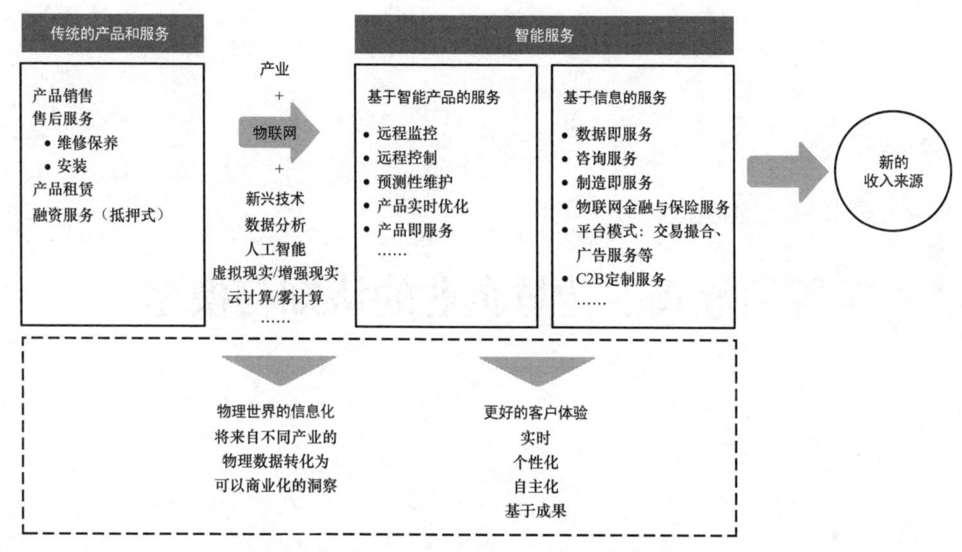

图 2-9 企业应用软件推动企业商业模式创新

2.5.3 企业应用软件助力实现产业三大集成

企业应用软件集成了丰富的行业专业知识、广泛的端到端技术产品组合、先进的智能技术、领先的专业生态系统，打造了深入支撑产业智慧化发展的赋能平台。按照德国工业 4.0 的提法，数字技术通过三大集成方式，强化产业链的全方位协同，加速产业链效率，实现“平台 + 生态”的全新商业模式。“纵向集成”整合技术研发、产品设计、零部件生产、产品制造、企业运营、生产管理、物流服务等生产制造流程，打造智能工厂。“横向集成”通过大数据平台与 CPS 的无缝集成，整合智能工厂与各级供应商、销售商、最终消费者之间的流程，打造智能供应链。“端到端集成”实时掌握整个产品生命周期，从产品设想、原材料生产、产品生产制造到销售、服务，打造智能产品和服务。

第 3 章 Chapter 3

新科学范式下智慧企业的认知与模型

智慧企业是在技术发展、科学范式和工业革命这三股力量的推动下，在企业管理领域的一个划时代创新。它不仅是数字化时代下新一代的企业，也表明企业应用软件进入新的发展阶段。从科学范式的视角，它对应的是科学范式的最高发展阶段。在智慧企业时代，软件是数字化技术的核心和载体。人们对它的理解和定位，从支持企业运营的重要工具，上升成为支撑企业经营的中枢和大脑。智慧企业的七大转变为："新智慧""新机制""新架构""新途径""新工作""新组织""新体验"。

3.1 智慧企业是第四科学范式在企业管理中的应用

3.1.1 从第三范式的数字化 1.0 迈向第四范式的数字化 2.0

如前一章所述，在科学研究分的四类科学范式中，第一范式和第二范式看起来很传统，似乎已经离我们有很远的距离。但正是基于它们，前人用人工观察和手工计算，留下了大量的科学原理和成果，让我们深刻地认识了世界的基本规律。在接下来的第三范式和第四范式下，我们充分利用了计算机这一划时代的工具，极大地提高了改造世界的能力。我们所提及的信息化和数字化，分别与第三范式和第四范式息息相关。

从第二范式向第三范式的转变，是一次巨大的技术进步。计算机仿真的基础是数字化，是对物理世界运行规律的数字反映，即"企业信息化"。今天，我们正处于第三范式向第四范式的转变过程中。这一轮新的范式转变，即为"数字化转型"。如果要从数字化的角度区分这两个范式，则第三范式对应"数字化 1.0"，第四范式对应“数字化 2.0”。

第三范式是在确定逻辑和模型基础上，利用计算机对复杂事物和现象进行模拟仿真，推演出更加复杂或更加有价值的结果。第三范式的本质是“算法驱动”，其核心是“因果关系”，是将包含了确定性规律和完整机理的算法模型转化成软件的方式来模拟物理世界的一种技术。

计算机仿真得到了非常广泛的应用，大到工厂甚至是城市的设计、运行，小到建筑物里的人流疏散，设备的运行，甚至飞机的虚拟驾驶训练，都是计算机仿真应用的场景。事实上，企业应用软件在企业的采购、生产、销售、财务、人力等方面的应用，都可以看成是在确定规律下的对业务流程的仿真。

在大数据时代，随着数据量的高速增长，计算机的作用将不仅限于模拟仿真，还能对海量数据进行分析总结，进而发现规律，这种“基于大数据的科学研究方法”就是第四范式。第四范式的本质是“数据驱动”，其核心是“相关关系”。它和第三范式的区别在于它是在没有因果关系的前提下，基于大量的现有数据，通过计算得出之前未知的相关性。第四范式最大的转变，就是放弃对“因果关系”的渴求，而关注“相关关系”，让数据“主动发声”。这种从追求因果关系到追求相关性的转变，正是企业管理方式在第四范式时代发生转变的核心。

3.1.2 智慧企业是第四次工业革命下的企业管理范式

每一次工业革命的出现，相对应地都会带来管理科学和管理方式的变革。在四次工业革命的发展历程中，管理科学从传统管理到科学管理，再到现代管理和智慧管理阶段，管理方式也对应地从“经济人”到“社会人”，再到“知识人”和“智慧人”，如图 3-1 所示。

	第一次工业革命	第二次工业革命	第三次工业革命	第四次工业革命
工业革命	1750年左右 使用蒸汽动力 进行机械化生产	1870年左右 电力的广泛应用 与大规模自动化生产	1969年 数字化计算 与通信技术	2013年 人工智能、物联网、 高级分析
管理科学	18世纪末至20世纪初 传统管理阶段	20世纪初至20世纪40年代 科学管理阶段	20世纪40年代至21世纪10年代 知识管理阶段	20世纪10年代至今 智慧管理阶段
管理方式	1776年 亚当·斯密的《国富论》 “经济人”	1924年 梅奥的“霍桑实验” “社会人”	1959年 德鲁克的《明日的里程碑》 “知识人”	1992年 James Brian Quinn的 *Intelligent Enterprise* “智慧人”

图 3-1 管理科学和管理方式随着工业革命不断演进

进入第四次工业革命时代，随着人工智能、物联网和云计算等新一代技术的迅速发展，给企业的管理模式带来了新的挑战甚至是颠覆，倒逼企业从知识管理进一步向以自治管理、智能决策为特征的智慧管理转型。以"智能制造""智慧企业""智慧城市"为代表的管理探索，日趋成为管理科学的新前沿。在技术升级和海量数据的支撑下，一方面通过万物互联和智能设备带来了"人—人"和"人—机"协同方式改变，另一方面人工智能技术也改变了企业学习和获取智慧的方式，企业管理进入了智慧管理阶段，企业变成了智慧企业，对应的管理方式也进入"智慧人"的新阶段。

长期以来，数据（Data）、信息（Information）、知识（Knowledge）和智慧（Wisdom）融合共存于企业管理的不同层级和情景中，它们可以被纳入DIKIW（Data-Information-Knowledge-Insight-Wisdom）模型中，是智慧的具体体现，如图3-2所示。

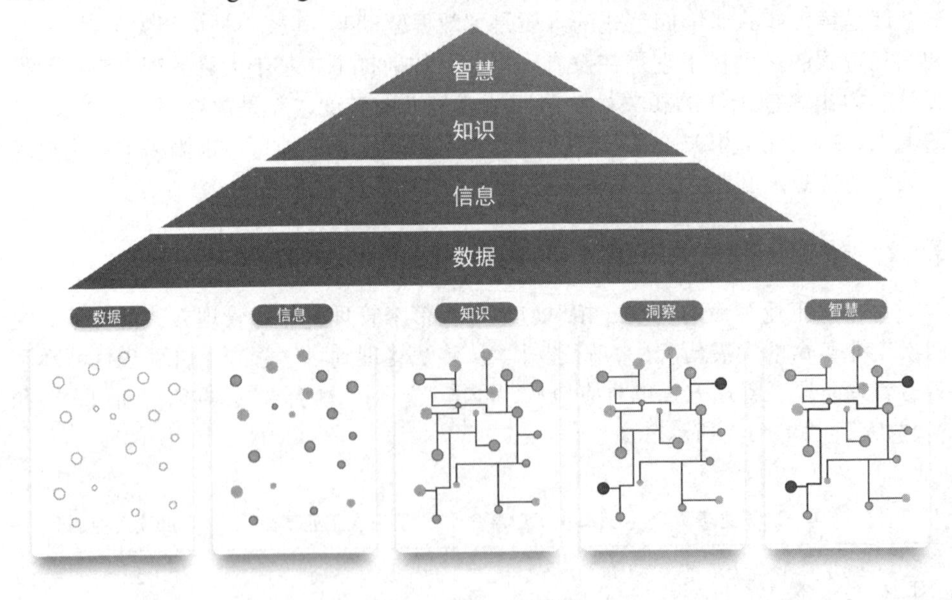

图3-2 DIKIW模型

现代通信技术和计算机技术的发明应用，为信息的传递与处理、知识的存储与应用提供了数字化的辅助手段。企业可以将线下形成的知识固化到软件中，通过软件的执行，将输入的信息存储到数据库中，进行信息处理和转换，转化为输出的信息，从而推动企业业务流程。企业的智慧在这一阶段逐步积累。

进入第四次工业革命时代，随着物联网、大数据、人工智能、云计算等技术的应用，人们在数据的采集、知识的提炼乃至智慧的形成等领域都取得了突飞猛进的进展。人们开始尝试自动地采集海量数据，不仅可以形成知识，并且可以直接形成智慧，推动企业进入到智慧管理的新阶段。

3.2 智慧企业的七大转变

作为第四次工业革命的企业形态，与第三范式下的现代企业相比，智慧企业在如下七个方面发生了深刻变化，它们是在“新智慧”带领下的“新机制”“新架构”“新途径”“新工作”“新组织”和“新体验”。企业应用软件将成为承载企业智慧的底座，助力实现上述七大转变，如图3-3所示。

图3-3 智慧企业的七大转变

3.2.1 新智慧：打通“数据—信息—知识—智慧”的链路

在智慧企业的七大新转变中，“新智慧”是统领全局的特征性飞跃，它为其他六个方面的转变提供了引擎和动力。毫无疑问，智慧企业最核心的特点是智慧。通过打通“数据—信息—知识—智慧”的链路，智慧企业将源源不断获得从数据中获取和提炼智慧的能力，从而彻底改变企业的运行机制、组织形式、工作方式等各个方面。我们认为，智慧企业是一个实现“数据—信息—知识—智慧”全域智能的、能够自我演进、从数据中提炼生成知识和智慧的分布式数字化组织，是企业数字化转型的建设方向。

1. 智慧企业完成DIKIW的全过程转换

在智慧企业阶段，企业将能实现和人类高度类似的智慧生成机制，打通DIKIW金字塔模型的层次结构，完成从数据到信息、知识、洞察直至智慧的完整转换过程，如图3-4所示。人类的智慧，通过感知与记忆获得数据，通过思维对数据进行加工处理，由语言与行动发挥效果，完成自我成长。这与企业在数据采集与存储的基础上开展分析与洞察，推动业务执行，根据价值进行自我演进，有着异曲同工之妙。

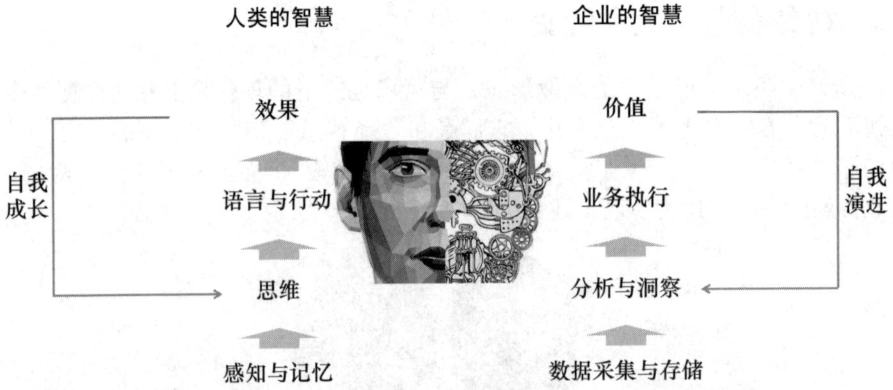

人类的智慧 企业的智慧

效果 价值

自我成长 语言与行动 业务执行 自我演进

思维 分析与洞察

感知与记忆 数据采集与存储

图 3-4 智慧企业将实现与人类智慧类似的全过程转换

显然,DIKIW 的这一全过程转换的实现，有赖于以物联网、人工智能为代表的数字化技术的普遍应用。

首先，在大数据和人工智能技术的支持下，信息、知识和智慧的产生能力得到了极大的增强。通过大数据进行预处理的特征过程技术，加快了从数据到信息的转换。而大数据的分析，也丰富了企业获取知识和洞察的手段。机器学习加快和简化了企业获取知识的能力，使得知识管理水平得到大幅提升，并催生出新的智慧管理（Intelligence Management)。毫无疑问，推动 DIKIW 转换的重担，很大一部分需要由企业应用软件来承担。

其次，云计算从系统架构和内容架构两个维度，推动了 DIKIW 在智慧企业平台上的转换和实现过程。从系统架构的角度，形成了架构即服务（IaaS)、平台即服务（PaaS）和软件即服务（SaaS）的分层体系；从内容架构的角度，对应于 IaaS、PaaS 和 SaaS，也形成了数据即服务（DaaS)、信息即服务（INFaaS)、知识即服务(KaaS); 最终在顶层形成智慧即服务（INTaaS)，从而实现了“数据—信息—知识—智慧”的全程转换。

2. “全域智能”的企业应用软件

进入智慧企业阶段，企业应用软件通过使用人工智能、物联网、大数据、云计算等技术，将数据实时转化为洞察和智慧，进而转化为整个企业的行动，由此加快了数据驱动的创新，推出新的商业模式。

智慧企业的智慧分为四个阶段，每一个阶段需要回答一个最主要的问题：

- “描述”阶段：发生了什么?
- “诊断”阶段：为什么会发生?
- “预测”阶段：将会发生什么?
- “处方”阶段：我应该怎么办?

如图3-5所示，从“描述”阶段到“处方”阶段，“自动完成”的比例不断加大，需要“人工输入”的比例不断减少；与此同时智慧程度逐步提升，从采集数据到采取行动的响应间隔时间逐步缩短。在“处方”阶段，如果能够做到“决策自动化”的水平，就可以完成从采集数据到采取行动的全自动化，企业将成为“自治企业”，效率无疑是最高的。所以说，智慧企业的最高阶段是自治企业。

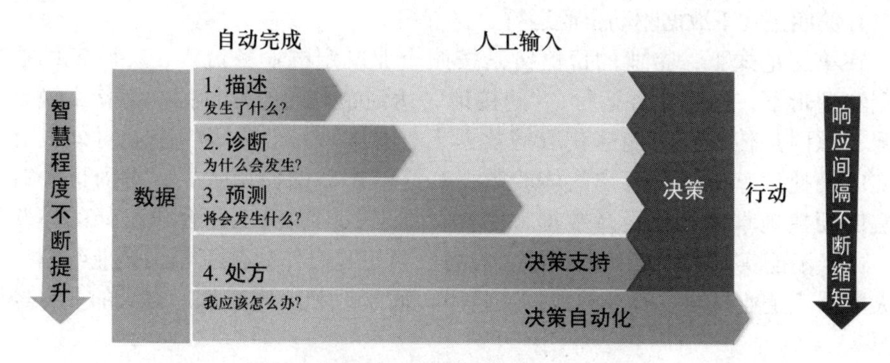

图3-5 智慧企业的智慧分为四个阶段

图3-6所示为以装备制造行业的售后备件管理的发展阶段为例说明智慧企业的发展路径。智慧企业发展路径的四个阶段，代表了四种不同类型的智慧，它们分别是描述型智慧、诊断型智慧、预测型智慧和处方型智慧。

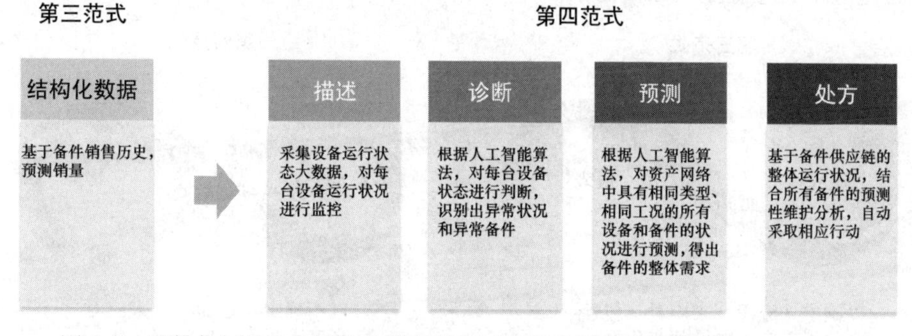

图3-6 以装备制造业售后备件管理的发展阶段为例说明智慧企业的发展路径

需要了解的是，从知识管理向智慧管理的变迁，并不是一蹴而就、断裂式发展的。虽然有阶段性的差异，但是智慧管理的出现不是对知识管理的彻底颠覆和抛弃，而是在原有管理方式基础上的不断丰富、发展和创新的过程。无论是知识管理还是智慧管理，它们的起点都是数据。学习的方式不同，得到的结果不同。

3.2.2 新机制：贯穿“数据—洞察—行动—价值”的数据驱动

企业的正常运行，离不开对各基本要素的推动、调节、响应和制约，以实现企业的经营目标。第三范式下企业的运行机制，主要是依靠流程驱动。第四范式下的智慧企业，通过数字双胞胎技术，建立“数据—洞察—行动—价值”的新机制，推动企业运行。

1. 第四范式下数据驱动企业运行

在第三范式下，企业的价值链是按照企业既定的业务流程，在既定的业务规则和逻辑下，推动业务运行，“间接地”达到企业的经营目标。为什么说是间接呢，原因是传统企业能够获取的数据十分有限。一般来说，企业对外没有能力实时便捷地掌握终端客户的体验数据和终端产品的使用数据，对内也没有能力实时便捷地掌握设备运行数据、原材料加工数据、员工和合作伙伴的体验数据。由于不能实时掌握客户、产品、设备、员工、合作伙伴等相关企业经营要素的大数据，企业只能在有限的数据支持下，间接地和滞后地掌握自身的业务经营情况。

从第三范式向第四范式的转变，体现了智慧企业在获取和处理大数据方面能力的提升，同时也反映到企业应用软件的设计思路上。如图 3-7 所示，第三范式下的企业应用软件是以确定（流程）来应对一般性的不确定（内外部变化）。而第四范式下的企业应用软件，是以不确定（行动），来应对高度不确定（内外部变化），充分适应了智慧企业的建设需求。

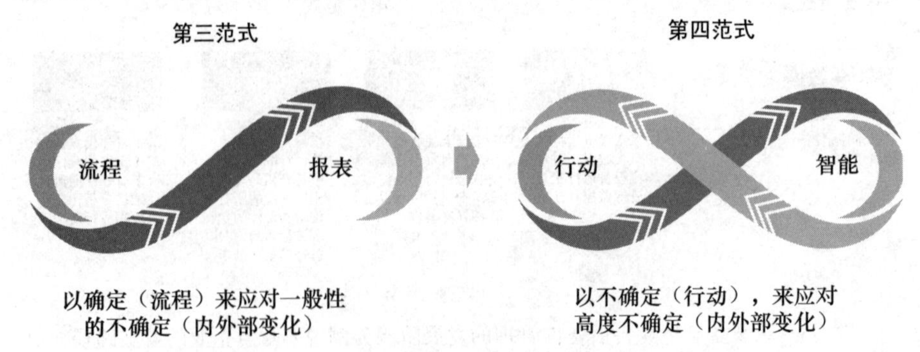

图 3-7 企业应用软件从第三范式向第四范式转变

在第四范式下“万物互联”的新时代，企业创造价值的链条发生了根本性的变化。在海量数据的支持下，企业可以通过以下四个步骤，直接建立从数据源到所产生的价值之间的价值链。

- 第一步：互联到数据——从互联的万物中采集和存储海量数据。
- 第二步：万物到洞察——从海量的数据中，知晓机会和风险所在。

- 第三步：洞察到行动——推动业务前进，将洞察转变为行动。
- 第四步：行动到价值——从行动中产生短期价值，或者推动新的商业价值转型，实现长期价值。

数据驱动（Data-Driven）是一种新的业务机制，数据可实时有效地推动决策和其他相关活动。对于企业来说，达到数据驱动的状态就像开车和骑马之间的差别。成为数据驱动的企业，意味着以不断的分析来做出基于事实的业务决策。

2. 数字双胞胎是数据驱动的工程化实现

为了实现数据驱动，企业需要建立新的工程化实现方式。如果说业务流程是第三范式下的工程实现方式，那么数字双胞胎（Digital Twin）就是第四范式下的工程实现方式（见图3-8）。数字双胞胎是以数字化方式创建的物理实体的虚拟映射，借助历史数据、实时数据以及算法模型等，连接现实与数字世界，达到在数字世界中模拟、验证和预测现实世界，进而操控现实世界的目的。

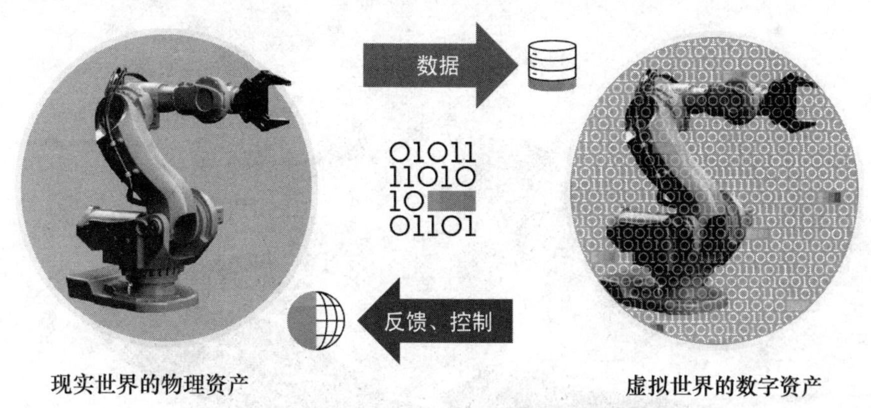

图3-8 数字双胞胎成为第四范式下的工程实现方式

数字双胞胎是一种通用型技术，适用于企业价值链的各个阶段。它不仅可以应用于产品设计，还可应用于工厂设计、制造运营、设备监控、产品维修等各个领域。同时，数字双胞胎作为一种普适的理论技术体系，还可以用在其他众多的领域，如客户数字双胞胎、供应链数字双胞胎、城市数字双胞胎。以制造企业为例，围绕着产品的全生命周期，跨越制造企业不同的部门甚至跨越制造商和运营商，形成了一个数字双胞胎网络（Digital Twin Network）。它不仅是产品本身的数字映射，还是相关的企业内、企业之间的业务流程的数字映射，如图3-9所示。

在智慧企业中，通过对企业的全管理要素建立数字双胞胎，打通数字双胞胎之间的关系。由不同时点的数字双胞胎网络切片构成了智慧企业实时进行数据决策的源头，实现数字驱动下的智慧管理，如图3-10所示。

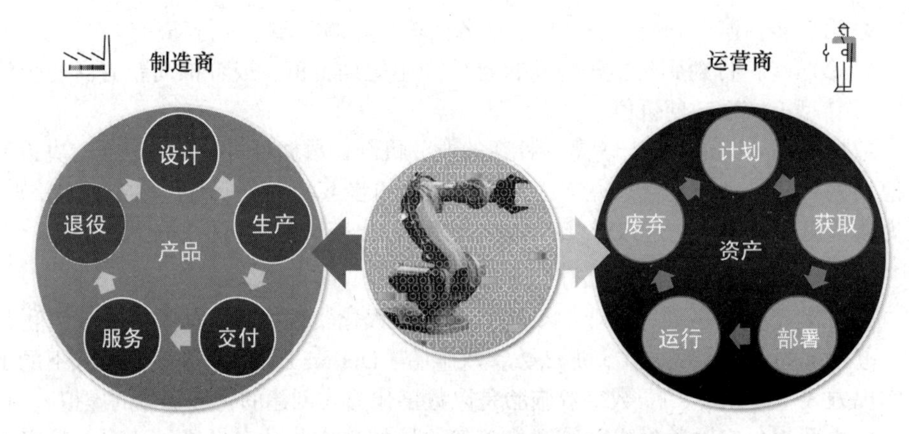

图 3-9 数字双胞胎网络映射了企业的业务运行

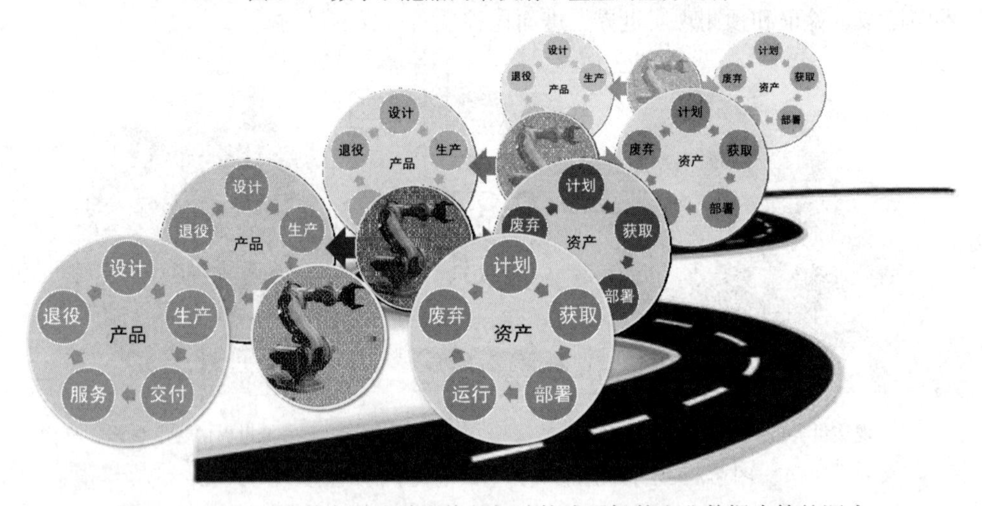

图 3-10 不同时点数字双胞胎网络的切片构成了智慧企业数据决策的源头

3.2.3 新架构：IT/OT 融合的新一代数字化智能架构

IT 对于大家来说都不陌生，如办公室内常用的各种系统、硬件和网络（ERP、局域网、电子邮件等），都属于 IT（Information Technology，信息技术）的范畴。按照维基百科的定义，OT（Operation Technology，运营技术）是专门用于直接监控或控制物理设备来检测物理过程，或使物理过程发生变化的硬件和软件。通常情况下，OT 就是那些工业控制系统及其软件的总称。很显然，尽管 OT 与 IT 在本源上有很多相通的地方，例如都是计算机技术的应用，但是 OT 所处的环境常常是车间而不是办公室，因此 OT 又被形象地称为“不铺地毯区域的 IT”。IT 与 OT 的差异是比较明显的，如图 3-11 所示。

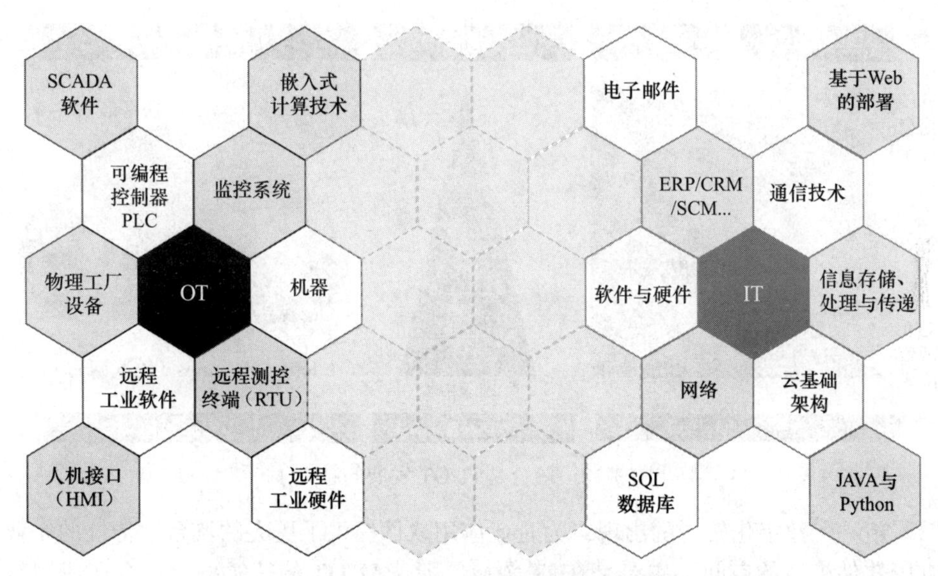

图 3-11 IT 与 OT 分属不同的领域

参考：Inductive Automation 公司*白皮书 IIoT*：*Combining the Best of OT and IT*

IT/OT 经历了孤岛和集成两个阶段之后，在智慧企业里将进入到融合的新阶段。如图 3-12 所示，从 20 世纪 70 年代开始，IT 和 OT 进行沿着完全不同的路径发展。尽管它们的技术路线各不相同，但是打通软件之间、硬件之间数据交换的壁垒，加快数据交换的速度和效率，一直是不变的方向。以企业应用软件为例，IT 从基于主机架构的 MRP，到基于 C/S 架构的 ERP，发展到基于 C/S 架构的商业套件，再到基于 SOA 的商业套件，企业应用软件自身得到了快速的发展，解决了异构软件系统之间的数据交换。OT 通过一系列的工业通信标准和相配套的软硬件的开发、发展和完善，从直接数字控制到远程 I/O，并直至现场总线协议和以太网，以及伴随出现的逻辑控制器（PLC）和制造执行系统（MES），实现了完整的软硬件体系。进入 2000 年，IT 和 OT 相互之间不再是孤岛，而是形成了 IT/OT 集成的“工业金字塔”，数据可以通过最下端的 I/O 层一直流入最上端的 ERP 层。

进入到 21 世纪 20 年代，IT/OT 集成架构开始向 IT/OT 融合架构发展。虽然集成架构解决了数据的传递问题，但是 IT 和 OT 依旧构筑在不同的技术体系之上，相互之间泾渭分明，数据传输和处理效率低，不适应工业大数据时代的要求。在云计算技术的普遍应用下，IT 和 OT 的软件上云趋势日益明显，进程也不断加快，最终形成了物联网（线下）和服务联网（云端）的新一代数字化架构。

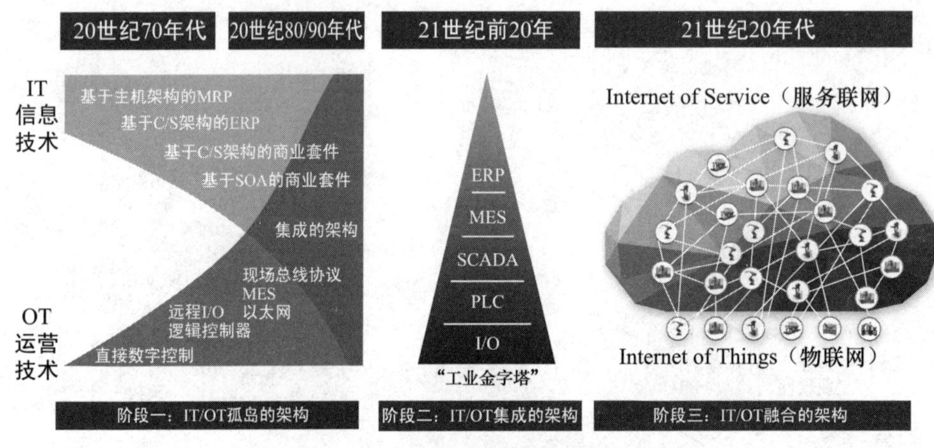

图 3-12 融合是 IT/OT 发展的趋势

新一代数字化架构的出现，为企业应用软件提供了更大的舞台。传统的企业应用软件施展的空间，主要是在 IT 领域。随着 IT/OT 的持续融合，企业应用软件逐步将自己的覆盖范围向设备层和传感器层扩展，IT 的代表系统 ERP 和 OT 的代表系统 MES 之间的边界逐渐模糊，OT 应用和 IT 系统一并在云端运行，这是智慧企业新一代数字化架构的重要特征。

3.2.4 新途径：围绕企业应用软件打造企业业务能力

智慧企业的数字化战略、数字化商业模式和数字化运营模式正在以前所未有的迭代和更新速度演进。在这里将战略、商业模式和运营模式联系在一起的纽带，就是企业业务能力（Enterprise Business Capabilities，EBC），如图 3-13 所示。

什么是企业业务能力呢？简单地说，企业业务能力是人、流程和技术的组合，是对业务所做和能做的封装。举个例子来说，很多企业都希望招募到好的员工。"招募好的员工"就是一个业务能力。但是，"招募好的员工"只是告诉我们应该做什么，却并没有说明如何去做。它可以是 HR 部门通过招聘网站吸引候选人，也可以是对候选人的面试，也可以是对招募过程的管理，或者是外包给第三方。招募好的员工的业务能力包括了人（HR 团队）、流程（从吸引人才一直到人才招聘）和技术（如评估中心、数字化人才档案等）。

企业应用软件在智慧企业阶段取得了以下突破。

- 企业应用软件的 SaaS 化，企业可以用订阅方式便捷地上线 SaaS 系统，并且实施时间也显著缩短。
- 企业应用软件的敏捷开发模式和构件化架构，使软件功能的增强和更新更加简单和迅速，所需的时间和成本更短更低。

- 企业应用软件的用户体验大幅改善，使用户越来越容易使用，大幅缩短了员工的培训时间。
- 企业应用软件的自动化水平大幅提高，减少了人工操作的需要。
- 企业应用软件采集了越来越多的数据，可以用丰富的数据来提供决策支持。

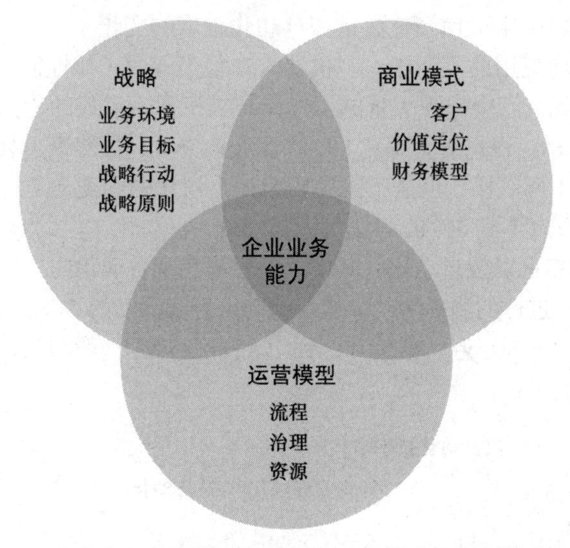

图 3-13 企业业务能力是企业战略、运营模式和商业模式的纽带

上述突破改变了企业业务能力的三角组合（人、流程和技术）相互之间的平衡，极大地加快了企业业务能力的建设速度。与此同时，随着企业数字化转型步伐的加快，企业应用软件在企业中的战略地位也在发生改变：企业应用软件从过去的作为一种工具来支持业务，转变成为数字化业务密不可分的一部分。上述这些趋势，让围绕企业应用软件打造企业业务能力成为建设智慧企业的新途径。

3.2.5 新工作：高效的人机交互和协作

在智慧企业时代，智能的设备、产品、软件随处可见，人可以向这些设备、产品、软件输入自然语言、肢体动作、面部表情，甚至脑电波，可获得直接阅读、识别、理解的结果。这种场景，其实就是认知技术的设定目标。

智慧企业首先实现了人的连接，无论是在工厂还是在办公室，无论是移动还是静止，无论是在家还是在外，员工都可以随时展开工作。其次，通过实现设备与设备的连接，以及智能机器人的日益普及（更多的情况下智能机器人可能就是我们身边的智能软件），实现了人机协同，人与机器和谐相处，从而使机器更好地服务于企业。

事实上，长期以来发达国家的劳动力成本居高，即便较高的生产率也无法抵消劳动力高成本带来的弊端。因此，通过包括智能化在内的各种数字化手段提高员工技能，进而提高劳动生产率，是不二的选择。智慧企业通过数字化为员工提供更多高附加值的工作，并为行业本身增加更多的价值，这其实也就是创新的重要来源。

1. 智慧企业将带来工作岗位数量和自动化程度的变化

随着人工智能应用的不断深入，机器人在很多方面（如性能、准确率等）都强于人类，因此毫无疑问会出现大量的工作岗位被机器人取代的趋势。

如图 3-14 所示，根据麦肯锡对 800 种职业的分析，虽然很少会有一个职业可以完全被自动化技术所取代，但是不同的职业被自动化的程度，是完全不同的。在这 800 种职业中，只有不到 5% 的职业可以被 100% 自动化，但约 60% 的职业，至少有 30% 的工作内容可以被自动化。其中，最容易实现自动化的工作是在高度结构化和可预测的环境中进行的物理活动，这些活动占经济活动的 51%，在制造业、住宿、食品及零售行业中最为普遍。据估计，到 2055 年，现今一般的工作活动基本都可以实现自动化。

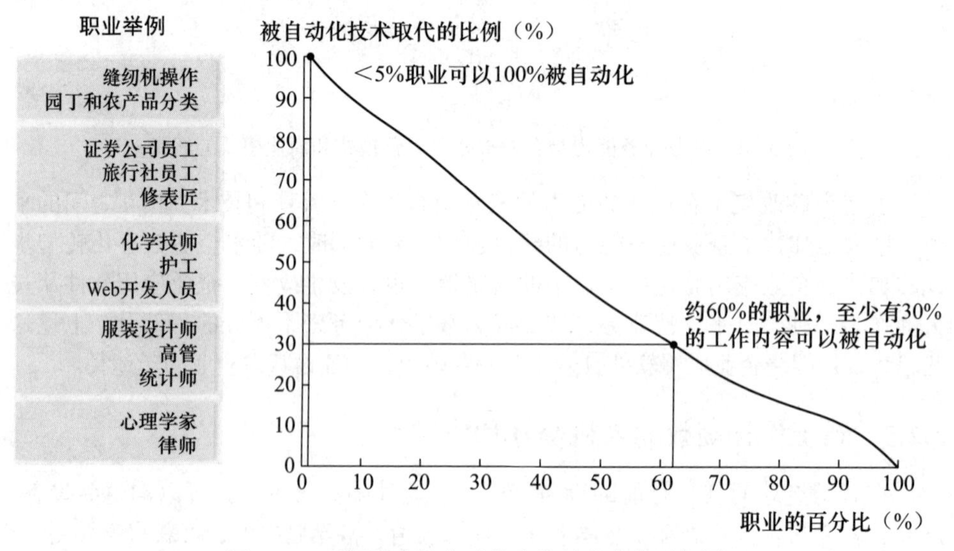

图 3-14　不同职业被自动化取代的程度各不相同

2. 和谐的人机协同是智慧企业的目标

今天的人机协同是一种机器辅助人的协同，在人操作下由机器提供自动支持，以弥补人技能上的不足。但是，过多的支持及计算机辅助工具，可能会导致“学不致用”的现象不断增加，最终人失去关键技能，在出现故障或瓶颈的时候，人无法理解 AI 设置的软件参数背后的原因。

如图 3-15 所示，未来在人和机器之间将形成一种多元调节的机制。通过不断地测量人与机器的技能和能力，来协调任务计划并调节机器的智能设置。事实上，随着智慧企业的不断发展，越来越多的新设备具备传感功能或 AI 技术，它们与老的设备、精通数字技能的新员工和不熟悉数字技能的老员工一起，构成了人机协作中的多样性挑战。建设和谐的人机协同，这将是智慧企业长期的目标。

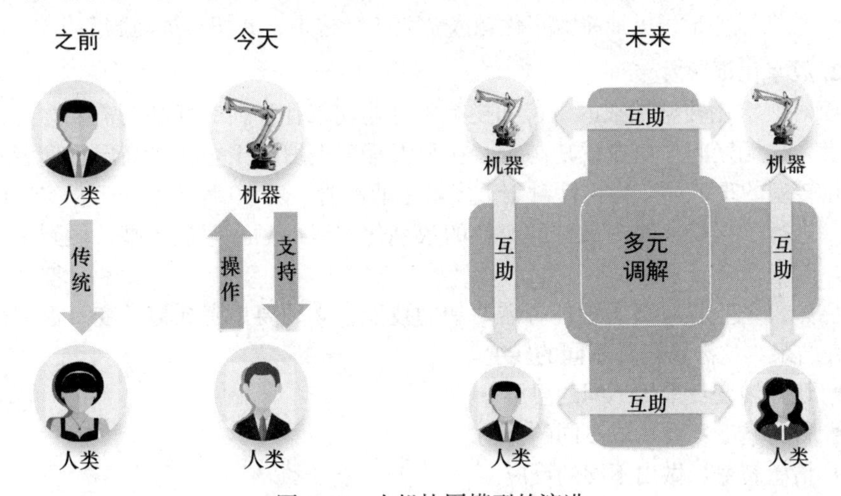

图 3-15 人机协同模型的演进

来源：Acatech

3.2.6 新组织：数字化组织 + 数字化领导力 + 数字化人才

对于企业来说，智慧企业的建设意味着一场深刻的组织变革和管理创新，是企业的一场系统变革。它需要建立新的数字化组织，提升高管团队的数字化领导力，培养高素质和高效率的数字化人才。

1. 新的数字化组织

智慧企业将越来越多地采用平台型、网络型的组织形态，以适应智慧企业新的“数据—洞察—行动”的运行机制。

传统的组织设计，是在第三范式下的相对稳定的环境，基于相对稳定的业务流程，静态地组织现有的能力和资源。新的数字化组织，是在第四范式下的高度动态变化的环境，基于“数据—洞察—决策”的快速运行，动态地搭建所需的能力和资源。

搭建数字化组织的三项基本的原则如下：

- 以数字化为核心：数字化不仅正在重新定义商业模式，也重新定义了业务运行的机制，遍及企业经营的各个方面。数字化转型的成功，最终取决于组织、运营和行为方式的数字化转变。

- 培育数字化人才：成功的数字化转型企业，需要建设数字化文化，积极培育数字化人才，为员工创造消费者级的体验，并为员工提供数字化工具，推动员工建设企业智慧。
- 提升数字化领导力：智慧企业的领导者需要制定数字化转型策略并进行前瞻性思考，积极地将数字化融入企业的结构中，并切实推动数字化项目。

2. 数字化领导力

面对数字化转型带来的机遇和挑战，企业比以往任何时候都更需要强有力的管理者。毫无疑问，企业成功与否，在很大程度上取决于企业的高层管理者对于数字化转型的理解。麦肯锡针对 1 千多名企业高管，对 10 种数字化工作实践的执行频率进行了调研，表现最佳的企业的数字化实践的频率明显更高，做到了时刻学习、迅速反应。

显然，企业智慧高层管理者需要新的技能，必须要思考如何转变。根据德勤的研究结果，这涉及三种不同的转变。

- 认知转变：采用不同的思维。
- 行为转变：要采取不同的行动。
- 情感转变：做出不同的反应。

在智慧企业中，企业高层需要更多地发展数字化领导力，以应对易变、不确定、复杂和模糊（VUCA）的商业环境。

3. 数字化人才

智慧企业的动力源泉，是打造“数据—信息—知识—智慧”的发动机，而驱动发动机运行的是数字化人才。数字化人才需要将数字化技术应用到企业的产品和服务中，因此要求他们不仅具有业务技能，还要有数字化技能。

然而，目前大多数企业的数字化人才短缺非常严重。不仅在 IT 部门，整个组织都对数字化技能产生了巨大的需求。根据 MIT 的一项研究，有 77% 的企业认为数字化人才的短缺是其数字化转型的关键障碍。很多企业继续使用传统的方法培养员工的数字化技能，例如培训、招聘和合伙制。只有 13% 的企业使用创新的方法，例如有针对性地收购或者孵化器的方法。此外另一个挑战是，在接受调查的 60% 以上的企业中，培养员工数字化技能的往往不是 HR，而是负责数字化技能开发的高层领导、IT 部门和职能团队。

进入智慧企业时代，对复合人才的需求更加明显。首先，数字化人才需要掌握 AI 技术技能。在数字化的早期阶段，大数据分析、社交媒体平台和移动设备等方面的技能，是对数字化人才的主要技能要求。而进入智慧企业阶段，随着 AI 技术越来越多地出现在设备、产品、软件和服务中，员工在越来越多的工作内容涉及 AI 应用。随着低代码技术及方便简化使用的 AI 打包平台的出现，对于数字化人才的 AI 技术技能的要求也越来越高。

其次，数字化人才需要将数字技能与对业务的深入了解相结合。例如，数据分析的真正价值来自解读见解和转化行动的能力，这需要将数据能力与战略和创造性思维、协作和沟通技能相结合。智慧企业对具有技术技能、业务技能和领导能力的数字化人才需求不断增长。

在智慧企业阶段，企业需要启动相应的数字人才计划，创新招募方法，并与初创企业和社区互动，以填补空白。如德勤的一份研究表明，智慧企业将会形成多元化的数字人才机制（见图 3-16），在招募全职数字化人才和与外部数字人才合作等方面，运用数字化手段，形成新的平衡。

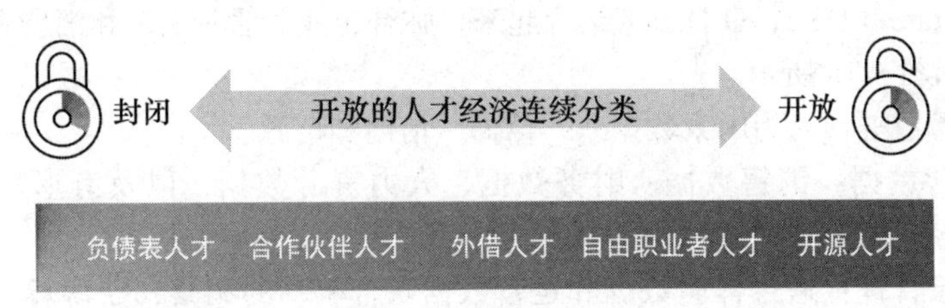

图 3-16　智慧企业需要建立多元化的人才机制

3.2.7　新体验：体验数据 + 运营数据

今天，体验已经成为全球经济的主导原则（Organizing Principal）。回顾过去 50 年的消费者价格指数，消费者体验在商品和服务价格的基础上实现了增量，带动了更高的价格和重复性购买——体验的价值。但是，尽管体验在现代经济中如此重要，在实践中企业和消费者对于体验的感知是完全不同的。据调查，80% 的企业 CEO 都认为他们为客户提供了很好的体验，但是对应的只有 8% 的客户认同企业 CEO 的观点。这说明，在很多企业的体验管理中，存在着巨大的体验落差。

对于企业来说，体验管理包括产品体验、客户体验、品牌体验和员工体验，如图 3-17 所示。其中：

- 产品体验是目标客户对产品设计、特征和功能进行认知的驱动力，直接影响他们的购买和使用行为。
- 客户体验是用户在产品的接触、购买、使用过程中建立起来的感受。它可以用客户满意度、忠诚度、续约率等指标来衡量。
- 品牌体验侧重于客户对整个品牌的认知、情感和偏好，它是品牌与客户之间互动行为过程的结果。
- 员工体验是指促使员工加入、贡献并最终留在组织中的因素。

图 3-17 体验管理的组成

在智慧企业中，体验管理涉及的体验数据分布在不同的部门，不仅需要一个统一的平台，将这些体验数据 X-Data 进行组织和管理，也更加需要将它们和运营数据（Operation Data，O-Data）结合起来，弥补企业（管理者）和消费者之间的体验落差，如图 3-18 所示。

- 体验数据：人为因素数据——信仰、情绪和情感。
- 运营数据：销售数据、财务数据、人力资源数据，以及有形活动的有形记录。
- 体验管理：通过体验数据和运营数据联合驱动的洞察，获得对人们体验的整体理解，打造学习和持续反馈的良性循环。

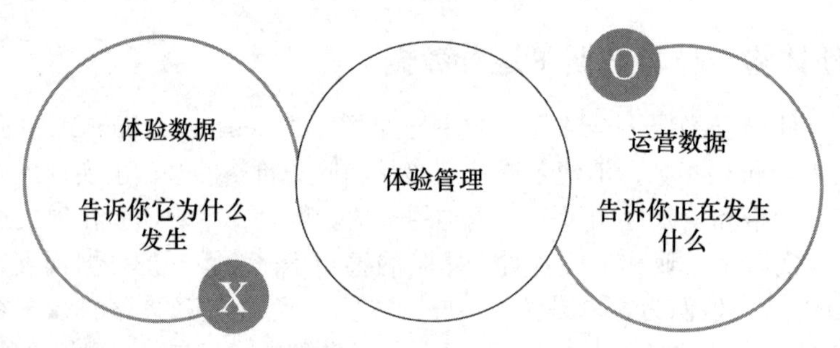

图 3-18 通过体验数据和运营数据联合驱动，打造体验管理的新循环

智慧企业的体验管理，不只是在问题发生时才做出反应，还需要在问题发生之前就预测并缓解这些问题。体验管理是一个过程，分为三步：

- 衡量每一个重要的体验。情绪和情感可以在一瞬间改变，因此收集体验数据是一个持续的过程，要在正确的时间、以正确的理由从正确的人那里获得反馈。
- 通过详细的分析来预测。虽然反馈常常看起来是碎片化的，但通过强大的人工智能和机器学习，可以进行预测，帮助识别、发现并解决潜在的问题。
- 行动和优化。只有那些能够采取行动并推动改进的人，才能从洞察中获得宝贵的价值。通过与合适的人分享洞察见解，制定行动计划并进行跟踪改进，以体验管理驱动业务结果。

总的来说，智慧企业是一个符合第四范式原则的，在人工智能、物联网、大数据、高级分析等技术支持下，能够实现“数据—信息—知识—智慧”全域智能的、能够自我演进、从数据中提炼生成知识和智慧的人机高度协同的新型数字化组织。需要指出的是，第四范式是在第三范式的基础上发展起来的，适应了新时代在大数据背景下对效率的追求。两者相比并没有谁先进谁落后的关系，而是企业在不同阶段、不同场合下的不同选择。目前在企业实践中，不仅两种范式经常混合应用，并且很多情况下第四范式离不开第三范式的支持。

Part 2 第二篇

新历程

第 4 章 Chapter 4

企业数字化转型的解读与战略规划

当前，全球正迎来新一轮科技革命和产业变革。这一轮变革把人类社会史无前例地由工业经济时代，迅速推向了数字经济时代，而且变革的速度、广度、深度，也是前所未有的。

2021 年是“十四五”开局之年，更是全面建设社会主义现代化国家新征程的开启之年，政府工作报告明确提出，“十四五”时期要加快数字化发展，打造数字经济新优势，协同推进数字产业化和产业数字化转型，加快数字社会建设步伐，提高数字政府建设水平，营造良好数字生态，建设数字中国。如果有人问当下社会经济领域最火热的词是什么，可以说，既不是“互联网 +”，也不是“其他 +”，位居榜首的无疑是“数字 +”，宏观层面有“数字经济”“数字中国”等，而在中观和微观层面，“数字化转型”的热度无疑是排在前列的。

数字化，简言之就是人与数据对话的方法，具体来说，就是将许多复杂多变的信息转变为可以度量的数字、数据，再以这些数字、数据建立数字化模型，把它们转变为一系列二进制代码，引入计算机内部，进行统一处理。这一过程，实质就是一个将模糊的现实，抽象转变为精确可量化的算法的基本过程。

转型，本质就是看清“结构”，实行“解构”和再度“建构”这一系列行为的总和，目的是在新的环境中能够更好地生存下去。从企业层面看，就是企业改变既有形态，采用更好的商业模式来寻求生存和发展。一般企业有两种情况，第一种情况是企业已经落后于市场主流，至少在所处的细分市场和行业当中已经不再具有竞争优势；第二种情况是企业现有的客户价值创造模式，已经不再适应未来市场竞争的需要。这两种情况具有普适性，也就是说，任何一家企业，在面对数字经济时代的各种变革时，都需要转型升级。

中国企业平均寿命只有7.5年，中国民营企业平均寿命更短，仅2.9年，平均每分钟就有9家民营企业倒闭，能够生存3年以上的民营企业不足10%。之所以如此，很重要的原因就是企业缺乏战略分析，缺乏明确的战略目标，缺乏有效的战略选择，缺乏完善的战略管理，使得战略决策在很大程度上存在严重的盲目性。毫无疑问，在影响公司寿命的众多因素中，发展环境、产业结构、组织管理、技术创新、产品质量和资金规模等因素无疑是非常重要的，但是缺乏战略规划，其负面影响和破坏性，肯定是致命的。凡事预则立，不预则废！

数字经济时代商业环境典型特征就是“乌卡”——VUCA，即Volatile（易变）、Uncertain（不确定）、Complex（复杂）和Ambiguous（模糊）。

为此，对于数字化转型中的企业来说，如何设计和规划数字化战略，是“乌卡时代”找到前进方向以及找到前进之路的过程中，无法回避的一个命题。

4.1 数字化转型的多维解读

一千个人眼中有一千个哈姆雷特，对于数字化转型的认知，也是如此。如果对数字化转型的定义做一个全景式的扫描，不难发现，IT界的关键词是“技术”，无论是微软、IDC还是华为，讨论数字化转型都更关注实现转型的技术、平台、数据治理的能力等；咨询公司的关键词则是“战略”，不管是埃森哲、麦肯锡、德勤，还是高德纳，都认为转型的最重要的特质是战略，一定要从战略层面落实转型；政府关心的是“经济”，视角更宏观，更多强调企业向数字经济的迁移；对于企业来说，专家给出的定义更多、更细，且异彩纷呈和各具自身行业特色，由于行业不同，大家认识到的数字化转型大多是从所在行业甚至是本企业的业务特点或信息化发展现状出发，囿于自身，各有道理，各持己见。

4.1.1 数字化转型的不同认知

对于数字化转型这个概念，毫无疑问是建构在“数字化”这个定义之上的，但是在很大程度上，数字化和数字化转型往往被当作一个含义来解读。

波士顿咨询（BCG）：数字化有四个特点，一是使用工业4.0和服务4.0等新兴技术来提高生产力，优化核心业务；二是专注于数字化的客户体验，提供个性化的服务，强调客户参与度，希望与客户建立长期合作关系；三是追求商业模式创新，探索并建立全新的数字商业领域，以打破现有的价值池；四是将某些需要数字技术支持的职能（如分析和卓越研究中心）嵌入组织中。

埃森哲（Accenture）：数字技术所扮演的角色正在迅速转变——从提升边际效

率，转变为推动根本性的创新与颠覆。

罗兰贝格（Roland Berger）：数字化转型是大势所趋。有远见的公司会为自己制定新的战略目标，而那些不主动适应的公司将会失败。数字化的挑战不在于如何掌握数字技术，企业最高管理层必须要做的是创造必需的条件使公司转型为成熟的数字化组织。

麦肯锡（McKinsey）：为了使“数字化”的定义更加具体，将其划分为三个属性，即在商业世界的新领域创造价值，在执行客户体验愿景的流程中创造价值，以及建立基础能力支持整个结构。

科尔尼（A.T.Kearney）：颠覆、创新和转型都已成为关键的战略举措，数字技术是这三项战略的关键组成部分。

贝恩公司（Bain & Company）：对于将数字化视为威胁者的企业，它构成一种业务威胁；而对于那些把它视为实现核心战略、取悦客户和更智慧、更快速运营的一种手段的企业，数字化意味着大量机会。数字化体验，例如在线购物和移动应用程序等，如今已经成为日常生活的标配。领军企业认识到新的数字科技带来了多种增长机会，包括利用高度便利化和定制化的方案来服务客户，利用来自数字化活动的大量数据更好地了解客户，利用数字化技术更好地完善运营等。数字化领军者把一些影响日常变革的宏观力量变为资本，这些宏观力量会改变企业看待自身品牌产品、服务体验以及价值主张所有组成要素的方式。

安永（EY）：我们生活在创新与数字化的年代，这两项因素正改变我们所从事的一切。数字化改变了可能性，对每个个体、机构、企业与政府都造成影响。五个核心数字化领域，包括企业战略（重新思考其在数字化时代的业务策略与运营模型）、孵化及创新（建立一套端到端的创新能力以培养新观点与业务模型）、体验转型（对客户的状况进行分析，在此基础上预测，然后落实新体验）、运营（联系、加强并实现运营与供应链的自动化，以实现数字化的目标）和风险管理（构建应对数字化可能带来的风险的系统），集成在一起才是对数字化较为全面的识知和理解。

德勤（Deloitte）：“数字化”是互联网、移动平台和数据分析工具，影响着每一个人生活的方方面面。企业数字化转型的全方位解决方案为五层架构形式，即商业场景、应用、模型、数据和技术。

高德纳（Gartner）：数字化是利用数字技术改变商业模式，提供新的收入和创造价值的机会，它是向数字业务转移的过程。

西门子（SIEMENS）：企业必须首先实现端到端的数据集成，才能完全实现数字化的价值。完全数字化的业务流程及供应商的业务流程有助于形成整个价值链的数字化呈现，这需要工业软件包和自动化、扩展通信网络、自动化领域的安全性以及特定于业务的工业服务的使用。

国际商业机器（IBM）：数字化转型的关键领域包括重新配置客户价值主张（提

供什么）和重塑运营模式（如何交付）。

微软（Microsoft）：数字化转型就是重新思考如何将人员、数据和流程结合在一起。专注于这三个支柱的数字化转型战略将帮助企业为客户创造价值，并在数字优先的世界中保持竞争优势。

国际数据公司（IDC）：数字化转型是利用数字技术（例如云计算、大数据、移动、社交、人工智能、物联网、机器人、区块链等）和能力来驱动组织商业模式创新和商业生态系统重构的途径和方法。其目的是实现企业业务的转型、创新、增长。

微软前全球高级副总裁陆奇说，“数字化创新的核心是从信息中获取知识，用知识来重新快速组合资源，快速开发产品，快速切入市场。一个好的数字化转型，其本质上是打造数字化的能力，用数字化来做系统的决策、产品的决定、市场切入的决定、战略的决定，这是一个多维度的、系统调整的过程，包括组织架构、企业文化等，这相当需要时间，也相当难。但是做得好的话，它可以大规模提升一个传统企业的创新能力，最终当然是市场的价值和员工职业生涯的高速进展。”

4.1.2 数字化转型的模型构建

企业作为社会运行的有机体，存在的意义在于通过产品或服务的设计生产，满足客户需求，创造经济效益和社会效益。这个过程就是一个以“需求满足”为核心，由客户、产品、运营和员工四大要素组成的一个价值设计、价值生产、价值传递和价值实现的闭环，如图 4-1 所示。

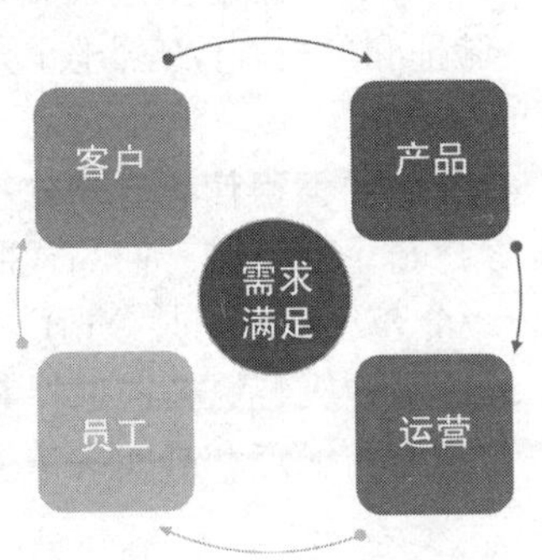

图 4-1 企业价值闭环

数字化转型的认知本质就是一个企业价值构成核心要素（客户、产品、员工和运营）以及要素之间的关系，在多维度、动态中进行价值优化和提升的变革过程。如果要给出一个确切的定义，数字化转型就是利用软件定义的数字技术，驱动产品创新和运营效率的提升，并通过行业边界的拓展不断开辟新业务领域，实现商业模式变革，从而做到从价值创造、价值传递到价值实现整个过程的系统性创新。

数字化转型的模型可从转型对象、转型路径及转型体系的多元视角进行构建，如图 4-2 所示。

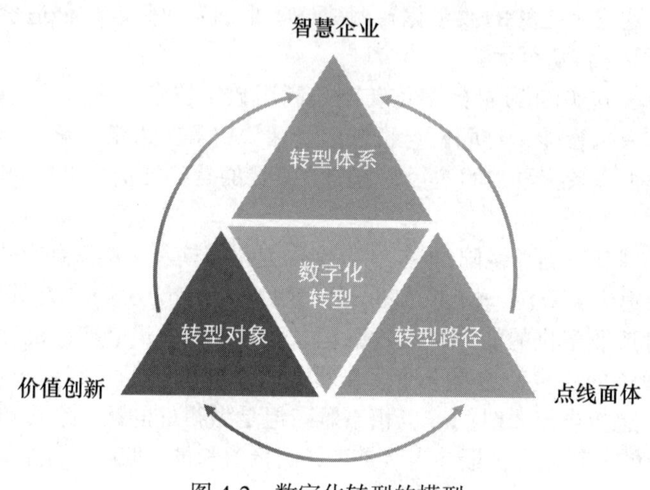

图 4-2　数字化转型的模型

1. 转型对象

（1）客户数字化

客户需求是企业的价值来源，只有通过建立客户的全面画像，才能协同企业的内外部资源，完成产品或服务的设计和生产。企业给客户打标签的能力越强，客户画像就会越丰满，而生成客户画像的基本过程大致可以分为数据采集、数据挖掘、规则挖掘 / 数据建模、验证和形成画像五个阶段，这也是企业进行产品或服务的设计、生产和营销决策的重要依据。

建立客户的全面画像，企业就要懂得使用客户旅程地图。客户旅程地图是以图形化的方式，直观地再现客户与企业品牌、产品或服务产生关系的全过程（非某一个节点）。全过程是指从一个客户接触到某公司广告开始，到咨询、比较、购买、使用、分享使用体验，最后以升级、更换或选择其他品牌的产品结束。由于这个过程包含了很多个客户与企业的触点和真实的情境，因此，客户旅程地图也被称作“触点地图”。

一个普通的流程图通常是以企业、设计者为中心，主要呈现的是流程以及相关变量，客户的需求没有得到很好的体现，客户的情绪也就更不会被反映出来。客户旅程地图则不同，它帮助企业从客户的视角来重新检视业务或服务是否在每一个触点上都正确地理解并满足了客户的需求，而不是按照企业从自身出发所理解的客户需求去设计产品、服务与互动。客户旅程地图为企业提供了一种“由外及内”的方法，以客户为中心，让客户参与企业的设计、服务与互动。

（2）产品数字化

长久以来，普遍存在“产品孤儿”现象，指的是产品被购买后，就会跟制造厂家失去联系，只有在出现故障需要质保的时候，二者才重新搭建连接。“产品失联”最主要的原因是，产品的设计及制造全过程的信息到被购买后基本停止了流动。它或许留在制造厂家的手里，用户并不知道；或者产品运行的信息，留在用户这一头，粗心的用户未必关注，制造厂家也无从了解。

产品孤儿，本质上是因为信息流的断裂而形成的。这种断裂，是以用户与制造厂家之间的若有若无的连接作为分界线。支付完成的一刹那，二者的连接强度立刻急剧下降。考虑到制造厂家与用户之间，还有众多的分销商、代理商、安装队等，信息被彻底地打碎，七零八落，稀稀疏疏地存放在不同层级的机构之中。这种最基本的产品流转路径和背后的信息流动，主宰了数千年的商品社会的模式。

2015年，在美国某公司的年度大会上，该公司展示了其数字化映射（Digital Twin）技术。通过一个实体挖掘机和挖掘机数字模型的物联网连接，智能识别实体挖掘机的几何结构、特性、参数、物理性能等信息，并实时输入数字世界，然后自发地进行大数据的分析和决策。实体和数字模型之间建立起一个实时反馈机制，从而用虚实结合的方式促进知识创新和产品优化。

据埃森哲研究发现，当前的工业产品正在从机电产品向数字化智能网联产品转变，产品形态的数字化定位就是智能网联，通过增加传感器、通信模块、计算模块、软件等，赋予产品智慧，与用户建立实时交互，把以往的功能需求提升至极致体验，同时，企业获取用户行为数据，进行用户画像，建立大数据档案，由此获得核心资源，产品的数字化转型演进如图4-3所示。

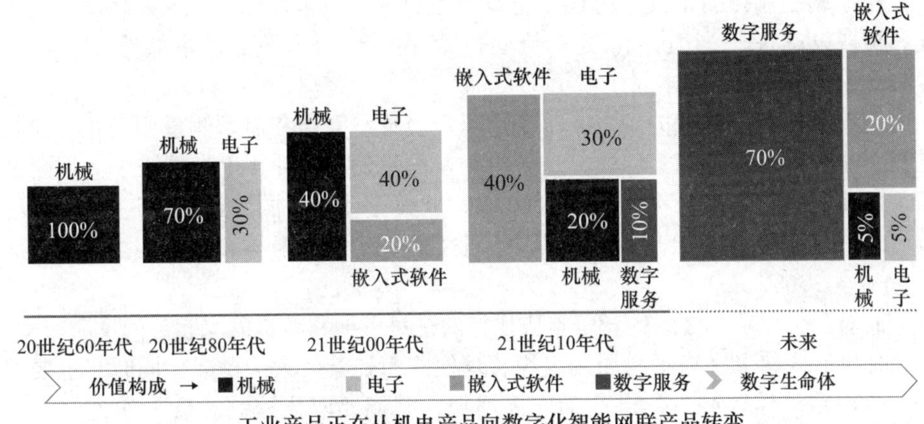

图4-3 产品的数字化转型演进

资料来源：埃森哲

未来，将会诞生数字生命体，数字服务在智能网联产品中占比将达到70%。跨界竞争将成为一种常态，所有的商业模式都将被重塑。产品将从交易价值变为使用价值，我们将迎来成果经济的新时代。

（3）运营数字化

埃森哲把数字化运营定义为："企业从海量数据中生成数据洞察，实时且正确地制定决策，持续提升客户体验，不断强化核心业务。"IDC把数字化运营定义为"数字化技术的场景化应用"。

由此可以看出，运营数字化就是要通过数化技术手段，提高组织内外部管理的效率，降低内外部协作成本，最终实现极致的用户体验。这个过程涵盖了价值链的三大部分：面向客户的前端——数字渠道与营销，面向研发与供应的中间端——智能生产与制造，以及面向职能部门的后端——智能支持与管控。运营数字化的本质是以客户为中心，让数据智能化地流动起来，把需求侧和供给侧彻底打通，如图4-4所示。

运营数字化也可以理解为数字化、网络化和智能化的集成。数字化指的是全要素数字化，从产品设计数字化模型表达，向工艺、制造、服务等全生命周期阶段全要素的数字化模型化表达延伸；网络化指的是全流程网络化，从设计、工艺打通，向产品全生命周期及生产全生命周期一体化和价值链广域协同模式进行转变；智能化指的是利用大数据分析，从经验决策模式向大数据支撑下的智能化管理模式进行转变。虚实融合，从实物世界管理模式向虚拟/实物世界融合下的管理模式进行转变。

（4）员工数字化

在泰勒制流行的工具人时代，企业管理的核心理念是控制，人是附属于流水线和机器设备的，一切按照既定的流程和规则进行，工作内容基本都是规定动作，少有自选动作，以人为本属于空想。

随着数字经济时代的到来，由于市场环境日益复杂和需求侧急剧变化，尤其是消费需求越来越走向个性化，这就给企业的研发、设计、生产带来了一系列的复杂挑战。国际咨询机构BCG对100多家欧美上市公司的研究发现，在21世纪最初的15年间，这些公司的工作程序、垂直层级、协调机构和决策审批步骤增加了50%～350%。

面对变化，企业之间的竞争本质比拼的是对市场和客户需求满足的反应速度，工业时代形成的金字塔型科层制组织管理模式面临着巨大的挑战，同时，也要求员工的规定动作要减少，自选动作要增加，赋能要取代控制。员工作为价值创造的主体，不再是工业时代的"工具人"角色，而是基于资本增值的定位的人力资本。

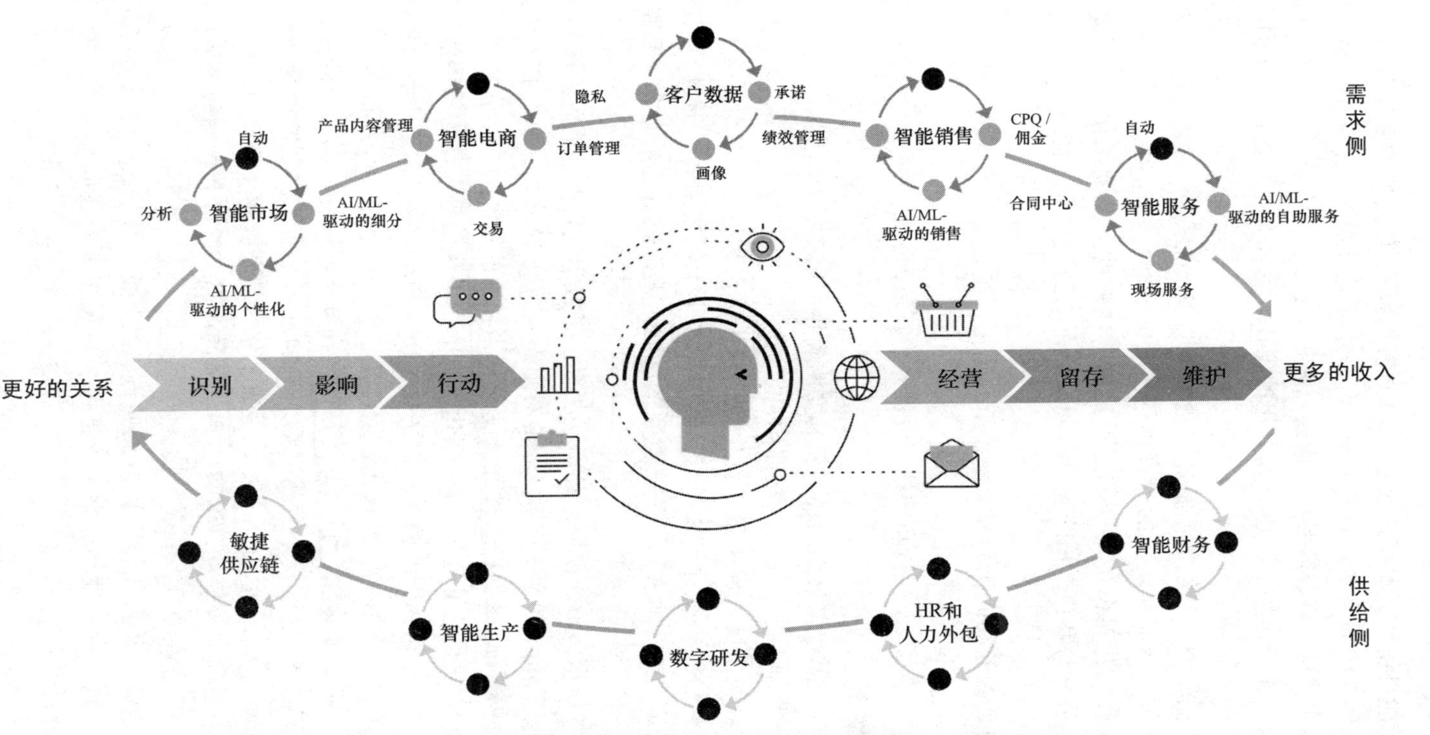

图 4-4 运营数字化就是以客户为中心的需求侧和供给侧两端的打通

通过赋能可使员工发挥其创造力。赋能的背后，就是要“懂我”。在转型过程中，企业需要在内部建立赋能员工的平台，才能充分发挥员工在企业运营中“人”的作用。要实现这一点，需要从下面四点来推动：

一是数字化工作环境。建立数字化的工作环境和企业的内部社交网络，全面满足移动办公的需求。

二是数据驱动。利用数据给员工画像，明确员工需求，通过数字工具，把需求分解成标签，从而对员工的需求进行实时的洞察、管理和满足。比如说谷歌，如果大家在食堂里排队的时间超过设定值，他们就会马上优化这个流程，为什么？因为程序员如果有过长的等待时间，会影响到程序员的情绪，进而会影响到开发软件的质量。

三是自助服务和简化流程。创建新的交付系统，为人力资源简化常规流程并提供自助服务工具。

四是技能。为员工投资新的技能发展并进行培训。

2. 转型路径

企业数字化转型的转型路径，就是要明确数字化转型的模型。

《孙子·形篇》中提出的兵法原则：“兵法：一曰度，二曰量，三曰数，四曰称，五曰胜。地生度，度生量，量生数，数生称，称生胜。故胜兵若以镒称铢，败兵若以铢称镒。称胜者之战民也，若决积水于千仞之溪者，形也。”其中的核心思想，就是“更好地去算”——竞争的胜利，无论战争还是商业，都需要“更好地去算”。

如图 4-5 所示，施德俊根据孙子兵法提出了数字化转型的五阶段模型。其中，数据化（Digitization），就是“度”，是对形态特征各异的人、事、物，以及千变万化的行为的数字记录，这个过程伴随着相当程度的观测、归纳和抽象；数量化（Datafication），就是“量”，是对数据化信息的定距化处理，是为数字信息赋值并进行分类、整理和有标度的测量；数字化（Digitalization），就是所谓的“数”，是对数据的规范化、连通化、公式化、指标化，甚至达到相当程度的自动化；数模化（Digifax）就是所谓的“称”，具体指的是在度量、计算和深入分析之后，对于“轻重”的衡量，是经过复杂分析之后对事物发展可能性的创造性判断；数用化（DigiMarketing），就是所谓的“胜”，是数字化转型升级的实施环节，将企业对市场、顾客，以及商业价值的理解落实到具体的产品、服务和营销等工作中去，从而在市场中实实在在地赢得顾客和收益。

由此，企业的数字化转型可以按照点、线、面、体、流，与《孙子·形篇》中的度、量、数、称、胜相应地做个匹配，以循序渐进或同步推进的方式开展，以转型成效最大化为唯一目标。

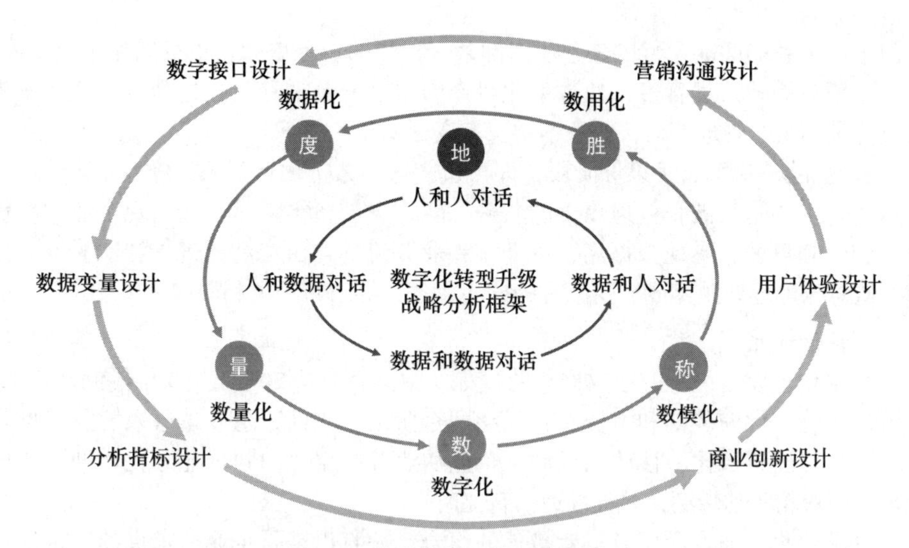

图 4-5 数字化转型的五阶段模型

来源：施德俊的《式与能：数字化转型升级的战略五阶段》

一是点。“点”属于第一个阶段，即赋能。数字化赋能是数字化转型的初级阶段，也是必要阶段，通过这一阶段的实践，能够培育企业的数字化文化，提高员工的数字化意识和对转型的信心。赋能的特征“点状”，规模小、风险低、见效快。虽然是点状的，但可以多点并行，甚至达到星罗棋布，产生“面状”的价值。

二是线。“线”属于第二阶段，即优化。优化通常是针对一个或者多个业务流程，在数字化的基础上，利用数字化建模技术进行流程优化。优化可以在部分流程上展开，也可以全流程优化。通过优化可以实现资源配置的最优，包括人力、设备设施、原材料、能源等。通常能够达到缩短流程、减少人力、降低能耗、提升时效等效果，是企业降本增效的利器。流程优化通常要求较高的数字化水平、大量的数据积累、强大的建模能力和巨大的算力，很多情况下还需要大量的仪器仪表配置来提供实时数据采集能力。

三是面。“面”属于第三阶段，即转型。这是数字化转型的原始形态。把原来“转不动”的传统业务，经过数字化技术的赋能和润滑，实现轻松转身。“大象也能跳舞”，“大象”蕴含的巨大能量将得以有效释放，从而产生巨大的额外价值。云计算是传统计算能力的最成功的转型，不仅造就了世界排名第一的亚马逊云，也创造了整个云产业。转型具有“面”的特征，通常是覆盖一定范围的一个完整业务单元。因为这样具有完整价值，更容易“服务化”，更容易找到用户、打开新的市场。

四是体。“体”属于第四阶段，即重塑。这是数字化转型的更高级阶段，是传统企业脱胎换骨转化为数字化企业的关键一步。企业内部与数字化生产力相适应的生产关系的匹配，可以是企业内部某一独立的业务单元，也可以是企业整体，以此让原有企业焕发青春，使数字化生产力得到充分的释放。这种方式往往扬弃的是传统的组织管理架构，业务本质没有变化。

五是流。“流”属于第五阶段，即再造。这是数字化转型的顶峰，意味着企业的重生。主要是打破企业边界，以并购、融合、创新等跨界方式实现企业的商业模式创新和再造，实现数据流、资金流和业务流的自由流动，进入智能时空。这种再造意味着逐渐抛弃或转变原有的核心业务，寻求新的盈利模式。

3. 转型体系

数字化建设是一个业务数据化的过程，中国企业从20世纪90年代就开始了，经历了传统软件安装期和消费者在线化两个阶段。当前，企业正进入智慧转型新阶段，基础设施云化、移动化推动了企业从业务数据化向数据业务化转型，从单轮驱动向双轮驱动转型，并最终迈向智能时空。

寻求效率、成本和质量三者最佳的组合，一直以来是企业追求卓越运营的目标，沿着这个路径，在新技术不断赋能的情况下，企业迎来了智慧企业的新阶段。智慧企业是就AI驱动下的基于大数据决策进行内外资源有效配置的新型企业范式，本质上是在数字经济时代为客户、员工、合作伙伴创造价值、实现可持续发展的一种全新发展的企业模式。企业数字化转型的体系构建，就是要从低阶迈向高阶，最高形态就是打造智慧企业。

如图4-6所示，以智慧企业为最高形态的数字化转型体系的构建是从场景聚焦到目标引领再到体系协同，通过数字赋能打造智慧企业。

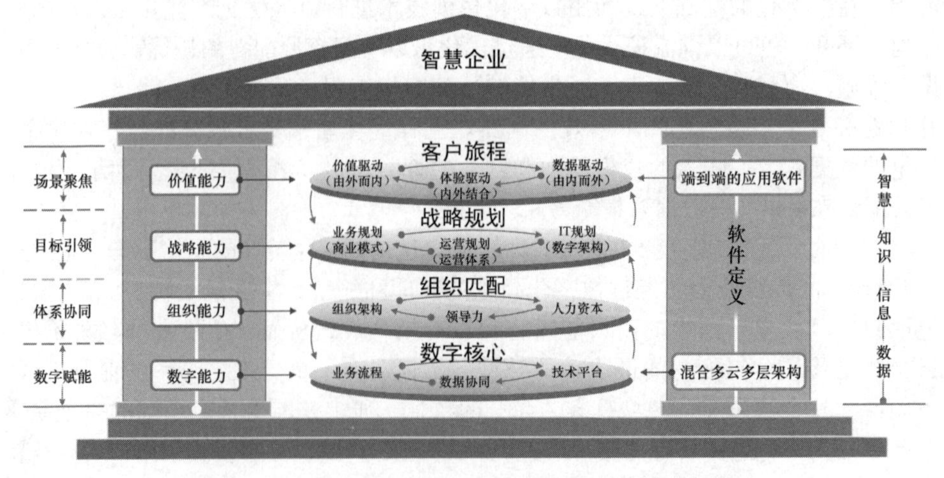

图4-6 以智慧企业为最高形态的数字化转型体系的构建

一是场景聚焦。针对企业的价值来源，建立客户旅程地图，实现由外而内的价值驱动、由内而外的数据驱动，以及内外结合的体验驱动。

二是目标引领。锁定价值来源，做好战略规划；针对商业模式创新，做好业务规划；针对数字架构，做好 IT 规划；针对运营体系，做好运营规划。

三是体系协同。组织匹配不可或缺，以领导力建设为核心，进行组织架构和人力资本建设，夯实发展基础。

四是数字赋能。依托混合云的多层架构，打造企业的智慧大脑，也就是数字核心，重点抓好业务流程、技术平台和数据协同的建设。

按照这个框架，从下至上形成智慧企业的四大能力，即数字能力、组织能力、战略能力和价值能力，从而实现智慧企业的以下四大目标。

一是数据驱动。数据驱动是智慧企业的本质特征。智慧企业实现数据在自动化设备、信息化系统与人之间的自由有序流动，并通过"数据—知识—智慧"的跃迁实现数据资源为企业赋能，从而为设备运行、经营管理等提供科学决策和精准执行。

二是人机协同。人机协同是智慧企业的主要运行特征。智能机器进一步解放人的体力和部分脑力，更加"聪明"的机器能够自主配合环境变化和人的工作。人将与各类智能机器系统在认知学习、分析决策、知识交流、自主执行等方面实现深度交互，共同提升企业整体智慧能力。

三是最优配置。资源最优配置是智慧企业运行的主要目标。通过数字化、智能化技术的广泛应用，企业将全面、准确掌握内外部的大数据信息，并通过智慧化的分析、决策和执行体系对企业资源配置进行持续动态调整和优化，从而更高效、更精准地满足客户需求，构建企业竞争新优势。

四是自主演进。自主演进是智慧企业追求的最高目标。通过大数据驱动的持续学习、纠错和演进迭代，实现企业智慧能力的持续提升，从而帮助企业能够随着内外环境变化进行目标调整和自主优化，动态调整业务、组织和资源配置，实现企业持续成长。

4.1.3 数字化转型的实施方法

"第一曲线"和"第二曲线"理论是组织和企业在预测未来时常常参考的工具，如图 4-7 所示。每个组织和企业的增长终将逼近"极限点"，这个点也被称为增长"失速点"。管理大师查尔斯·汉迪把从失速点开始的增长线称为"第二曲线"，任何一条增长曲线都会滑过抛物线的顶点——增长的极限点，而保持持续增长则要在第一条曲线消失之前开始一条新的增长曲线。

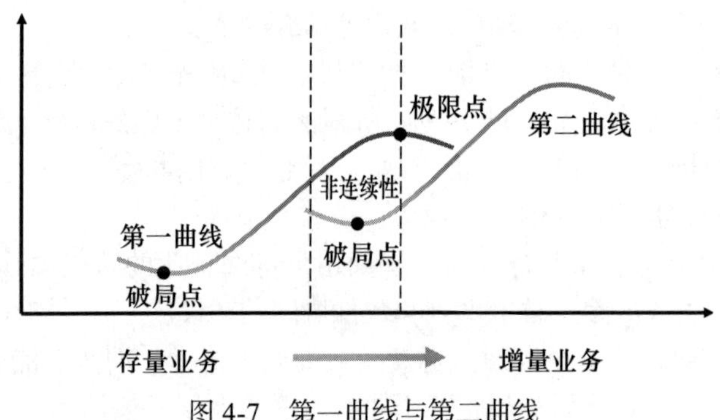

图 4-7　第一曲线与第二曲线

第一曲线对应着传统的产品和服务，也就是存量业务，它们是过去增长的主引擎；而第二曲线则代表着未来，也就是增量业务，包括围绕数字化、生态圈等新模式开辟的新业务领域。数字化转型的实施两手都要抓，一是针对外部客户，谋求增加收入；二是针对内部运营，力求降低成本，从传统业务向数字化业务不断跃迁，如图 4-8 所示。

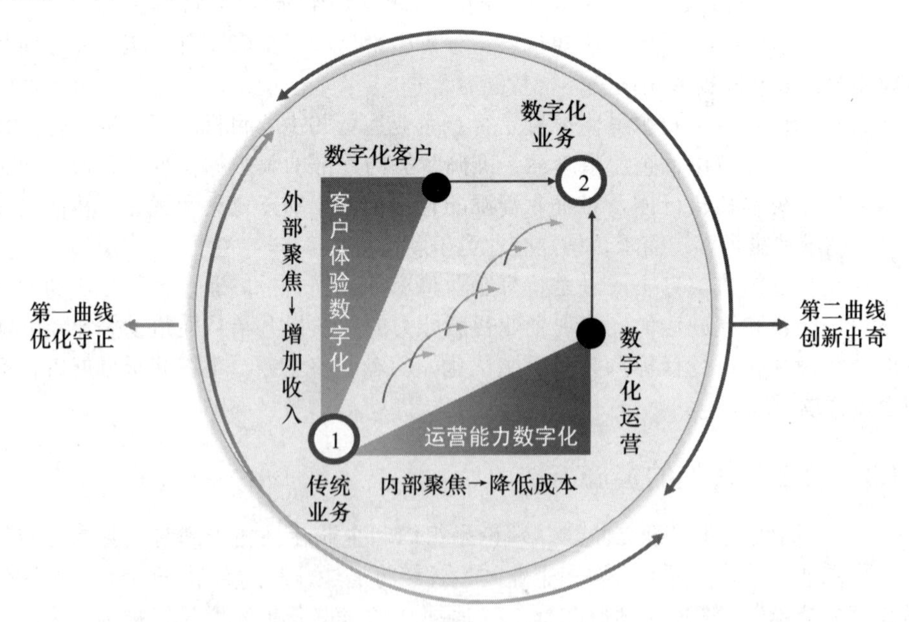

图 4-8　数字化转型实施是一个从传统业务向数字化业务不断跃迁的过程

1. 存量业务优化守正

“存量业务”应对的是既有市场，“优化守正”是指企业要对第一曲线对应的传统业务进行管理和优化，也就是尽量延长第一曲线的“生命”，规模越大越好，收入越多越好，可以通过扩大企业规模来延长第一曲线的区间，推迟“极限点”可能出现的时间。

具体来说，就是要做好数字化增长和降低成本，可以从两大方面入手：

第一，营收增长。

在营销和服务领域，数字化带给企业的是革命性变革。

一是新型产品或服务。在工业消费领域，产品即服务的交付模式日益普遍，例如工业数据云服务提供商采集企业的设备运营数据，通过模型化算法分析，向企业提供维修保养的建议和方案，这些服务提供商提供的是数据算法服务。由此可见，数字化时代出现了一种全新的产品或服务（新物种）——数字产品或数字服务，不再依赖物理产品或服务而存在，从而可以实现产品或服务交付的零边际成本，其内容和品类日益丰富，不仅优化了现有物理资源的运营效率，对于社会绿色发展将做出巨大贡献，这本质是一种无限经济模式。

二是增强型产品或服务。通过数字化特性增强物理产品或服务的内容，为客户提供更好的用户体验，已成为业内的共识。例如，虚拟现实和增强现实（VR/AR）可以为客户提供沉浸式的用户体验。通过数字模型和物理实物的叠加，数字模型以更接近于现实的场景提供多方位、更友好的互动。新一代人机界面把用户从键盘和鼠标输入操作中解放出来。用户通过语音、图像、动作、手势等就可以完成与机器的交互，机器已然变成一个会倾听、会交流的“生物”。更好的用户体验，提升了客户对企业产品或服务的认可度。

三是新客户获取。通过移动互联网、物联网和大数据技术，企业以很低的成本接触到更广大的用户群。传统的线下推广，周期长，成本高，转化率低。通过官网、微信公众号、小程序、消费者App、H5程序、数字门店等多种渠道，企业可实现上亿级访问用户的触达。同时，利用用户画像和数字积分算法，从“路人”，到“访客”，到“关注者”，到意向用户，到购买者，再到转介绍的粉丝群体，可实现精准识别潜在客户，提高销售线索转化率。通过关爱活动、新品推介会、粉丝交流会等提高现有客户的留存率和转介绍率，实现粉丝营销。

四是新型营销渠道。线上渠道营销已然成为企业渠道的主力军。根据ZMOT（Zero Moment of Truth，零关键时刻）理论，客户购买决策意向在下订单前已通过数字渠道完成，因此企业需要构建全方位的营销渠道，多触点立体触达客户，在向客户传达品牌和产品诉求时引导客户的购买意向。新型营销渠道包括社交媒体（微信、微信公众号、微博、抖音、视频号）、行业网站、企业官网、小程序、消费者App、数字展厅，等等。与传统渠道相比，新型营销渠道，特别是数字渠道，可以实时感知访问流量的特性（访问者、所在区域、浏览内容、访问时长等），从而实现面向用户精准画像的场景化营销引导。

五是新型定价或营收模式。除了传统的通过产品或服务来获得收入外，数字化时代也孕育了新型定价和营收模式。产品即服务是一种新型的定价模式。企业不再向客户出售商品，而是以租赁的方式提供服务，客户可以即需即用，不需要为不需要的额外功能付费。产品即服务式定价模式，一方面可以降低客户的初始购买成本，降低客户接受产品的门槛；另一方面也可以迫使企业从长期运营的视角不断打磨和完善产品或服务，通过持续优化的用户体验，将客户的一次性购买变为持续性购买，企业实现可持续运营。

第二，效率提升。

效率提升的重点在于更少的资源消耗、更快的资源周转、更高的有效产出、更少的人工干预。在数字化时代，通过物联网、大数据和人工智能等信息技术的应用，企业对资源的感知和掌控的程度更广、更细、更实时，可以实现更高层次的精确匹配和优化。

一是内部效率提升。一般性制造业的核心价值链主要由新产品开发、产品试生产到量产、订单交付、市场销售及服务等流程组成。内部流程的优化要基于数字双胞胎的虚拟化、整体优化和执行环节的精准匹配，以实现资源（人、物料、技术和资金等）的快速流动和周转。例如，在新产品开发和试生产阶段，通过基于物联网和仿真等信息技术的产品数字双胞胎和工艺数字双胞胎的应用，可以大范围地进行虚拟设计和虚拟验证，在降低新产品开发成本的同时，大大缩短新产品开发时间。

二是资源或资产的利用率提升。这主要指原材料的有效利用率（比如减少工废料废）、产品合格率、资产利用率等的提升。例如，借助工业物联网或CPS技术，企业可以对车间的人、机、料、法、环、测等要素进行实时连接和监控，借助机器学习技术，对连接后的数据进行理解和学习，并基于这些数据对工厂运行进行模型化仿真，通过仿真发现生产现场的瓶颈，再结合约束理论（TOC）或精益生产“一个流”理论的指导，提升整个车间的综合运营效率。

三是柔性化和敏捷性提升。个性化定制是根据消费者个人喜好来进行产品的设计和制造，这对当前的批量化生产式流水线作业是一个巨大的挑战。为了支持个性化定制生产，工厂的很多设备将主要是通用设备。针对产品的个性化要求，加工的工序参数由中控系统来决定并推送到设备终端，这种作业是高度柔性化的。

四是成本结构优化。随着人口老龄化和生活水平的提高，人工成本上升是必然趋势。人的优势在于创新创造，重复性工作应该交给机器去完成。生产设施在自动化基础上的智能化，可以最大限度地减少人工干预，实现作业的少人化和客户服务的自助化，从而将宝贵的人工安排到创新性岗位上。

2. 增量业务创新出奇

企业如果想基业长青，只有一个办法：通过创造性破坏，跨越到第二曲线对应的增量业务。所以，“增量业务”应对的是新兴的市场机会，“创新出奇”

是指企业要积极进取，通过对第二曲线的扶持，赢得全新的增长空间。在具体向第二曲线跃迁时，要注意回避两个坑。一是避免生硬转型，指的是在第一曲线良性运行时，将其硬生生地拧向第二曲线。换句话说，如果企业属于传统行业，且运转得十分顺畅，不用硬性将其线上化。二是避免生硬地新旧合并，指的是直接套用新技术、新创新来服务老业务、老客户，这便相当于将第二曲线硬拧成第一曲线，实不可取。

同时要注意，开辟第二曲线的最佳时期，需要满足几个条件：一是第一曲线已过“破局点”，企业出现明显的增长趋势时，才有可能产生强劲的自增长动力。二是不晚于“极限点”，当企业的第一曲线还在增长，但增长的速度已经放缓，或者增长的加速度开始下降时，企业就应该考虑启动“破局点”，最迟不能晚于第一曲线的“极限点”。一旦第一曲线迈过“极限点”，便意味着企业此时无论如何自救，成功的概率都非常小。第一曲线的“黑洞效应”会让企业沿着既有的下滑路线走向末路。

4.2 数字化转型面临的挑战

4.2.1 数字化转型的三座大山

互联网以ICT产业火车头的态势，带动人类社会整个科技的高速发展，基础设施方面，做到了泛在化连接，实现了万物互联；通信传输方面，做到了无界化的交互，实现了虚实融合；计算模式方面，做到了平台化架构，实现了算力提升；认知范式方面，做到了服务化应用，实现了智能驱动；决策过程方面，做到了场景化洞察，实现了算法制胜。

企业的价值、竞争和速度，指向了三个命题：提供什么样的价值，怎么样开展竞争，以及如何维持领先。在当前消费者需求快速变化、新技术发展日新月异的“乌卡”时代，在高动态、高复杂和多变化的商业环境中，企业往往面临着价值定位、竞争能力及发展速度三座大山。

1. 价值定位

美国管理大师德鲁克说：“企业存在的唯一价值和使命就是创造和保有客户”。这句话的潜台词，就是企业如何通过产品或服务方面的不断创新，来满足客户需求，实现客户价值最大化。由此可知，企业是一个价值创造系统。这个系统是由价值的主客体，按照一定结构（包括生产模式、交易方式、组织结构等）所组成的有机整体，其中，价值主体就是需求侧的人，价值客体就是供给侧的产品和服务。

20世纪80年代，迈克尔·波特在《竞争优势》中，首次提出了价值链理论。企业价值活动既是为企业创造利润（企业价值）也是为顾客创造价值（顾客价值）的过程，价值活动贯穿了企业的原材料采购、产品设计、生产、销售、分销等活动。这些活动构成一个线性的价值链条，分为基本活动与辅助活动两个类别。基本活动包括内部后勤、生产作业、外部后勤、市场销售、服务等；辅助活动则包括采购、技术研发、人力资源管理和企业基础设施等。企业是价值链上所有价值活动的集合体，共同完成价值生产的目标。企业经营管理的职能在于，通过压缩价值链成本和提高顾客所愿支付的商品或服务的成本（价格）来提高企业价值（利润）。

可以说，从工业革命开始至今的两百多年来，整个价值创造的逻辑起点基本聚焦于供给侧，并未真正做到以市场为导向，以客户为中心，大规模高效生产标准品的能力，成为衡量一个企业成功与否的黄金标准。直到社会进入产品过剩的阶段，线性的价值创造模式才开始受到质疑。

在信息技术发展的驱动下，在社会价值系统的价值创造实践中，迈克尔·波特所定义的单链条价值链形态逐步向多链条，甚至多维度的价值网络演进。在新的价值系统中，在不同产业价值链条上的企业，为了寻求价值增值的新空间，纷纷采取价值链的分裂、整合的方式进行新的价值系统建构，这种分裂、整合构成了从集合型价值链转化演变为包含顾客、渠道伙伴、供应商、服务提供商以及竞争者在内的企业价值网络。

价值网络系统可以整合和协同各种价值模块所具备的能力和资源，通过不同组织之间的协作、创新和竞争，全面满足用户的差异化需求，从而更好地适应环境的变化。价值网络取代价值链作为社会价值系统的价值创造机制，已经成为必然趋势。不难看出，从价值链到价值网络的发展过程中，企业处在由多种不确定性组成的一个动态空间中，需要重塑自身的价值定位，在价值网络中找到新坐标。

2. 竞争能力

1990 年，普拉哈拉德（C. K. Prahalad）和哈默（Gary Hamel）在《哈佛商业评论》上发表了《企业核心竞争力》一文，首次提出“核心竞争力”的概念。普拉哈拉德和哈默认为，核心竞争力是组织内部经过整合的知识和技能，尤其是关于如何协调多种生产技能和整合不同技术的知识和技能。

在当前企业价值定位从线性结构向网状结构重新锚定的过程中，竞争的逻辑和规则已然发生了巨变。主要表现为三个方面：

一是竞争的环境由确定性变成了不确定性。21 世纪的今天，已经不再是传统的工业时代，曾经具有确定性的用户和市场、组织和员工，已然是不确定性的。当前，企业处于复杂的、不确定的、不可预测的，以及大规模互联的竞争环境中，如何通过数字化转型，构建智慧型的组织，形成核心竞争力，无疑是所有企业面临的一个现实问题。

二是竞争的起点由供给侧转到了需求侧。工业时代的商业逻辑起点是企业以“我”为中心，“我产什么，你买什么”，即卖方市场。随着注重体验的理念正日益成为主流，消费更加回归本源，回归合理状态。越来越多的年轻人青睐那些与其价值观保持一致品牌，甚至主动参与到产品生产全过程和服务的各个环节中，进行价值共创，使得整个商业的逻辑起点由供给侧迁移到了需求侧，我们迎来了“我需要什么，你帮我生产什么”的“消费者主权觉醒”的新时代，甚至随着3D打印等增材制造模式的兴起，消费者和生产者的边界变得模糊，形成了产销合一。需求侧定义企业，消费者定义价值，“懂我”时代开启。重视消费者力量，成为企业未来竞争的重点。

三是竞争的方式由线性化变成了多维化。从20世纪50年代开始，随着全球化的步伐，发达国家的跨国公司控制着全球价值链的布局和利益分配，逐渐发展成为价值链的链主。链主分为两种，即“生产者驱动”型（以研发和技术为核心，向前推动和控制生产和销售环节）和“购买者驱动”型（以品牌和销售渠道为核心，依靠庞大的市场需求和销售网络，向后拉动工业化生产）。无论是哪种链主，实际上都处于微笑曲线的两端——设计和销售，而中间环节——加工制造的产业附加值却最低。因此，对于单个企业而言，参与价值链/产业链竞争就是要向微笑曲线的两端设计或销售延伸，提高产品的附加值，从而攫取价值链中的最大价值。这个时候，竞争主要体现在企业与企业之间，本质上是价值链内所处位置的竞争。进入21世纪后，随着互联网的兴起，在美国和中国都出现了互联网平台型企业，在德国及其他国家出现了工业互联网平台型企业，这些平台型企业无疑都是价值网络时代的新型企业的代表，围绕平台型企业会形成一个个生态。在价值网络系统中，产业边界被打破，企业不再局限于价值链上价值定位和通过上下游价值链的博弈关系来增加价值，而是强调价值的起点和终点都是客户。只要客户有需求，这些平台型企业都会协同整个生态内的利益相关者行动起来，进行价值共创。由此，过去企业间、行业间的竞争变成了生态体之间的竞争。

企业是代替市场配置资源的组织，竞争的本质是在不确定环境下企业资源配置效率的竞争。企业的资源配置效率高，企业的竞争力就强；企业的资源配置效率低，企业的竞争力就弱。由此可见，企业需要找到不易被竞争对手效仿的能力，形成护城河，才是应对这个巨变时代的王道。

3. 发展速度

麦肯锡通过研究发现，财富500强企业的平均寿命只有40～50年。财富500强上榜企业从1999年到今天，有50%已经消失。预计到2025年，将会有40%的企业不复存在，很多企业因为科技变革的原因，被兼并、重组、破产或者拆分。

当前正在生成的新商业世界迥异于传统工业时代，过去的竞争与管理逻辑并不能有效解释新生者的崛起，因为这些新生者不再是线性的加法级增长，而是呈现出指数级增长的状态，因此也被称为“指数型”企业。

20 世纪 90 年代，美国麻省理工学院教授戴维·伯奇（David·Birch）把指数型企业又称为“瞪羚企业”，指的是那些跨越死亡谷、进入快速成长期的高成长企业。硅谷之所以称呼高成长型企业为“瞪羚企业”，因为它们具有与“瞪羚”共同的特征——个头不大、跑得快、跳得高。瞪羚型企业的四大特点：一是成长速度快，凭借长板优势实现井喷式、裂变式增长。二是创新能力强，研发原创性技术，采用全新的商业模式。三是专业领域新，把握细分产业领域，从价值链高端切入。四是发展潜力大，掌握战略制高点的小巨人或者隐形冠军。

当前，指数型组织正在彻底改写商业和现代生活的许多方面，并以野火燎原之势迅速将“线性组织”的旧世界远远地甩在后面。那些未能改旗易帜的企业将很快与柯达、诺基亚等昔日的明星，以及许多其他没能适应高速技术变化的辉煌一时的龙头企业一起，被历史的尘埃所掩埋。

“指数时代”来了！传统的“线性思维”已不合时宜，我们要拥抱“指数思维”！“指数型创业家”才是时代的弄潮儿！

4.2.2 数字化转型的两大短板

技术与商业的发展，一直是相互促进、相互拉动、协同演化的，但是往往又容易陷入是先有蛋还是先有鸡的悖论之中。工欲善其事必先利其器，数字化转型在技术与商业的“纠缠”中存在横不到边和纵不到底两大短板，如图 4-9 所示。

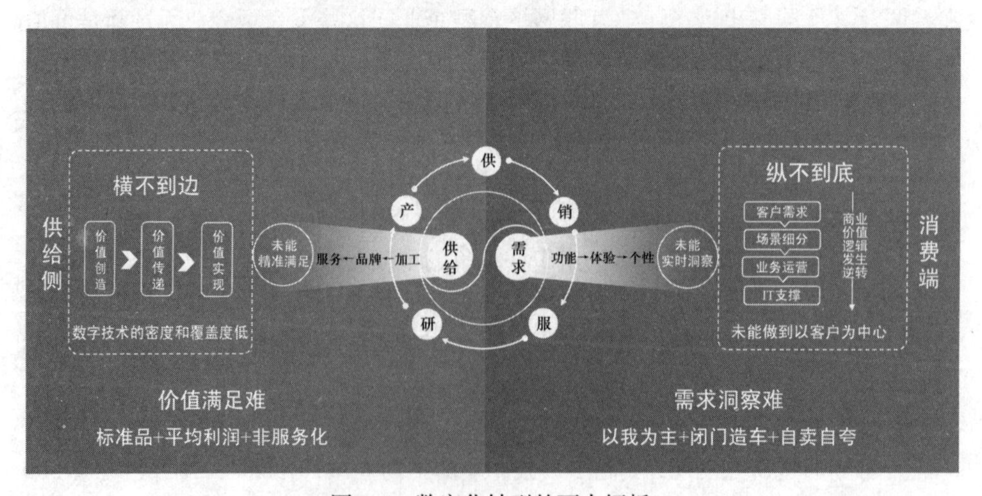

图 4-9 数字化转型的两大短板

1. 横不到边

按照迈克尔·波特的价值链理论，企业是一个由研发、生产、供给、销售、服务等不同模块前后首尾衔接组成的线性“流程体”。这个流程体一端连接着资源，输入原材料，另一端连接着市场，输出产品，涵盖了价值创造、价值传递和价值实现三大环节。这个流程体的价值可由三个关键词体现，即“连接”“整合”“创新”。

具体来说，连接能力决定了企业能够掌握的资源数量和品质，同时，也决定了企业所能触达的市场的广度和深度。连接能力越强，企业就能为客户提供更加多样化的服务，在基础产品或服务的基础上进行增值。

企业完成了对资源、市场等的连接以后，还要通过有机整合，让资源为产品或服务的创新交付等过程所用，将资源高效地转化为低成本高质量的产品和服务。因为整合能力有强弱，所以有了粗放式管理和精细化管理的分野。企业的整合能力强，就可以实现高质量低消耗的资源转化和顾客触达，从而实现企业运营的高效率。

连接和整合能力最终还是要为企业中的产品与服务、运营与商业模式、组织形态与领导力等的创新来服务的。连接能力的广度和深度决定了整合能力的细度和精度，并递延决定了创新能力的新度和高度。对于企业而言，连接能力是做“加法”，特点是多多益善；整合能力是做“乘法”，一要做好匹配，包括类型、结构、数量、时间、空间及供需之间的关系定位，二要控制差异，企业运营活动中的对象、流程，一个都不能少，一个都不能差；创新能力是做“幂法”，就是从数据矩阵中求解最主要的特征值，在包含产品与服务、运营与商业模式等在内的纷繁复杂的现象中，找到根本动力和变化的范式。

总体来说，企业价值链存在端到端“横不到边”的问题，数字技术的利用密度和覆盖程度低。连接能力难得，整合能力更难得，创新能力尤其难得。唯有应用互联网、物联网、云计算、大数据、人工智能等数字技术，通过做“加法”于“对象”或“流程”，重塑企业的连接能力，才能提高企业所能触达的上游资源和下游市场的“广度”；通过做“乘法”于“关系”，重塑企业的整合能力，才能提高资源转化为产品与服务的“效度”；通过做“幂法”于“范式”，重塑企业的创新能力，才能实现产品与服务、运营与商业模式的“新度”。

未来已来，用数字化技术提升生产效率或降低运营成本，通过营销大数据和用户画像实现精准营销或个性化定制，采用数字仿真和虚拟验证等技术来缩短新产品研发周期，借助数字化来优化上下游产业链供需平衡和供应链实时协作，这些都是当前数字化转型亟待解决的问题。

2. 纵不到底

100多年前，福特公司的创始人亨利・福特到处去问客户：“您需要一个什么样的更好的交通工具?”几乎所有人的答案都是：“我要一匹更快的马。”很多人听到这个答案，会立马跑到马场去选马配种，以满足客户的需求。但是福特却没有这么做，而是接着往下问。

福特："你为什么需要一匹更快的马？"

客户："因为可以跑得更快！"

福特："你为什么需要跑得更快？"

客户："因为这样我就可以更早到达目的地。"

福特："所以，你要一匹更快的马的真正用意是？"

客户："用更短的时间更快到达目的地！"

然后福特就发明了汽车，很好地满足了的客户的需求。可以说，从企业诞生以来，如何挖掘客户真正想要的东西，是每一个企业孜孜以求的目标。

事实上，只有离客户越近，才越能洞察到客户的真实需求，而需求其实是由一个个场景组成的。场景无处不在，以人为中心，在特定的时间、地点和特定的人物关系都存在着触点，延伸到商业领域，便会引发不同的消费行为。

在商业领域里，场景的本质是连接用户和需求的网络，关键词是连接，主体是用户和交易。用户总是选择最简单的方式获得产品和服务，场景则是用户与产品、服务缩短距离的连接点。产品和服务不再是一个静态的概念，而是人们愿意为某个具体场景的买单方案，场景成为赋予产品意义的重要因素。

场景化思维是思考用户需求、寻求解决方案的重要技能。通过场景化的思考，可以帮助我们重新定义用户的真实需求，探索场景中用户、地点、事物之间的内在关系。通过这种方式逐步去理解交易，探索新的连接方式的可能性，而其中的核心，就是要通过数字化的手段和工具，与用户旅程的全流程触点建立连接，包括视觉效果、产品设计、购物流程、服务态度等，以打造用户全价值周期的管理能力。

这无疑会导致业务和管理复杂性的上升，推动企业由传统 IT 技术架构向数字化的云架构迁移，并由此打造数字化平台，形成自上而下的客户需求驱动，以及自下而上的数据洞察驱动。

4.3 数字化转型的前行之路

企业数字化转型，不仅仅涉及技术，更是技术与管理的双重驱动。历次工业革命都伴随着管理理论的重大突破。在今天的数字经济时代，相比欧美企业和日本企业，中国企业要取得数字化转型的成功，打造智慧企业，更要重视软件定义下的数字技术的深度应用，以及管理理论的不断创新，实现技术和管理的深度融合。

4.3.1 数字化转型的五大原则

数字化转型的五大原则如图 4-10 所示。

图 4-10 数字化转型的五大原则

1）规划先行。数字化转型是经济发展的大潮流，要放眼长远、顺势而为，要有一套适合本行业特点、本企业现状的长远发展规划，保证企业的可持续发展。

2）选择试点。选择条件比较成熟，人才、技术等各种关键要素比较齐备，见效快的领域作为先行先试的起点，快速见效、收获经验、树立信心。

3）效果评价。随时评价试点工作成效，不要高估短期效益，更不要低估长期价值。

4）复制放大。选择相近或相似的业务场景，复制并放大试点的成功经验。

5）运行优化。在业务运行过程中，紧跟新技术快速发展的步伐，不断优化、快速迭代。

4.3.2 数字化转型的三大阶段

研究发现，在数字化早期阶段，企业面临的主要问题是缺少战略，而到了发展阶段和成熟阶段时，面临的主要问题是太多选项，是优先级问题。处于早期阶段的企业主要利用数字化来提高效率和改善用户体验，而更高成熟度的企业则利用数字化来改变企业，使用它们在竞争中领先。

1. 早期阶段

企业一般还以传统业务为主，少部分自动化业务，以个人经验管理为主导。处于该阶段的企业，第一项重要任务是“识别”，即判断企业所在行业的商业模式是否发生了改变，当前企业的痛点在哪里；第二项重要任务是“破局”，当识别出问题后，就需要思考如何破局，如何应对内外部环境变化带来的竞争，如何通过数字化建设实现开源节流、提质增效，如何挖掘自身优势，规划创新模式。企业的数字化战略一般也会在早期阶段进行规划，想清楚“为什么做”和“做什么”的问题。另外还需要考虑的是，很多企业在进行数字化转型规划时会对风险进行评估，有时也会将数字化实验放在早期阶段进行。

2. 发展阶段

处于数字化发展阶段的企业，很明显的特征是有相对明确的数字化战略，有阶段目标，有一定的基础，如企业管理层对发展数字化战略基本达成了共识，企业加大了信息化投入，包括软件的投入和信息化团队的建设等。企业在数字化发展阶段，业务流程从自动化迈向数字化，形成以数据驱动为主的创新业务模式。该阶段的企业，重点是考虑数字化转型“怎么做”的问题，并不是说通过数字化实验验证过的就一定没有风险，在管理变革、组织调整、业务流程再造等过程，都有很多不确定性。该阶段的第一项任务是“解构”，即不要被固有的模式所限制，包括经验式管理、固化的流程、老旧的信息化系统等，要重新统筹规划；第二项任务是“转换”，即从业务驱动为主转换为数据驱动为主，经验式管理转换为创新模式，传统信息转换为数字信息等。在发展阶段，企业应用软件也从部门级应用扩展到企业级应用，从满足单项应用深化到综合集成应用，例如以创造客户价值为导向，优化组织与人才激励，加强科技赋能，拓展国际化布局，开始建设生态合作。

3. 成熟阶段

成熟阶段意味着企业已经完成了阶段性的数字化转型，并有一定的成果，颠覆了传统业务模式，明显的特征是以数据驱动和智能驱动为主的运营模式。在成熟阶段，也并不是就停滞不前了，该阶段的主要任务是“进化”，即沉淀成功的经验，复制并提升规模，完成企业的整体进化。

4.3.3 数字化转型的战略规划

传统行业，既希望向数字化、数字经济转型 ，却又不知道如何进行。如果把数字化转型作为一个系统工程或项目来看待，可从创意、设计、架构和实施这四个层级和维度进行统筹思考和规划，也就要对数字化转型进行战略规划。

数字化转型战略规划属于数字经济时代的企业新型战略规划，按照“创新设计思维”的理念，可从以下四个层面系统建立和落地数字化转型规划。

（1）创意层面

数字化转型规划要始于创意，核心是要在未来的竞争中找准自身的战略定位，是“想做”“可做”“能做”的交集，如图 4-11 所示。

“想做”什么，指的是企业的使命与愿景，描述的是企业为什么存在，会发展成什么样，涉及企业设立的宗旨和核心价值观，是对企业未来发展目标的终极阐述。例如，迪士尼的企业使命是“让人们快乐”，迪士尼乐园和迪士尼的动画片等一切产品，都只是承载快乐的载体。

“想做”反映的是企业的初心，而“可做”指的是外部的现实条件。离开“可做”的前提条件，“想做”也就缺乏土壤。“想做”和“可做”共同构建了企业战略定位的充分条件，而“能做”则提供了必要条件。没有内部的资源能力做坚实后盾，战略定位就成了无本之木。

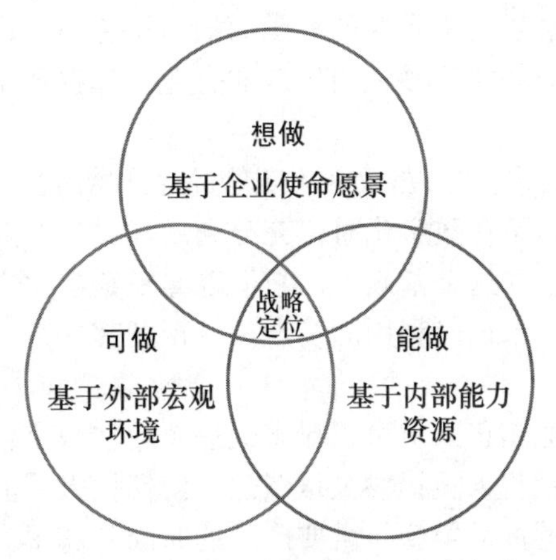

图 4-11　找准数字化转型的战略定位

（2）设计层面

当明确了数字化转型的战略定位后，就要进入转型蓝图的设计阶段。麻省理工学院与凯捷咨询公司曾在《数字化变革：十亿美元的企业路线图》中设计了一个数字化变革的顶层视图，如图 4-12 所示。图中数字化变革对应本书中的数字化转型，有很好的借鉴意义。

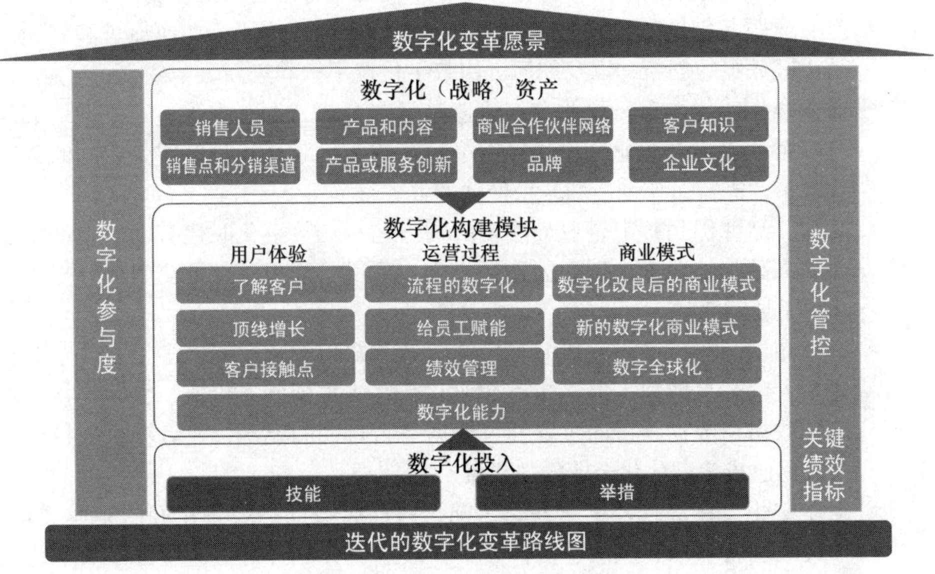

图 4-12　数字化变革的顶层视图

1）数字化变革愿景。数字化变革愿景明确了企业如何运用数字化技术改善客户关系，进而提高客户满意度，以及如何增强业务实践达到卓越并实施创新的商业模式。数字化变革愿景能将企业的意图简洁、精练地传递给所有的管理层和员工。那些了解自身优势并能巧妙利用优势的企业，都在数字化变革过程中取得了成功。

2）数字化（战略）资产。在数字化变革过程开始时，企业必须识别数字化资产。数字化变革的目标是在数字化时代充分利用和调整企业的能力与资产。这些是企业的优势和基础，在这个基础上，它可以实现数字化变革。企业必须明确定义那些可通过数字化技术加以利用的资产，以帮助其在数字化时代成功运营。此类资产可包括：

- 销售人员。赋能销售人员可以显著促进企业在数字化时代取得成功。数字化技术可以为销售人员提供大量信息，使销售人员能够通过数据分析预测客户可能需要的产品类型、需要产品的时间及获得方式等，由此可以帮助客户选择青睐的购买渠道，进而增强组织与客户的联系。
- 销售点和分销渠道。尽管电子商务成为主流和趋势，但销售点和实体经济仍然具有许多优势。客户期望获得线上线下相结合的用户体验。企业应研究其销售线，并决定如何将这一销售线作为数字化时代的资产投入使用。如今，许多企业将销售点作为线上采购商品的取货点。
- 产品和内容。那些进行内容（报纸、杂志、音乐等）销售的企业应了解到高品质的内容便是资产，并寻求在数字化时代合理运用这些资产。
- 产品或服务创新。数字化时代强调创新，企业必须研究如何促进和利用产品或服务中的创新，以及如何运用数字化技术推动创新。
- 商业合作伙伴网络。商业合作伙伴是每个企业“生态系统”的关键组成部分。企业应建立商业合作伙伴网络，在数字化时代通过创建企业间的数字化联系，进行协作创新和轻松便捷的业务交易等。
- 品牌。品牌仍是每个企业最重要的资产之一。数字化时代有助于在许多层面提高品牌知名度，例如创建新的客户渠道、积极参与社交媒体、与客户建立重要联系等。
- 客户知识。在数字化时代，客户的信息和知识非常重要。多年来，企业收集了大量客户数据，但不知道如何利用这些数据创造价值。数字化技术提高了数据和数据分析的重要性。数据是新时代的能源，业务分析、技术和大数据已成为现代化企业的主要资产。
- 企业文化。在进行数字化变革之前，一些企业已经具备良好的企业文化，如鼓励创新和承担风险、协作、不断改进业务流程等。这些都是数字化时代的关键资产。企业应该映射企业文化（如使用工具评估组织的数字化成熟度），并填补发现的任何差距。企业文化是推动和实现数字化变革成功的关键因素。

3）数字化构建模块。这是数字化变革过程的核心。这些构建模块分为三大类和九大影响领域。实施数字化变革的企业应将此模型用于分析九大领域与企业的相关度和对企业的重要性，这对基于IT部门的人力资源，以及软件开发、维护和生命周期管理的企业数字化能力无疑是十分重要的，这也是其他所有举措的基础。

4）数字化投入。数字化变革取决于数字化计划的实施和数字化能力的发展，需要大量的数字化投入。像与创新相关的所有事情一样，初期阶段投入回报率并不总是很清晰。企业应采取各种方法来降低风险，例如通过小步快速前进，推出尚未完成的产品（最小可行产品）等。不能因为投入回报率不清晰，就放弃，数字化变革过程需要承担风险。数字化技术和人才相当稀缺，企业应努力招募合适的员工，对他们进行培养并留住他们。数字化变革还依赖于供应商和外部业务合作伙伴，因此企业应与合作伙伴构建良好的业务关系，良好的业务关系是成功的一项重要因素。

5）数字化参与度。自上而下的领导力与自下而上的员工主动性的巧妙融合是数字化变革成功的秘诀。管理层除了参与指导和协调数字化计划方案外，从管理层的角度向企业传递任务也尤为重要。这种持续性交流可以给管理者提供数字化过程的最新进展，并可以使参与任务的管理者和员工加强联系。使用数字化工具（如电子邮件、组织门户和知识管理系统、内部社交网络、定期通信等）可以实现与利益相关者进行轻松、高效和快速的沟通。首席执行官和管理层的数字化领导能力是数字化变革成功的必备条件，它能确保数字化能力和创新价值成为企业DNA的一部分。

6）数字化管控和关键绩效指标。数字化变革是企业的使命，而不仅仅是特定部门的职责。数字化变革涉及大量管理者、员工和其他一系列资源，因此需要适当的投资和有序的风险管理。企业应采用现代化管理工具和方法，如指导委员会、团队协作及有效应对问题和风险的程序；明确定义这些管理工具，并确定负责每个项目的经理以及关键绩效指标。企业还必须持续监控各项数字化方案的进程。如果没有这些治理工具，数字化变革可能会延迟甚至失败。

以上是对数字化变革的顶层视图主要组成模块的解读，要想形成这样一张视图，就需要形成一套思维系统，即“望远镜—雷达—CT机”。具体来说，“望远镜”负责向前看，动态校准战略，找准方向；“雷达”负责向外看，扫描市场和同行，从中找机会、学先进、规避风险；“CT机”用来向内看，结合“必赢之仗”和绩效目标的达成情况来诊断自身问题，有利于让问题及时得到核心团队的关注并达成共识，从而更好地得到解决。

（3）架构层面

设计蓝图阶段结束后，通过战略推演，从而找到实现数字化转型的路径，整个数字化转型规划也就进入到新的阶段。王昶在《战略推演》一书中，给出了一个详细的路线图，此路线图可对应于本书中的数字化转型架构图，如图 4-13 所示。

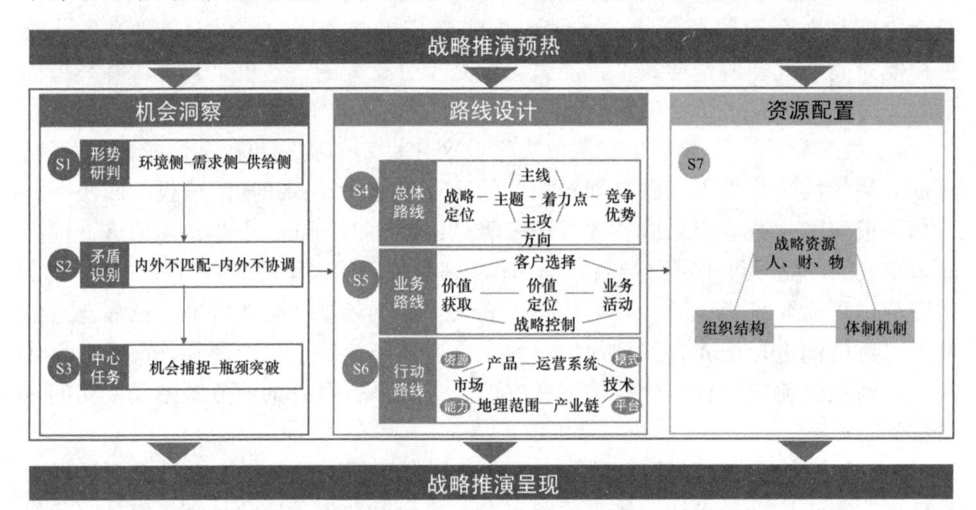

图 4-13 《战略推演》一书中的战略推演路线图

模块一：机会洞察

机会洞察旨在通过对各种相关信息的结构化分析，认清当前发展形势和所处阶段，厘清面临的主要矛盾，最终确定企业发展的中心任务。

模块二：路线设计

总体路线推演的主要任务是厘清发展思路、战略目标及发展步骤等事关发展大局的根本性问题；业务路线围绕客户选择、价值获取、价值定位、业务活动、战略控制五个部分依次展开，从而界定企业边界及背后的利润获取模式；行动路线推演的首要任务是认清构成要素，主要包括行动领域、行动策略、行动路径、行动顺序。通过推演，将在以下重大问题上达成共识：

- 我们的战略定位是什么？未来的主攻方向是什么？
- 我们的业务设计所依赖的客户角度和经济上的假设是什么？
- 我们的业务设计驱动企业创造什么样的价值？
- 我们在哪里赚钱？提供什么样的业务？我们的资源与能力是否企及？
- 我们将采取哪些重大行动？

模块三：资源配置

资源配置本质上是企业内部利益分配的一种形式。如果没有一套合乎企业整体和长远利益的资源配置准绳，企业内部各利益主体都会有争夺更多内部资源的冲动和主观意愿。资源配置应当遵循的准绳主要有两条：一条是资源配置前必须遵循战略重要性逻辑来配置资源；另一条是资源配置后需要按照资源占有与价值创造相匹配的逻辑来评价绩效。体现投入产出匹配理念的常用分析工具主要是经济附加值（Economic Value Added，EVA），它要求考虑包括股本和债务在内的所有资本的成本。这让管理者更加理性地权衡资源占有与价值创造之间的关系，更加明智地利用资源创造竞争力。在推演阶段，重点要遵循以上准绳，并在以下重大问题上达成共识：

- 我们需要哪些战略资源？通过哪些途径来获取？
- 我们的组织结构是否与战略匹配？如何来优化？
- 我们的体制机制是否支撑战略实施？如何来改进？

（4）实施层面

管理大师拉姆·查兰在《财富》杂志上发表的著名文章《CEO为什么失败》中介绍了自己的研究结果："战略的缺陷并不是决定性的，没有忠实地执行战略才是CEO下台的关键因素！""在大多数情况下，估计有70%的情况是真正的问题不在于战略不好，而在于执行不到位。"

由于战略执行不到位的现象比较普遍，战略执行多年以来一直是企业高管关注的焦点问题。《哈佛商业评论》的一篇文章（基于对全球400位CEO的调查）指出，无论是在亚洲还是在欧美，打造卓越的战略执行力都是企业高管面临的头号挑战，其挑战难度排名甚至超过了创新和总收入增长等。对很多企业家而言，战略规划与战略执行之间横亘着一条难以跨越的鸿沟。能够到达彼岸，意味着企业将丰满的理想转化为了现实，在转化过程中，企业方向清晰、目标明确。

战略得不到有效执行的原因多种多样，归纳起来，主要有以下五类。

1）战略的共识度不够。这种现象突出表现为，企业管理层没有就愿景和战略目标达成共识，没有形成"一个愿景、一个声音"；员工对战略的理解有差异，或员工不理解企业的战略，甚至对战略方向产生怀疑。

2）战略举措不清晰或者缺失。这意味着企业只有战略目标，缺少明确的实现路径和行动举措；责任主体不够明确，或者授权不够。

3）战略资源不匹配。没有准备好与战略相匹配的人力、财力、物力、信息系统等资源，这会使企业无法有效执行战略。

4）缺少有效支撑战略实现的制度体系。任务监督、反馈、调整机制不健全或不灵敏，考核与激励系统没有战略关联，"以绩效结果为导向"的文化没有"落地生根"，都会使战略得不到有效执行。

5）缺少协同。战略执行过程中团队成员各自为战，部门与部门之间、团队与团队之间、项目与项目之间存在着无形的"墙"，会为整体效率和全局胜败带来负面影响。

第 5 章 Chapter 5

数字经济时代的商业模式创新

商场如战场，美国管理学大师彼得·德鲁克说："当今企业之间的竞争，不是产品和服务之间的竞争，而是商业模式之间的竞争。"所谓商业，本质就是交易，一种以买卖的方式促使产品流通的经济活动，目的就是把采购来或生产出的价值提供给他人，以换取同等价值。模式则是一种系统性的结构，由相关要素组成，这些要素通过连接相互产生作用力，从而形成一种动态的组合关系。商业模式就是由商业和模式叠加而成的一种经济活动系统，核心就是利益相关者的交易结构。

对商业模式进行解构，不难发现它由核心三要素构成，一是需求方的购买者，也就是目标客户，定位是谁来买，二是生产产品的生产者，也就是合作伙伴，定位是谁来生产，三是商业组织的所有者，定位是谁来组织生产和销售以及获利后的分配方式的确定。这三要素，分别对应着价值传递、价值创造和价值实现，在整体上构成了一个价值闭环。

5.1 商业模式的底层逻辑

商业发展的过程就是商业要素组合方式的动态演变过程。在这个过程中，商业组织经历了形态的多种变化，同时其边界也由封闭式向开放式逐步打开。这种变化呈现出两个演化趋势：一是价值创造方式由农耕时代自给自足的个体化走向智能时代广泛协同的共创化，二是价值传递方式由封闭式的内循环走向开放式的共生体。同时，驱动整个商业演化进程有两大作用力：一是依靠动力的作用，不断提升生产效率，动力来源于能源的利用方式，解决的是物理空间的传输问题；

二是依靠连接的作用，不断提高交易效率，连接能力来自信息的利用方式，解决的是虚拟空间的交互问题。

5.1.1 互联网开启了商业重塑的新时代

互联网的诞生具有颠覆性的意义，它以一种全新的连接方式让人类对于信息的使用达到了前所未有的程度，并深刻地改变了商业社会。

1. 信息时代的商业模式

商业的演化是有延续性的，在电子商务浪潮到来之前，主导世界经济模式的是控制产业链的链主型企业。随着互联网技术的高速发展，价值链的链主群又增加了新贵，以亚马逊为代表的一大批新兴互联网企业实现了实体经济和虚拟经济的深度融合，这类企业的共同特点是平台型商业模式。它们通过建立“平台”来聚合多个产业的参与者和相关的资源，并基于信息技术和数据技术为供需两端提供精准匹配，以提升流通效率，降低交易成本，打破了原有的信息不对称，让更多的闲置资源得到最大化的利用。

与信息时代相匹配的现代化管理模式，具体就是指在科学化管理的基础上，将现代管理理论、科学技术、信息和网络技术，全面和系统地用于企业管理中，通过建立科学的、人性的、精确的管理流程再造，使管理达到制度化、标准化、规范化、信息化、网络化和人性化的要求。现代化管理是对科学化管理的继承和发展，突出特点是“六化”：制度化、标准化、规范化、信息化、网络化、人性化。

2. 数字时代的商业模式

以电商为代表的平台型企业目标是打造生态圈。生态系统的典型特点是构成复杂、层级有序、彼此作用、价值互补，属于一个开放的、远离平衡态的热力学系统，经历着从混沌到有序、到新的混沌、再到新的有序的发展过程，这个过程始终需要能量的维持和信息的传递。就商业生态圈而言，它是由满足用户价值的一系列相互关联的服务组成，满足用户在一个完整的体验旅程中跨行业的各种需求。不难看出，其背后的商业思维逻辑，就是以用户价值最大化为目标。

科技企业成为构建生态圈的核心主力，这些企业以“端 + 网 + 云”为技术理念，以算力为基础，以数据为驱动，以算法为实现，构建起一个基于数据智能的操作系统，实现了全方位智能化的互联互通。这些企业还通过“入口 + 平台 + 生态伙伴”的商业模式，利用超大规模平台，借助客户界面及搜索、广告和信息传输等关键节点，实现去中介化。

从管理模式看，生态企业属于虚拟化管理，指的是在企业管理中利用现代通信技术、网络技术、视频技术、信息技术等超越物理空间限制的技术，对分布在不同地理位置的被管理者，通过计算机、网络、视频进行相对独立的、远程的、实时的管理，达到虚拟化、全球化、宇宙化的管理要求，最终实现跨越时间、空间和组织边界的管理。虚拟化管理是对现代化管理的进一步完善，突出特点是“九化”，即制度化、标准化、规范化、信息化、网络化、人性化、虚拟化、全球化、宇宙化。

3. 智能时代的商业模式

面对智能时代的到来，商业也在进一步演化升维，进入了生态圈模式 2.0 的新阶段，即以技术和股权赋能的超级生态共生体。

从技术维度看，超级生态共生体是基于数字基建的“数字底座”来构建整个生态的。如图 5-1 所示，这个数字底座至少要由五层架构搭建，即端、边、网、云、用。“端”是智能终端 / 设备端，“边”是边缘计算，“网”是网络传输，“云”是云平台，“用”是各种应用场景。

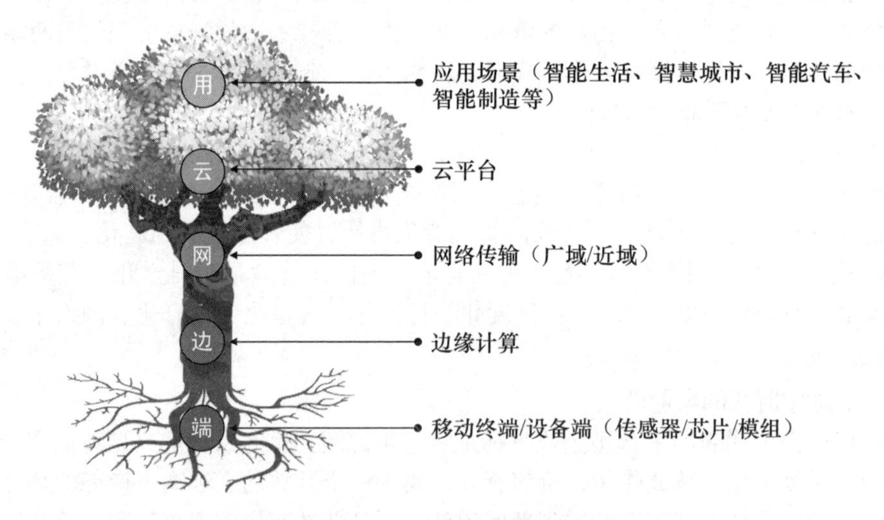

图 5-1　超级生态共生体的数字底座

真正有能力打造超级生态共生体的，无疑是那些能够大规模提供公有云的企业，将成为整个数字社会的基础设施型平台企业。每条产业赛道垂直领域率先进行数字化转型的企业，将有可能打造成为行业龙头型的垂直平台型企业。

海尔集团董事局主席兼首席执行官张瑞敏认为，未来的企业只有两种命运：要么生态化，要么被生态化，他把海尔的生态战略凝练为“黑海战略”，并指出黑海战略的最终目的是“构建以增值分享为核心机制，由生态伙伴共同进化的商业生态系统”，聚焦于价值共生，通过塑造平台能力，连接生态伙伴和生态资源，赋能生态伙伴一起创造价值。这彰显了自工业革命以来的商业逻辑发生的彻底改变，由竞争走向共存，企业的核心能力就是连接资源的能力。

需要特别强调的是，未来的商业竞争不再是同行业内的你死我活，而是生态和生态之间进化能力的比拼，也由此迎来了产业互联网的大爆发，将会诞生出产业互联网平台型企业。未来10年，产业互联网将重新定义制造业、供应链，将不再有产业边界和行业边界的划分。

5.1.2 商业模式的内涵

商业模式的内涵核心是价值主张，包括三方面：找到或者生产出产品或服务，这可以定位为“价值创造”，同时，还要能够把产品或服务的价值，通过某些方式和渠道，交付给了顾客，这就是“价值传递”，最后就是水到渠成，企业通过“价值创造”和“价值传递”，实现了盈利赚钱，也就是企业最后获得了应该有的价值，即“价值实现”，如图5-2所示。

商业模式的定义可以描述为：商业模式是一个以价值主张创新为核心，以持续盈利为目的，把企业内外各价值要素整合起来，按照开放、协同、完整、共享、共生的原则构建起的独特运行机制，形成价值创造、价值传递和价值实现闭环的利益相关者交易体系。

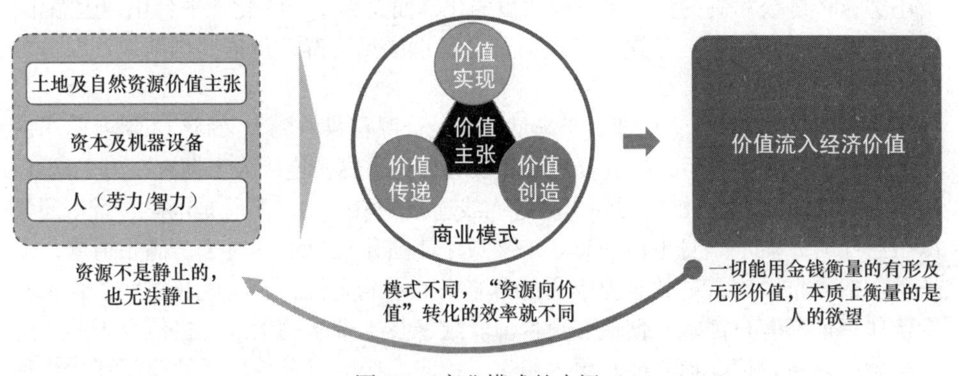

图5-2 商业模式的内涵

数字时代和智能时代，商业的各个要素已经发生了根本性变化，商业的底层逻辑也正在改变，这就使得商业模式创新有了无数可能性。

在智能时代到来之际，应遵循开放（边界打开）、协同（价值互补）、完整（要素齐备）、共享（利益均沾）、共生（持续演化）的原则，对商业模式的内涵重新进行定义。

开放（边界打开）：人类社会作为一个复杂的巨大系统，为了维持生存，需要能源的输入、种群的繁衍、信息的传递，并与整个自然界和谐共存。商业无疑属于人类社会这个巨大系统的一个子系统，虽然自成体系，但是不能脱离整个所处的环境而独存，也需要维持系统正常运行的资源输入，同时对外进行有价值的输出。为了确保内外的交换行为正常进行，商业模式必须遵循开放的原则，把边界打开，只有源源不断地有新的输入进来，并对外进行有效的输出，才能生存和发展。

协同（价值互补）：商业模式作为由一系列相互依存的活动构成的系统，由于内部流动的是价值，所以本质上就是一个价值生态体系。每个参与者价值互补，相互依存，并依靠其他参与者才能生存和进化；同时，每个参与者分工协作，各司其职，从不同维度推动着价值的交换和流动，任何一个环节遭到破坏，都会影响整个商业系统的平衡和稳定，并最终损害商业系统中的每个参与者。

完整（要素齐备）：任何一个系统都具有自洽性，也就是说系统要素上是齐备的。商业模式无论是在理论层面，还是在实践层面，要素划分的颗粒度有所不同，虽然对“价值主张”的称谓不同，但划分的依据都离不开价值创造、价值传递和价值实现这三大环节，更离不开“价值主张”这个商业模式的逻辑起点。“有价值”“有他人”“向他人提供价值”，这是构成一个商业模式的三个基本前提条件。

共享（利益均沾）：在过去的商业发展中，掌握利益分配权的是控制资源的强势一方。在数字技术的普惠下，智能时代的商业玩法可谓五花八门，创新方式层出不穷，传统公司制的价值创造模式被弱化，而是趋于个人化、平台化、生态化，一个人驱动价值生产、传递和实现的全过程也屡见不鲜，价值共创渐成利益分配的主流方式。

共生（持续演化）：商业始于满足需求，资源获取的能力又制约着满足需求的能力。数字技术爆发后，拥有资源已经没有那么重要，连接大于拥有，由“我有”变成了“我用”，人们已经习惯于通过在线连接获取一切，不管是电影、音乐还是出行。同时，需求本身也由确定状态变成了不确定的状态，过去是满足需求，未来是创造需求，这就导致企业也要面对未来的不确定性，获得生长空间，找到共生伙伴，创新客户需求，创造客户价值。数字技术带来的无限连接使今天的企业无法独立创造价值，而需要与更多组织、更多系统，以及更广泛的外部环境构建共生、创造价值，从中找到新的成长空间，获得新的发展的可能性。

5.1.3 商业模式的架构

由商业模式的定义可知，它本质上是一个体现利益相关者交易的系统，由诸多要素按照相互作用的机制组成。那么，只有对各要素以及要素之间的相关作用机制有全面而深刻的认知，才能真正理解和看清一个商业模式是否有存在的意义和价值。

如图 5-3 所示，商业模式的架构可以描述为一个“三环十二要素”模式：定位逻辑原点，聚焦三大价值，针对三个目标，打造三个组合，形成三种模式，突破三大引力，做到天法地、地法人、人法天，建起天地人三才共荣共生商业新文明图景。

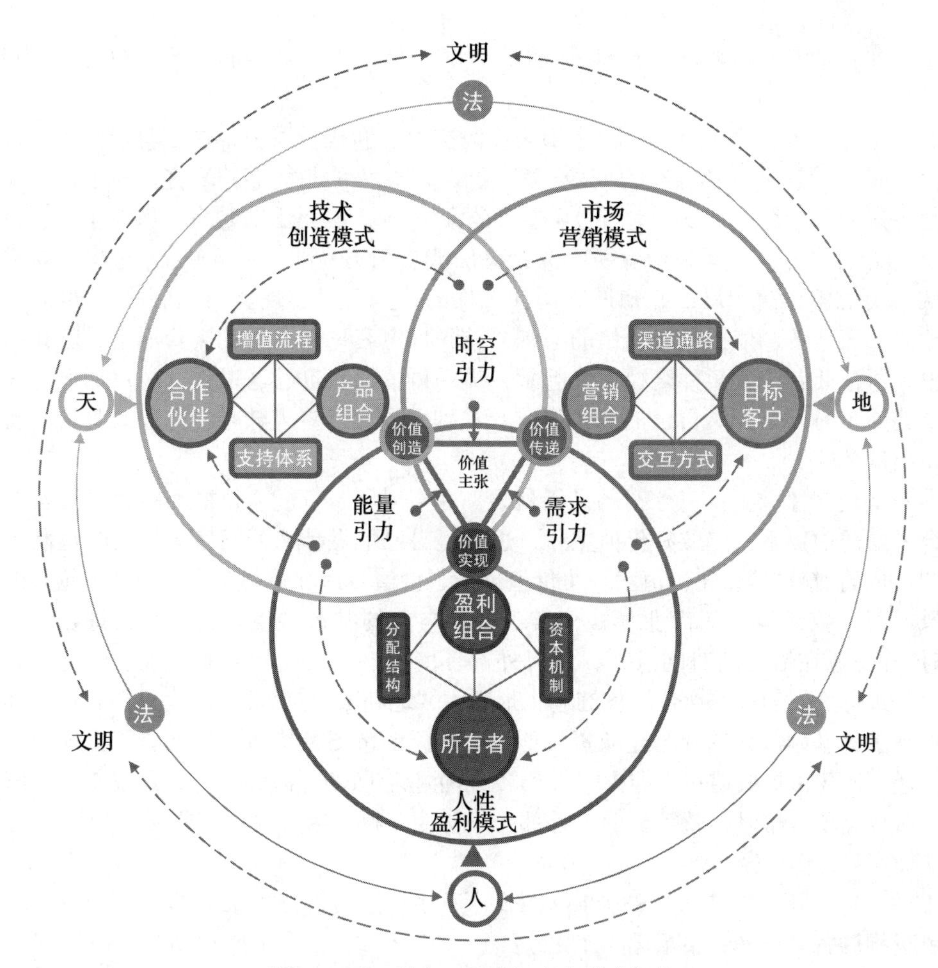

图 5-3 “三环十二要素”商业模式架构

定位逻辑原点：逻辑原点指的是“价值主张”，它具有独特性。这种独特价值可以是具有差异化的产品价值、服务价值或形象价值，也可以是这些价值的组合。需求是一切价值活动的出发点和落脚点，价值主张的本质就是需求定位，也就是要找到最终用户的需求靶点。

聚焦三大价值：三大价值就是前文反复强调的价值创造、价值传递和价值实现。价值创造就是产品或服务的制造和生产，价值传递就是产品或服务的交付，价值实现就是获得盈利。

针对三个目标：分别是目标客户、合作伙伴，以及所有者。

打造三个组合：分别是产品组合、营销组合和盈利组合。

形成三种模式：针对价值创造，要打造基于技术的制造模式；针对价值传递，要打造基于市场的“营销模式”；针对价值实现，要打造基于人性的“盈利模式”。

突破三大引力：分别是需求引力、时空引力和能量引力，这三者定义了“价值主张”。其中，突破需求引力需要“显微镜”，为的是能够获取客户需求，弄清楚客户需要什么；突破时空引力需要“放大镜”，为的是看清楚自己所在坐标，以及能力的边界，有所为而有所不为；突破能量引力需要“望远镜”，为的是能够从历史视角谋篇布局，并知道利用什么样的技术手段实现。“价值主张”可以比喻为一张地图，依据以终为始的原则，首先标定客户在哪里，接着标定自己在哪里，再把两者沿着某种路径连接起来，最后再依据从自己这里到达客户那里打算要花多少时间，针对自己的资源禀赋，找到志同道合者，选择“交通工具”，“组团出发”！

实现三才共生：三才指的是天地人。在对时间、资金、技能和路径等因素综合考虑的前提下，定位好价值主张，也就是自己能做什么，然后抓住天时地利人和形成的“风口”，让价值三环（价值创造、价值传递和价值实现）的“飞轮”御风而行，依靠科学的商业模式，实现各参与方的共荣共生。其中，天即占“天时”，企业在恰当的时间点上，针对外部环境特点，匹配相应的资源，谋定而后动，进行价值创造，抓住时代红利；地即占“地利”，在尽可能准确感知和定位客户需求的基础上，选择与企业资源能力相匹配的市场，从而发挥优势，实现价值传递，抓住市场机遇；人即占“人和”，当企业有限的资源和能力不足以支持价值主张或竞争战略时，就需要引入外部合作伙伴（利益相关方）共同参与价值创造，从而实现合作共赢。

在“三环十二要素”商业模式中，“三环”指的是技术维度的“创造模式”、市场维度的“营销模式”和人性维度的“盈利模式”，十二要素则是组成这三环的零部件，其中，“创造模式”包括了合作伙伴、产品组合、增值流程和支持体系，“营销模式”包括了目标客户、渠道通路、营销组合和交互方式，“盈利模式”包括了所有者、盈利组合、分配结构、资本机制，它们以实现客户“价值主张”为目的而构成一个有机的整体商业生态系统，驱动商业迈入天地人共荣共生的新文明阶段。

5.2 商业模式创新方法及路径

21 世纪的商业模式有何不同？约翰·戴顿将其归结为移动搜索、社交网络和电子商务。移动搜索解决了消费者对于信息的主动性抓取，随时随地获得以前无法获取的资源；社交网络使得消费者不再依赖电视广告，而更多从口碑效应、社区效应，从连接的群体中获得更真实、准确的信息；电子商务实现了物品和人流的分离，人们可以在线上比价、看评论、征询意见，这三种力量重构了 21 世纪的商业模式。

5.2.1 创新是商业进化的必选项

创新，是企业的核心能力。当企业拥有强大的创新能力时，它可以迅速发展，甚至带来社会变革。比如，亨利·福特第一次把流水线引入了汽车制造，可以批量生产，这大大降低了汽车的生产成本和销售价格，使大多数人都能买得起车了。他改变了人们的出行方式，并因此让福特公司多年稳居全球最赚钱的公司之一；马克·扎克伯格创造了一种全新的社交工具，改变了人们的社交方式，并因此让 Facebook 成为如今全球最大的社交平台，利润可观。

如果企业失去了创新能力，即便它已经成为世界级领先企业，也依然会被无情地赶出历史的舞台。比如发明了手机的摩托罗拉，曾经占据全球手机市场半壁江山的诺基亚，曾经相机市场的绝对霸主柯达，它们都因为后期缺乏持续的创新，甚至抑制创新，最终遭到了毁灭性的打击。

创新是创造价值增量并付诸实现的过程。换句话说，光有好想法没用，你得有本事把想法实现，并且有人愿意为此买单，这才叫创新。创新也不是去等待所谓的灵感降临，需要掌握方法、技术和工具将其落实为可实现的产品。

创新有三要素，缺一不可，如图 5-4 所示。

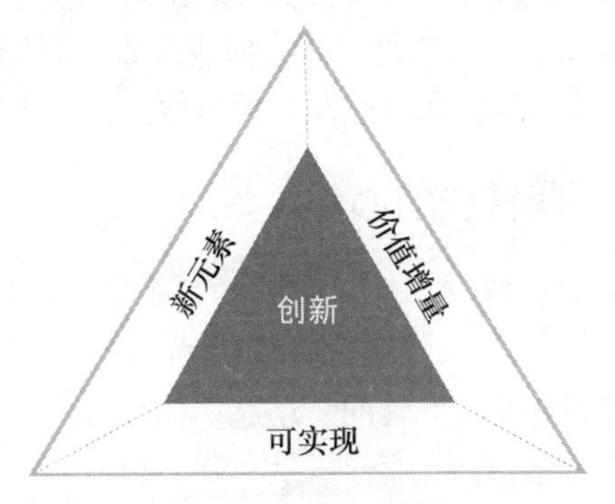

图 5-4 创新三要素

创新的方法主要有两类：

- 第一类，重组式创新。它的方式是把各种旧元素用新的方式组合起来，形成一个新元素。它分成三步：①创造一个具备多样性和能产生高效链接的环境；②形成五个层次的创新元素：同行层、异业层、原型层、环境层、时空层，如图 5-5 所示；③把新元素进行重组，并验证可行性，完成创新。

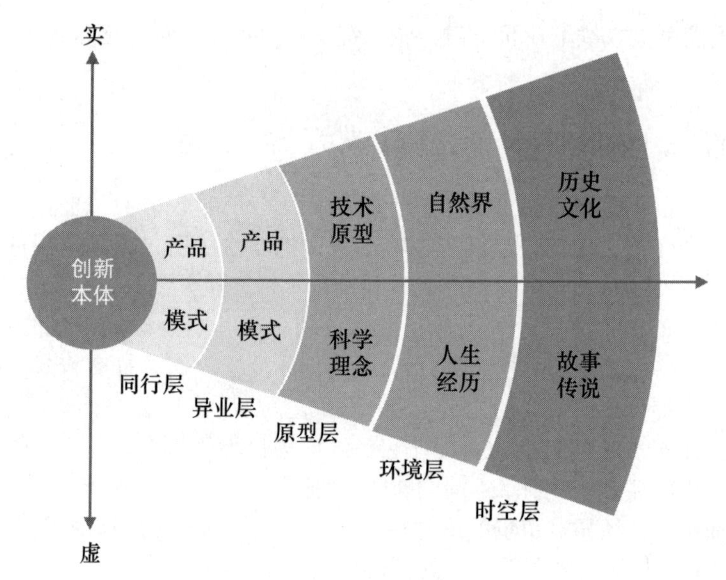

图 5-5 创新元素的分层

来源：谢春霖《认知红利》

- 第二类，突变式创新。它与重组式创新相反，它不向外寻找，而是向内探求，与错误为伴，通过修正自身来实现创新。它也分三步：①将产品拆解成元素；②修改元素，有四种方式：减少元素、复制元素、重新组合元素、改变元素特性；③形成新元素，并验证可行性，完成创新。

5.2.2 创新是企业经营转变的必然

当今，商业世界环境的改变促使了企业经营环境的改变，创新相伴随行，涉及产业链、企业协作、经营重心、经营方向、产品开发五个方面。

1. 产业链：从“静态连接型”转向“动态一体型”

随着数字化技术进一步发展，商业环境集中表现出“三多三少”的局面。三多为“信息泛滥、知识盈余和产能过剩”，三少为“创新不足、信任缺失和精力有限”。如何抓住消费者有限的精力，快速建立信任，需要从客户视角对企业的商业模式和运营模式进行系统思考，并且能够动态、柔性地跟随着客户的需求变化，以把握市场的脉搏。

互联网作为一种非常重要的通信技术和工具进入社会生活和商业环境，为供求关系一体化提供了极大的便利，互联网在链接商业世界的过程中，一定会通过透明化的手段，在需求和供给之间建立起更深远的关系，“互联网 +”或者“ + 互联网”等手段在供求关系一体化的进程中，一定是先做减法，实现价值增值。互联网的“减法逻辑”包含三方面：第一是“减闲置”，通过信息技术和数据分析，将闲置的、不创造价值的资源和环节消除；第二是“减边界”，通过全新的信息化手段打破传统交易与合作边界，减少不必要的交易成本；第三是“减低效”，通过信息化手段，链接资源，将低效环节进行系统整合，降低浪费，充分发挥资源整合效应。

供求关系一体化是一个动态的概念，工业时代的供求关系一体化是静态的，即“静态连接型”，一旦确定目标市场，企业的注意力聚焦在产业链上下游的合作上。这种静态、松散的思维被动态的、紧密的供求关系一体化思维取代，经营模式和商业模式从产业链的松散关系一体化向供求关系一体化转变。动态一体型的供求关系不是站在单一企业的立场，也不是从一个行业的角度出发，而是从整合产业的角度，以客户需求为核心，利用信息技术，将所有相关方利益整合为一体，将有形的物和无形的服务以最佳的方式进行配置，打通供需两端。

2. 企业协作：从“有限价值链”转向“无限价值网”

在大规模制造和大规模定制时代，价值链（利益分配链）是检视企业内部所有活动及活动间的相互关系、分析竞争优势的重要工具。在网络经济下，企业的各种交易成本大大降低，客户的力量空前强大，分众化、个性化代替了稳定的客户群，有限价值链的优势在衰退，取而代之的是效率更高、多条价值链紧密结合的无限价值网络。

从有限价值链到无限价值网络，体现了从交易成本最小化到交易价值最大化经营理念的转变。整合是价值网络体系的一种典型模式，它以客户价值为导向，将客户需求反向匹配资源，将各方的资源和能力迅速地集结起来，在协同互利的规则下，实现价值的创造和传递。

在网络经济与互联网时代，无论是传统企业还是互联网企业，所面临的市场竞争早已经不是技术、产品、服务等单一要素的策略或某几个要素的策略组合的比拼，而是不同结构的商业生态系统之间的竞合。商业生态系统的核心是客户价值创造，围绕为最终用户提供良好的服务和解决方案，聚焦大批具有核心能力的优势资源，形成全新的商业模式和价值创造体系。这一过程中相关利益方之间的关系，不再是线式、链式的关系，而是网络化关系。这种网络化关系既不是简单的交易关系，也不是简单的合作关系，而是一种无限的、虚拟的网络化组织、一种价值网扩张的动态战略联盟。

3. 经营重心：从“企业中心型”转向“用户中心型”

互联网时代的全新商业范式的基本特征是用户驱动，无论是工业品还是快消品，都体现了这一个变化。工业时代，以企业为中心的商业范式的基本特征是大规模生产同质化商品，形成单向推动式的供应链体系和广播式的营销。而“用户驱动”的商业范式的基本特征是以用户为中心，通过个性化营销捕捉碎片化、多样化需求，形成拉动式的供应链体系和大规模社会化协同，实现了多品种小批量的快速生产。

定制是商业模式的主流，它可实现个性化需求、多品种、小批量、快速反应、平台化协作。用户全程参与品牌推广、研发设计、生产制造等企业经营的各个环节，企业根据市场需求变化组织物料采购、生产制造和物流配送，使得生产方式由大批量、标准化的推动式生产向市场需求拉动式生产转变。

4. 经营方向：从“规模范围型”转向“利基深耕型”

规模经营和范围经营是工业时代企业经营方向，规模经营试图通过产量的增长来摊薄成本，实现价格降低，而要实现规模经营，产品的标准化程度自然要高。范围经营是试图通过在同一个空间内生产多种产品，实现产能利用的最大化，以此来实现降低成本。无论是规模经营还是范围经营，都是以更低的价格打败竞争对手，内在逻辑就是价格低了，自然就有市场，这是稀缺经济下的经济法则。然而，当产品极大丰富、供求关系逆转时，经济法则从稀缺性法则向丰富性法则改变，原有的规则已经不能适应新商业的商业模式。

后网络时代是规模经营退位、深耕经营崛起的时代，就是各种“大山”——众人皆知却无人喜爱的商品不见了，取而代之的是无数小丘——利基商品异军突起，换言之这是利基经营方式崛起的时代。

利基经营和深耕经营将成为数字和智能时代的新经营模式，利基经营是从局部客户、局部市场发力，形成利基市场，通过利基经营带来的网络效应，迅速放大企业资源整合的能量；深耕经营就是要将企业与客户关系从弱关系向强关系转化，建立起持续的互动关系。

5. 产品开发：从“目标计划型”转向“需求迭代型”

在工业时代，很多企业的产品开发思维延续着计划经济体系下的开发思维，追求产品的技术性能，向用户兜售的也都是产品的功能和性能，更多是用户认可企业的产品，而不是企业向用户销售满足用户需求的产品。

后网络时代面向用户需求的快速迭代，产品将成为企业与用户之间重要的入口和关系纽带，产品开发转向“需求迭代型”。为此，企业需要做好三件事情。

第一，将用户体验放在第一位。企业需要站在用户的立场，这是一种全新的认知，用户在乎的并不是强大的研发体系，也不是强大的制造体系，简单来说，他并不关心企业如何设计制造产品，而是重视他们在实际采购时、使用时及售后服务等环节的感受。

第二，让用户参与产品开发。小米的500万用户一起参与开发的MIUI平台、宝洁的众包模式、海尔的HOPE互动平台、华为的花粉社区等，都是让用户参与产品开发与设计，用户不再是单一的消费者，而是作为一种产品研发设计的社会性资源。企业产品的创新性和高技术含量，这些所谓的优势，都不是真正的优势。用户在面对多种产品选择时，他选择的理由才是企业最真实的优势。要让用户选择你，最好的方式是让他们参与进来，让他们的需求成为你设计产品时输入的素材。

第三，用心倾听用户的声音。快速迭代追求的是快速反应、高效应对、迅速调整，任何产品都不是完美的，迭代开发的目的就是要寻求更好的解决方案，很多时候，解决方案就在用户那里，企业需要的是倾听用户的声音，积极收集用户的反馈。当然，用户专业度参差不齐，有些是专业性意见，有些则是谩骂和吐槽，为此，企业需要多方位、多渠道了解用户的反馈信息，找到反馈背后的逻辑，以专业视角去设计和优化解决方案。另外，倾听用户声音最重要的不是方式，而是要用真心，你用多少心，就决定了你能做多少事，你用多少心，客户就会回报多少收益。因此，真心诚意的服务精神才是正道，过去那种靠宣传、自我标榜的时代已经成为历史。

5.2.3 创新的两个维度

商业模式创新的本质，就是从来源于用户需求的价值主张出发，运用新理念、新技术、新能力，使得价值创造、价值传递和价值实现按照新逻辑，形成一种新的交易架构和盈利模式，做到利益相关方的共赢。

1. 协作维度的商业模式创新

“与趋势为伍，与强者联盟”逐渐成为企业家的共识。生态化经营已经逐渐成为企业界关注的焦点，是企业商业模式创新转型升级的方向，切入点则包括社群化、平台化、数据化、网络生态化。

（1）社群化

广义社群是指某些边界线、区域内发生作用的一切社会关系。在线社群是一群人自主自发地在网上聚集而形成的拥有共同价值评判标准、类似的诉求和目标的虚拟实体。在线社群形式多样，如交友、学习、生活技巧、商业等方面。在线社群是一个开放的虚拟关系，聚散比较随意，因此，用户黏性和内容创新变得非常重要。围绕社群这一特质目前兴起一种全新的营销模式——社区商务，通过创新用户交互方式，倾听用户意见，快速迭代优化产品，持续保持用户参与热度，提升其参与感和存在感。在线社群所提供的内容一定要社交化、娱乐化和场景化，让参与者获取价值和快乐，继而成为产品或者个人品牌的忠实支持者和重要推广者。

（2）平台化

对企业来说，平台是一种重要的资源整合方式，也正在演变为互联网时代的一个重要竞争战略。平台已经成为一种重要的社会现象、经济现象、组织现象，如互联网企业的“平台 + 多款应用”，传统企业的“大平台 + 小前端”，企业平台化就是让全球的资源都可以为企业所用，互联网时代不再追求产业集群分布的强地域关联，离散化分布即使地处偏远一隅也可以整合全球最优质的资源。

（3）数据化

一切业务数据化，一切数据业务化，已经成为一种趋势。信息技术发展到今天，互联网化的本质和核心其实就是“数据化”。麻省理工学院一项针对数字业务的研究发现，那些在大多数情况下进行数据驱动决策的企业，它们的生产率比一般企业高 4%，利润则要高 6%。有远见的公司已经把数据驱动决策融入它们的日常工作，在做决策时基于数据和分析，构建数据化运营体系和数据化的组织建制，打造核心竞争力，成为数据驱动型企业。

（4）网络生态化

商业模式的基础是网络生态化。网络生态化最典型的形式是互联网化，即商业模式互联网化、产品体验互联网化、市场推广互联网化（产品的推广要基于好的产品体验，依靠口碑进行推广传播）和产品销售互联网化（通过商务电子化压缩中间渠道环节等不必要的成本）。

网络生态经营的典型代表是 BAT 公司，BAT 网络生态系统基本都是“流量生态”，或者说“广告生态”，这符合互联网时代的前沿性特点，也是以互联网技术为主的轻资产公司的最佳战略。

2. 技术维度的商业模式创新

打造基于社群化、平台化、数据化和网络生态化系统是商业模式创新的未来方向，从技术维度看，其本质就是依托终端互联、数据智能与价值网络所形成的“端云网一体化”模式。

所谓“端”，是指终端产品，这类产品不再是传统的机械式产品，而是智能终端产品，它既包括智能硬件，也包括软件应用。比如海尔的“网器”就是传统电器产品的智能化。

所谓“云”，是指云端服务，主要包括数据中心、数字大脑、应用平台等。比如阿里云、腾讯云、亚马逊的 AWS 云平台、苹果云等。

所谓“网”，是指围绕着用户需求和体验而构建的开放、协同、交互的价值创造网络。

如图 5-6 所示，“端云网一体化”是全新的价值创造模式，这一模式将重塑价值创造和价值获取的方式，它包括三个核心要素：终端互联、数据智能、价值网络。

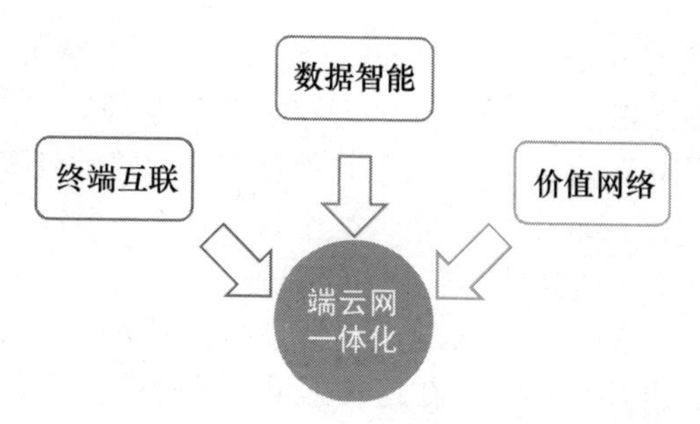

图5-6 “端云网一体化”模式

来源：曹仰峰的《第四次管理革命》

（1）终端互联：将产品变成“智能连接器”

互联网、物联网将重塑商业模式，这已是不争的事实，二者的共同属性是“联”，即连接。连接是互联网、物联网的基本属性，这一属性也被应用到智能产品之中。

在“端云网一体化”的商业模式中，“智能终端”是指一切可以数字化、网络化、智能化的多元硬件，其核心作用就是获取大数据，尤其是用户的行为大数据，而“云”是指以人工智能（算法为其核心）为基础的大数据处理能力，其核心作用就是处理大数据。智能终端的功能和传统机械式产品有天壤之别，除了具备产品的基本使用功能之外，它还是生态系统中的一个连接器，以及生态服务的入口。

传统的机械式产品就像是一个个孤岛，和外界并不发生连接，而智能终端本质上就是智能互联产品，它包括物理部件、智能部件和互联部件。其中，物理部件包括机械设备和电子零件；智能部件包括传感器、微处理器、数据储存装置、控制器、软件、内置操作系统和数字用户界面；互联部件包括互联网接口、天线、连接协议、网络接口等。

智能互联产品实时产生大量数据，智能互联产品被赋予了新的功能：监测、控制、优化和自动。每类功能都以前一类功能为基础。监测功能是首要的，利用传感器和外部数据源能够对产品自身状态、产品运行情况进行监测；控制功能通过在产品中内置软件或基于云端的软件，可以控制产品的各个功能；利用算法可以对产品的运行和使用进行优化以实现产品性能的提升；通过内置的软件和传感器，产品还可以自动运行、自我诊断和自我调整。

（2）数据智能：持续提升用户体验

以控制为出发点的信息化时代走向以激活生产力为目的的数据化时代，是时代发展的必然。实施智能商业模式，需要把“一切业务数据化，一切数据业务化”。在数据化时代，数据价值就是商业价值，而算法就是提炼数据价值的技术。数据就好比是数据化时代的“汽油”，算法就是“引擎”，只有算法才能让数据中的能量完全喷发出来，为智能商业这辆“汽车”加速。

在“端云网一体化”模式中，“云”是数据聚合、算法计算的智能平台。它通过算法优化，更准确地获取用户需求，提升用户体验。没有“云”上的数据智能实时发挥作用，提升用户体验是根本无法实现的。

用户行为通过产品的“端”实时反馈到数据智能的“云”，“云”的优化结果又通过“端”实时提升用户体验。在这样的反馈闭环中，数据既是高速流动的介质，又持续增值；算法既是推动反馈闭环运转的引擎，又持续优化；产品既是反馈闭环的载体，又持续改进功能，在为用户提供更好的产品体验的同时，数据反馈成本更低、更高效。

（3）价值网络：跨界融合、柔性协同

价值网络的核心是“网”，从“价值链”到“价值网”，虽只有一字之差，但价值创造的模式完全不同，价值网络的核心是跨界融合、柔性协同。宁波诺丁汉大学李平教授认为，生态企业的跨界融合常常包含两个维度：一是纵向跨界融合，即拉通产业价值链上下游，融合消费需求与生产供给，也就是整合 B2C 与 B2B 业务；二是横向跨界融合，即联通跨行业价值网络，也就是超越单一行业供应链或价值链，实现多行业整合。

由终端互联、数据智能、价值网络所构成的“端云网一体化”，最终重塑了企业的价值创造模式，形成了“端云网一体化”+“软硬件一体化”+“线上线下一体化”三位一体的模式，如图 5-7 所示。

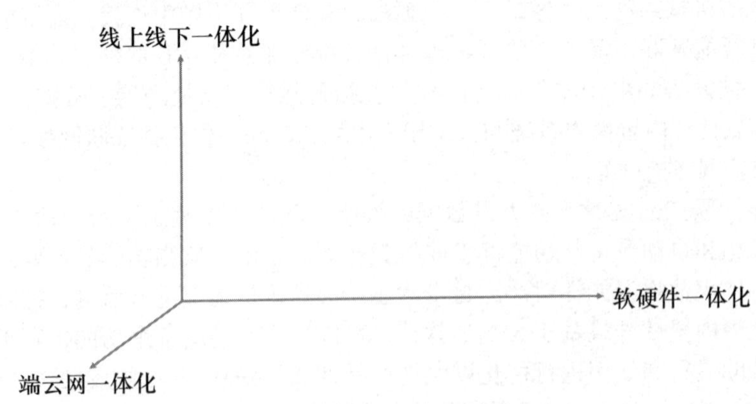

图 5-7　生态型企业“三位一体化”模式

来源：曹仰峰的《第四次管理革命》

5.2.4 创新的方向及路径选择

在当今智能时代，商业发展的疆域被打破，行业发展的壁垒别打破，成本、投资的限制越来越低，人力资源、物力资源、财务资源的转移变得更加活跃，商业模式的创新时代已经到来。

1. 顶层设计要与企业成长同步

理论是在探寻原则和原理，而实践是解决问题的方式和方法，理论和实践最好的结合点是方向。这种方向对于不同企业的不同发展阶段，是有差别的。因此，在进行顶层设计时，企业非常有必要认清自我的发展阶段，商业模式创新的设计，也是如此。

（1）小型企业

活下来是小型企业的主要目标，项目思维是小型企业的主导思维模式，“创新＋试点”的做法是最佳选择。

小型企业大多是初创型企业，商业模式还处于构想和雏形阶段，运营体系尚不成熟，组织架构也不完善，更多的是依靠创业团队的激情来支撑。如何抓住机会，以点滴的胜利来获得企业前行的动力，是企业经营的关键命题。

小型企业由于资源匮乏和能力薄弱，往往不具备打造强势产品和进行强势品牌推广的重资金投入能力，难以拥有与强大的竞争对手在正面战场上厮杀的能力和实力。因此企业应聚焦在局部市场和局部领域，通过市场细分，选定目标市场单点切入，以项目化运作来定向地为客户解决问题，在局部市场或局部应用领域上获得比较优势，继而通过培育关键职能来逐步打开局面。企业的核心任务是纵向挺进，而不是横向铺开，完善项目型管理机制，通过瞬时竞争优势，而非可持续竞争优势，获得生存和发展空间。

（2）中型企业

有质量地活下来是中型企业的主要目标，产品思维是中型企业的主导思维模式，“体系＋模式”的做法是最佳选择。

企业已经挺过了初创期的生存窘境，有了一定的资金积累和客户储备，进入相对平稳的温饱阶段，抗风险能力有所提高。中型企业面对市场机会，将成长初期所积淀的优秀做法进行模式化，在新市场和新产品上有所选择地进行试错，采取主动出击。

中型企业已经具有一定的技术储备，有了产品体系，可以通过产品和市场双驱动模式，在现有的客户中做深做透，以服务深化合作，巩固利基；同时，利用现有产品，寻找新市场。

中型企业的组织和管理也要随之发生变化，要从单兵作战向多兵种联合、从游击队突击向正规军推进转变；企业运营要有一套成熟的套路和打法，产品开发体系、市场开发策略、营销模式、组织架构及管理制度等要逐步完善和持续优化；对于试错过程中的浪费和风险点要进行管控。

（3）大型企业

发展是大型企业的主要目标，平台思维是大型企业的主导思维模式，“平台＋团队”的做法是最佳选择。

企业发展到大型企业阶段，具有多区域、多产品线运作和多元化的典型特点。

大型企业所面临的风险已经不是小型企业的点风险和中型企业的线风险，而是系统风险，企业要实现业务的多线协作，促进资源共享，通过强化组织效率来实现业务的纵横融合。大型企业的组织与管理的核心是激活业务。大型企业的客户需求往往超越了企业自身的能力范畴，用开放吸引外部资源，有效地实现组织前后台对接是关键。

大型企业总部要成为一个平台，从管控中心向战略规划中心、管理支撑中心、专业服务中心和整合协同中心转变。“大平台＋小团队”模式是大型企业转型中平台思想的集中体现，辅助部门是否强大成为这一组织转型成败的关键，尤其是人力资源管理和知识管理方面。

（4）超大型企业

创新是超大型企业的主要目标，生态思维是超大型企业的主导思维模式，“生态系统＋虚拟联盟”的做法是最佳选择。

超大型企业如同一个多舰种组合的航母战斗群，如何既具备大集团的规模优势，又能够像小企业那样贴近客户且灵活多变，这是个巨大的挑战，这正是海尔集团这样一个2000亿元级产值规模企业最为困惑的事情。海尔集团正在探寻的“倒三角”“小微组织”“人单合一”等，正是超大型企业试图贴近市场的选择方式。

同样困惑的还有联想集团，2016年起，联想集团提出“设备＋云”战略，这个战略强调，联想集团不再是单纯出售PC、手机和服务器的硬件公司，而要转型成为一家为用户提供整合了设备、应用和服务一系列解决方案的公司。联想集团要打破延续14年之久的两级研发体系，除了既有的联想研究院和生产线研发体系之外，还要投资外部技术实现内外联动。对于联想集团来说，从硬向软硬结合转型能否成功，只有时间能够告诉我们答案，但是可以肯定的一点就是，这一转型的成败不在技术上，而在商业模式，即能否有效地运作好与新战略相对应的商业模式。

即使强如IBM这样的“超级巨人”，在向“云”战略转型的过程中，也要承受业务的巨大颠簸。超大型企业转型的考验是多重的，能否源源不断地创新产品、能否快速响应客户、能否精准地把握客户需求、能否统筹好内外部资源、能否把握好各个细分业务的运作规律等，每一项都不简单。

可以说，超大型企业转型，要实现系统响应和灵活应变，需要业务和管理深度互动和协同创新，需要调动组织内部的运营能力，在生态系统驾驭能力和相关方（包含异业、竞争对手等）的合作机制等都面临极大的考验。另外，还需要围绕客户需求，将市场信息准确地传达到内部，从而将客户的需求无障碍地传达到各个价值创造单元。

2. 五步规划设计落地商业模式

在激烈的商业竞争中，企业能够活下去的唯一出路，就是不断找到新的增长点，找对利润区，实现增长。由此可以把企业定义为一个由“人＋车＋路”组合而成的盈利系统，领军团队好比是司机，商业模式好比是车辆，目标分解好比是行车路线，如图 5-8 所示。

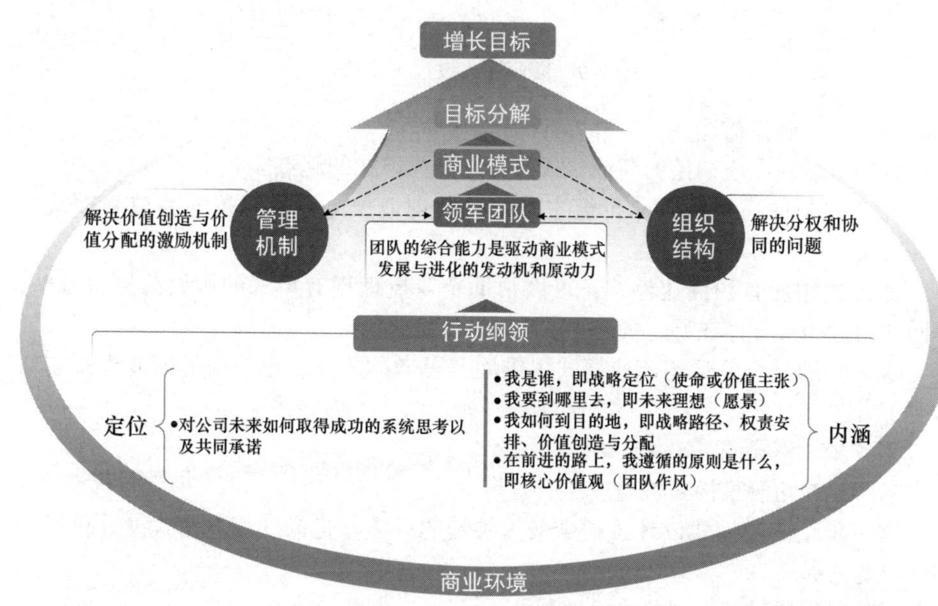

图 5-8 企业本质是一个由领军团队、商业模式和目标分解协同构成的盈利系统

在“人＋车＋路”的盈利系统中，包括商业模式在内的所有要素通过各自的再定义，形成合力，剑指增长目标。

企业的增长往往不是设计出来的，但企业的成功一定需要商业模式设计，商业模式设计更应看作是战略思考的工具和表达。

为此，可以通过五步设计出商业模式，如图 5-9 所示。

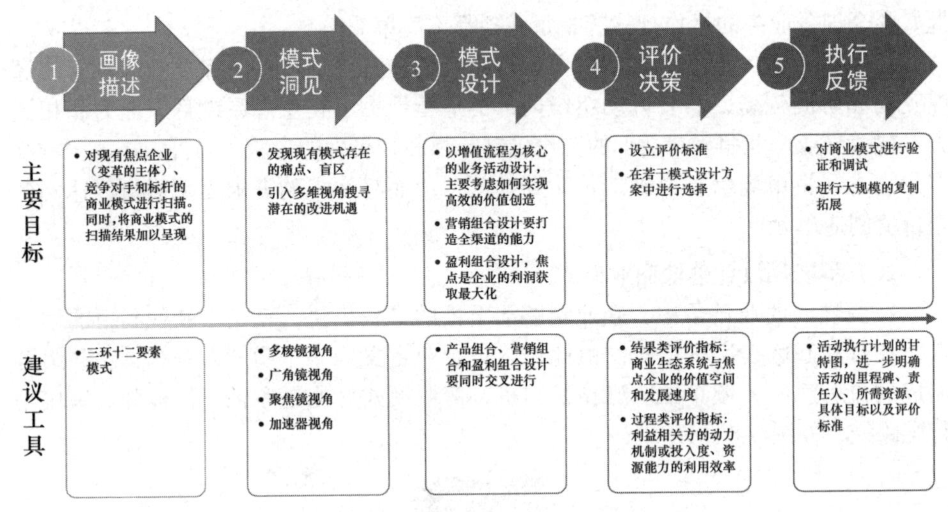

图 5-9　商业模式设计五步法

第一步：画像描述。

描述清楚现在或初始的商业模式是未来商业模式的起点。

完整的画像描绘可以从价值主张，以及创造模式、营销模式和盈利模式和十二要素（见图 5-3）着手。

通过描述现有的商业模式，可以帮助企业梳理现有模式的假设前提有哪些，不同的利益相关方存在哪些机遇和挑战。

这一步既是企业运用商业模式思维展开思考的历练，也为新的商业模式创新指明了方向。

第二步：模式洞见。

从多维视角洞察模式机遇。

这一步是商业模式设计过程中最为关键的一步，是借助商业模式设计获得发展优势的前提。

具体可以通过四个视角去发现洞见。

（1）多棱镜视角：洞察利益相关方的潜在价值

生态系统由多个利益相关方构成，每个利益相关方本身是多种角色和资源能力价值的复合体。但我们在生态系统中通常过于关注利益相关方的某一个角色或资源能力价值的重要性而忽略了其他，例如冰箱的核心价值是冷冻和冷藏，但当冰箱放到开放式厨房中还有美观装饰的价值。

商业模式的多棱镜视角就是帮助我们重新认识到或挖掘出利益相关方的其他角色或资源能力的价值，从而展开新的价值创造的设计。

需要指出的是，同一利益相关方在不同的规模或时点下其潜在价值也会不同，从而带来商业模式的改变。

（2）广角镜视角：调整利益相关方

我们把生态系统作为价值创造的主体，利益相关方的变化将改变生态系统的价值创造空间和实现效率。拓展生态系统的价值空间主要有两种方式：

一是我们可以从现有利益相关方着手，发现客户的客户、供应商的供应商、利益相关方的利益相关方（以及这些利益相关方可能采用的基于新技术的活动），从而实现利益相关者视野的拓展；

二是从现有商业生态中寻找各种可能合作的利益相关方和其从事的活动，并可将这些活动环节切割重组，组建成新的利益相关者。

提升生态系统的价值实现效率，则要检验各个利益相关方在生态系统中做出的贡献是否超过其投入的资源能力的机会成本，当初设立的假设以及目前发挥的作用是否还存在，或者存在更好的替代方式，然后做出调整的决策。

（3）聚焦镜视角：提升商业生态系统的运作效率

商业生态系统是由不同的利益相关方以交易结构为纽带紧密联系在一起的。但每个利益相关方的愿景目标、业务规模、风险承担能力各有不同，发展速度也不同步，这就要求我们评估不同利益相关方角色和交易结构设计能否与时俱进，而这也是商业生态系统效率改进的痛点和盲点。

（4）加速器视角：助力整个商业生态系统的复制与扩张

加速器可以同时打破整个商业生态系统价值空间天花板和效率瓶颈，帮助生态系统进入加速度成长的轨道。典型的加速器是金融工具的应用，金融如同是生态系统中的润滑剂，释放资产类资源的潜力并重新配置，从而提升流动性并降低系统性的风险；资本的力量则能带来企业所处竞争时空的再配置，借助企业未来潜在的竞争资源在当下展开竞争。

在商业模式创新设计实践中，这四个视角既紧密联系，又相对独立。这四个视角并没有严格的先后顺序，每一个视角带来的改变都可以推动商业模式的重构。

由于生态系统内利益相关方的实力、利益诉求、沟通方式等是动态变化的过程，这就需要我们经常运用这四个视角去检视生态系统的运作是否有效。

第三步：模式设计。

我们需要将在模式洞见的过程中发现的各种潜在机遇点进行梳理，进入具体的模式设计中，化机遇为模式。

在新的商业模式设计中，首先要明确生态系统中各个利益相关方的角色与资源的投入；其次要结合各个利益相关方对结果的影响力与利益诉求，匹配营销组合和盈利组合；最后要设计推演各个利益相关方的现金流结构，保障整个生态系统现金流结构的顺畅。

新的商业模式需要能够及时反映出利益相关方角色行为的调整和利益诉求的

变化，力图在保障焦点企业价值最大化的基础上实现生态系统内各方共赢的局面。

第四步：评价决策。

针对不同的商业模式设计方案，需要企业设立评价标准，以便于选择最佳方案。

建议的评价标准可以分为两类：

一是结果类评价指标，即商业生态系统与焦点企业的价值空间和发展速度；

二是过程类评价指标，即利益相关方的动力机制或投入度、资源能力的利益效率。

第五步：执行反馈。

商业模式执行过程中需要调试与迭代。进入执行阶段，首先需要对商业模式进行验证，测试不同利益相关方对新商业模式的认可程度是否达到预期，并在此基础上进行商业模式的调试。

一旦商业模式经过市场检验后得到确认，就可对其进行大规模复制。

为了保障执行的效果，建议在具体的执行管理过程中进一步明确活动的责任人、所需资源、具体目标及评价标准。

2021年，可以被称为“元宇宙”元年。“元宇宙”呈现超出想象的爆发力。当前，“虚拟世界联结而成的元宇宙”，已经被投资界认为是宏大而前景广阔的投资主题，成为数字经济创新和产业链的新疆域，也为商业模式创新开辟了一片新天地。不仅如此，“元宇宙”为人类社会实现最终数字化转型提供了新的路径。

这一切，终将都是软件定义的结果！

Chapter 6 第 6 章

用户数字化旅程引导下的企业数字化转型

在数字化转型过程中，企业需要充分了解自身的需求，才能更好地通过数字化转型为自己赋能。除了“知己”之外，企业还要有“知彼”的能力。在数字化转型中，这个“彼”首先是外部环境，尤其是外部环境的变化趋势，其中包括数字化转型的必要性与可行性。数字化转型是对企业整个业务模式、组织模式、商业模式的改变及最终的颠覆。数字经济时代条件下客户的重要性被极大提高。企业一方面需要面对客户更多的个性化需求，通过定制化和更精准化的服务进一步为客户提供其需要的产品和服务，另一方面需要对不同客户的需求进行挖掘、分析、整合，找到共性需求，为企业下一阶段创新提供依据。这些需求要求企业有强大的数据化能力与分析能力，以及打造柔性供应链和精益创新的能力，而这些能力也是企业数字化转型应具备的能力。

当前，在供给大于需求的整体经济情况下，企业要精准找到客户、售卖产品给客户、服务好客户，更要成为客户长期的伙伴，这些已经成为企业数字化转型的重要驱动力。同时，数字化技术也极大地冲击着传统企业与客户互动的方式。以客户为中心，以技术为工具，以软件为服务，变革企业内部运营的机制，成为企业数字化转型的重要内容。

本章将从用户数字化旅程产生的背景和发展趋势作为引入，介绍用户数字化旅程作为企业以用户为中心的重要抓手，可促进企业的整体业务变革。从由内而外的供应链组织视角，切换为用户需求的视角，是对企业运营和管理机制的颠覆性变革。另外，还重点介绍用户数字化旅程的方法论，以提供分析问题、解决问题的正确途径。

用户数字化旅程观察、设计、思考、驱动整个企业的数字化转型。用户侧的技术变革成为企业数字化转型的重要环节。用户侧技术架构成为整个企业数字化架构的重要一部分。本章也将介绍用户侧的技术架构体系与分层领域关系，为企业营销侧数字化变革提供参考。

6.1 用户数字化旅程的定义与诠释

市场环境、经济结构与技术发展，极大地颠覆了原有企业价值链，企业需要从产品导向转到用户导向的经营思路上。

以用户为中心的企业变革思路，奠定了以用户为中心的价值定位，服务好每个用户、观察与设计每个用户的互动历程，成为了一个重要课题。从而，对于用户数字化旅程的研究也就孕育而生。用户数字化旅程的意义在于：企业把用户单点需求串联成连续不断的故事线，在故事线的上下文环境中，找到企业自身的提升和改进点。传统企业是内部驱动方式，抓手是优化业务流程。而以用户为中心的企业是外部驱动方式，抓手就是不断优化用户数字化旅程。

用户数字化旅程的起源于市场营销体系的研究，用户导向思维及以用户为中心的企业业务模式，已经是目前的主流趋势。研究用户数字化旅程是有效帮助企业进行视角切换、思维切换的方式。

6.1.1 用户数字化旅程的定义

用户数字化旅程是与企业沟通的旅程：用户从不了解产品到了解产品，进而与企业（销售人员或客户）交流互动，再到产生购买行为，最终成为真正的产品使用者，并且企业后续不间断地提供售后服务的过程。产品销售的完成，从财务角度来说，形成了销售收入的确认；从销售管理角度，销售业绩也已经被认可。但从用户的视角来说，其实仅仅是使用的开始，用户持续进行使用体验（如保修保养，投诉反馈）。用户在不断加深并认可产品使用体验后，才会重复购买，推荐给周边使用。因此，企业需要更多地解读用户需求、理解用户需求，从关注售卖到关注整体用户价值主张的转变，如图 6-1 所示。

从单个用户交互点转换到持续交互点的串联，对于不同的用户类型，会形成不同的用户旅程线，企业从中可以掌握与用户交互的全程全貌。

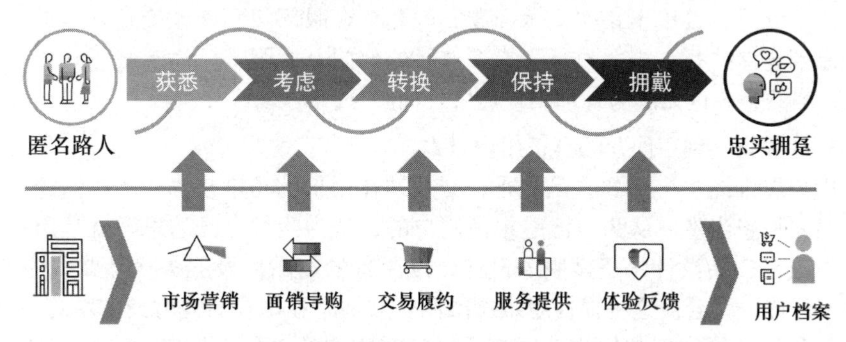

图 6-1　从关注售卖到关注整体用户价值主张的转变

6.1.2　以用户为中心的价值要素

用户视角在企业价值链重塑中具有重要地位。任何产品或者服务离开了用户，将失去存在的意义。没有用户，企业就没有收入，就谈不上成本和供应链。任何离开了用户的产品设计和供应链模型，都不可能形成价值链闭环。

1. “以运营管理为中心”到“以用户为中心”的迁移

“以运营管理为中心”是传统的企业信息化，是以内部管理效率提升作为核心诉求。强调“以用户为中心”，是企业运营和管理的新视角与新思路，例如，从用户视角出发，哪些业务环节需要进行改进，哪些业务流程需要废弃，又在哪些方面公司管理的流程没有覆盖到。由此可以说，以用户的满意度作为企业管理优化的目标。

2. 内部用户与外部用户的价值共创

用户有狭义和广义之分。站在企业的角度，下游的客户在购买了企业的服务和产品以后，则成为企业的用户。从狭义的角度，用户是指组织外部采用了组织的产品的客户。企业以客户为中心，以提高客户使用的体验和采购率为目标。从广义的角度来说，即便在企业内部，各个部门之间都有相互配合与服务的关系。在这种关系上，广义的用户包含了企业内部的使用服务的部门。

因此，以用户为中心的思维方式同样适用于企业内部与外部。在数字化时代，如果没有用户服务意识，再好的业务流程梳理和功能强大的系统，也不能被用户真正地使用起来。如果企业没有精准高效的内部服务系统，则很难为外部用户提供综合一体化的优质服务。一个典型的案例：一个业内领先的第三方物流公司，经过一年多的业务梳理与流程建设。建立了比较完善的仓储系统、运输托运系统、运输结算系统和后台的数字化支持平台。所有的业务流程畅通、核算清晰、岗位设置明确。但作为承接客户委托的客户服务部门，始终存在人员流失严重，处理订单效率低下，接单出错率高等问题。因此，客服部门不能准确及时地把订单信息传递到仓储执行、报关执行、货运执行的部门，客服部门没有服务好内部相关部门，当然企业也无法为外部用户提供好的服务。

3. 从“我”到“你”的真正用户思维

用户思维的一个重要立足点是，必须站在用户的角度来思考。我们经常会犯的错误就是想当然，认为自己是很懂用户的，认为我们自己的思考就是用户的立场。无论是产品设计，还是服务设计，以原有的产品以及服务设计路线为基础，向前去延伸，就会被这种惯性思维所限制。共情是在用户研究时最常用的一个词，意味着我们必须做到与用户感同身受，站在用户的立场来思考琢磨所有的问题。空杯心理也是我们经常提及的，把自己心里的那杯水给清空，以完全放空的心态，去感受、去接触和去体会客户行为。

在零售行业有这样一个案例，SAP 曾经有一个产品是把门店里面的 POS 小票数据仓库进行专业化管理，基于海量的数据条目，进行财务的审计 / 查验，并且得出各种维度的门店销售分析。在与用户的交流过程中，用户提出了未来不同的看法，认为在数字化时代下，消费者应能够在云端随时随地查询到自己的销售交易记录。于是，产品部门把原有的产品进行云原生化，放在云端的大数据平台中，同时采用了最新技术方式，对外提供开放 API 的服务。但两年以后，这个产品就下架了。因为，这个产品的最初设计思路是以原有产品云化作为先入为主的产品设计，而不是从消费者在线查询所有的 POS 收银记录为出发点。但两年以后已是全渠道时代，消费者与零售商已建立数字化的连接。此时，无论是线上交易还是线下交易都可以被快速查询到。POS 收银机小票只是众多的交易渠道的一种方式，单独的 POS 收银小票在线查询已经意义不大。鉴于此，后来的产品创新就沿着用户的思路重新进行全渠道订单中心的搭建，并且取得了成功。

4. 改善用户体验的持续性创新

以用户为中心，并不意味着我们要放弃成本考核与经营优化。迎合用户的需求，不计成本地提供超出企业自身能力的额外服务是不可取的。比如，在门店运营中，为了实现不断货，把安全库存水平维持高位，用户的体验当然会很好，可是库存周转、资金积压就会非常严重，导致整个企业营利水平下降。很多企业提供免费用户服务，不计投入，但未必能够产生很好的经营收益。提高用户满意度并不意味着放弃营利的目标。在新零售品牌——盒马的管理体系中，曾经所有门店的到家服务都是免费的。但随着时间的推移，不少买家即便在买很便宜的商品，甚至于姜葱蒜等配料，都会从盒马订购。这种用户体验虽然得到了不少的好评，但终端物流成本太高，盒马也无法承受。随后，盒马改变了服务策略，对用户每天的首单是免费的，但随后的到家服务就要收取一定的快递费用。这样既服务了用户，又避免了过度营销带来的亏损。在进行一系列的数字化评估后发现，取消了次单免费后，客户的注册数、订单总数及到家营收上并没有太大的下滑。

本质上，任何企业的行动都是消耗成本的，改善用户体验也不例外。有些投入即便是短期并不能提供收益，但带来了其他层面的回馈，对于整体经营来说也是作为战略性投入，是有效的。比如，海底捞一直以其高水平服务著称，在等餐的过程中增加美甲和手部护理的部分。在等候期间如果排队过号，会有独特的过号短队列的重排机制。这些其实都会增加门店运营成本，但的确解决了用户焦虑的情绪，增加了进店人数，从最后的销售收入和翻台来看，是有收益的。随着这种方式的普及，运营在所有门店都增开了美甲专柜并且配备了洗手柜台。这种服务的提供具有可持续性并且值得推广。

6.1.3 技术创新颠覆与用户关系

数字技术颠覆了企业与用户之间的关系，即数字技术使得企业永远链接用户成为可能。这就意味着所有的交互过程，都有可能被数字化，然后再通过沉淀、归一、梳理、建模、挖掘使企业更“懂”用户。

在获取用户行为方面，过去企业通过观察、调研等手段，从抽样样例中了解用户的行为特征；而现在企业利用数字化技术，用户方方面面的行为都是可以被捕捉到。

在影响用户行为方面，数字化的交互界面对用户的影响力变得越来越显著。通过数字化技术，把文字、声音、图像、视频无孔不入地呈现给用户，时时刻刻影响他们做出下一个行为判断。

1. 移动应用技术的普及

在当前新一轮的技术变革中，影响最大的是移动应用技术的普及。移动应用技术的普及来自以下三个技术的突飞猛进和相互促进。

首先是互联网技术，从最早的TCP/IP协议诞生到现在的物联网逐步成熟，使得信息能够通过数字通道传播到世界的任何一个角落。当所有的信息都能够进行广域的互联互通，信息就可以传递到想要触及的任何终端。

其次是通信技术，从2G到5G，解决了通信效率的问题。从最初的WAP应用，通信速度只能支持简单的文字数据交换，到目前5G时代下，极低的延时使得超大规模的数据包的交换得以实现。

最后，移动手机的广泛普及，使得每个用户都配备了相当计算能力的终端设备，现在的移动终端的算力已经不亚于一部入门桌面计算机，而且移动终端具备更多的终端感知装置（摄像头、语音、NFC等），使得移动终端可持续提供终端接入。

移动应用技术的蓬勃发展，使得以用户为中心成为必然，企业可以与用户在任何地点，任何时间真正地进行交互，采集场景数据。

2. 大数据技术的普及

无论行为数据，还是流数据、文档数据（包括语音、图像等），这些日常生活中使用的信息表达方式，是无法使用结构化数据来进行高效保存和处理的。这些半结构化和非结构化的数据本身体积非常庞大，占用大量的存储空间，计算处理极度消耗资源，但从用户的视角来看，用户往往被影像、声音及文字所吸引，这些形式更易引起用户的共鸣，使体验更加出色。这些数据信息都由大数据技术处理，大数据处理能力的提升使得与用户的交互有了更多的方式，同时，这些数据会被持续保留下来，形成用户数据，以便于企业进一步挖掘、分析用户。

必须强调的是，结构化的数据依旧是主流，非结构化、半结构化的数据成为有力的补充。大数据扩大了数字化的覆盖范围和处理能力范围。原有的关系型数据库是数据结构的抽象，在数据记录、数据统计上都具有先天的优势。两者是互补的，并不是替代关系。

3. 云计算技术的普及

云计算本质是一种集群计算技术，突破了单体服务器的计算限制，可以说，算力得到了极大提升。

云计算带来的另一个巨大的影响就是超大规模应用层面的解耦。云计算提供了应用之间的互相调用能力，对应用层面进行拆分解耦，降低每个应用领域的复杂度。

云计算的发展对于以用户为中心的应用体系架构之所以重要，是因为只有充分解决了算力的问题，企业才有足够的资源来关注用户的交互层面。解耦带来的是更加广泛的合作及小体积应用的快速更迭。企业的外部用户比内部员工要多几个数量级，尤其是在用户进行交互的时候，基本没有手段来限制外部用户的需求，瞬间产生的大量交易数据，对于系统是个重大的冲击。只有在云计算弹性、解耦的应用框架下，企业才能处理用户的海量需求。

4. 数字接入技术的普及

数字化接入技术的普及，使得采集终端的各种行为数据成为可能。

- 人脸识别：通过识别用户人脸来识别用户身份，抓取用户ID。

- 语音识别：通过智慧技术能够把语音转换成文本脚本。
- 文字语义识别：用于把脚本转换成关键指令，从而触发应用系统指令。
- 图像识别技术及 RFID 技术：图像识别能够帮助我们识别货品位置、数量，在了解了货品的情况后允许后台进行业务交互；而 RFID 技术可实现对货品的精准跟踪，允许对单件货品的走向进行持续精准定位。
- 交互式机器人：能够在识别文本指令后，经过机器学习，通过文字方式，甚至语音方式，自动给予用户反馈。

数字接入技术的全面发展，有更多的途径可获得外部环境信息，丰富了数字化数据获取的手段，而不是最终实现目标。比如在门店建立完善的人脸识别体系，推动人脸支付，本身是用数字化的手段获取每个入店客户的信息，以便后续能够记录和追踪客户行为，但是实现了人脸识别，并不意味着就完成了以用户为中心的数字化旅程。此时，仅仅具备了整个旅程过程中的用户身份识别的能力，并没有与用户进行有效沟通，形成互动闭环，因此只能算是完成了用户体验设计中的一个环节。

6.2 以用户为中心的经营观念

6.2.1 从客户到用户的经营观

从客户到用户，这是营销理念的变革。

在传统思维中，企业把产品或服务售卖给客户作为核心目标，营销过程管理是以客户感知为起点，而交易转换成功被视作终点，这就是典型的客户思维。用户思维则是在交易完成后，仍然持续保持对用户的关注，即着眼于对用户全生命周期价值的关注和管理。

当前，“用户运营”这个词已经被业内越来越多提及，运营成为营销管理中的重要篇章。交易转化并不是用户接触的终点，而应该是新的旅程的开始，这就意味着营销方式从卖完就走转向持续服务的运营模式，如图 6-2 所示。

从这个角度看，客户与用户的差异关键在于用户中的“用”。从客户视角，经营报表反映了销售收入，企业关心的是销售成果，但从用户视角，企业更多地会关注用户的使用体验，更加看重用户的全生命周期的价值，而不是一次性销售的价值。

企业更加重视售后的用户维护，在持续维护用户的过程中，发现新的商机。获得新用户的成本很高，经营好现有用户，提高用户的复购率，扩大每个用户生命周期价值，这成为行之有效的经营模式。

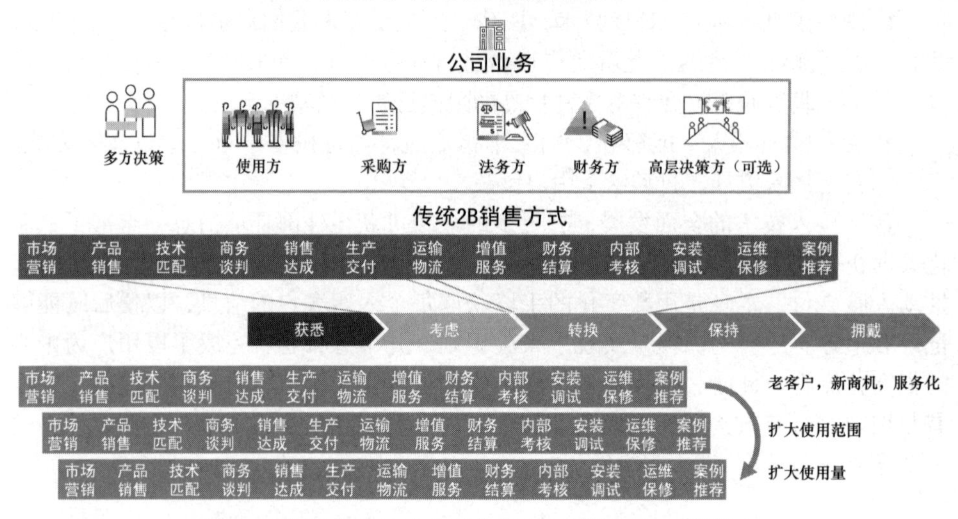

图 6-2 营销方式从卖完就走转向持续服务的运营模式

6.2.2 与用户携手共同创新

通常，对于企业而言，如何生产用户真正需要的产品并提供相应的服务，获得用户的倾心，是所有企业始终苦苦追寻的目标，与用户共创则是解决这个问题的一条捷径。共创的部分不仅仅是对于产品，也可以是对于企业的服务流程，从用户的视角来审视整个用户数字化旅程，从用户与企业的接触点改造提升，企业反思触点服务能力，以此来优化内部服务流程与目标，甚至可以改造供应链主链条、产品设计、定价方式等。企业与用户之间的关系已经从销售及其服务转到共同创造价值。

在与用户进行深入互动的过程中，以用户为中心也给产品设计理念带来了新的启示。对产品设计而言，最佳的方式就是去除中间的与用户价值无关的部分，直奔满足用户价值的结果，此时用户就是设计的目标和锚点。过去，产品的设计更多靠的是设计师灵感、对市场趋势的理解、对于产品技术的信心。而如今，好的产品设计往往从用户需求入手，在设计过程中始终思考如何切中用户的需求，体现满足用户的价值主张。设计师可邀请用户共同设计、共同创新。

例如，在 SAP 产品体系下，大部分产品都是基于这种方式来进行开发。SAP 与时尚行业联合开发服装行业解决方案就是这方面的典型案例，如图 6-3

所示。行业级别 ERP 的涵盖了技术底层、架构设计、功能开发、集成场景等各个方面，既满足了企业需求，又带入了行业最佳业务实践，让中小企业快速吸收。同时，在整个过程中，外部的技术体系和市场环境也在不断发生变化，这样的一个产品，单独由 SAP 完成，风险是巨大的。SAP 与时尚行业联合开发，共同成立了服装行业数字化委员会，由来自全球的 100 多个客户组成，其中有 6 家公司成为核心委员会成员，以它们的主要管理需求作为服装行业解决方案的设计模板。数字化委员会每年召开成员会议，而核心委员会成员则每月进行共同审查监督、共同制定产品路线与发布时间周期。整个服装行业解决方案在三年内逐步完成。这是 SAP 与全球领先的时尚企业共创的一种典型模式，此方案也最终成为业内最成功的技术方案之一，被全球 2000 多家时尚企业采纳使用。

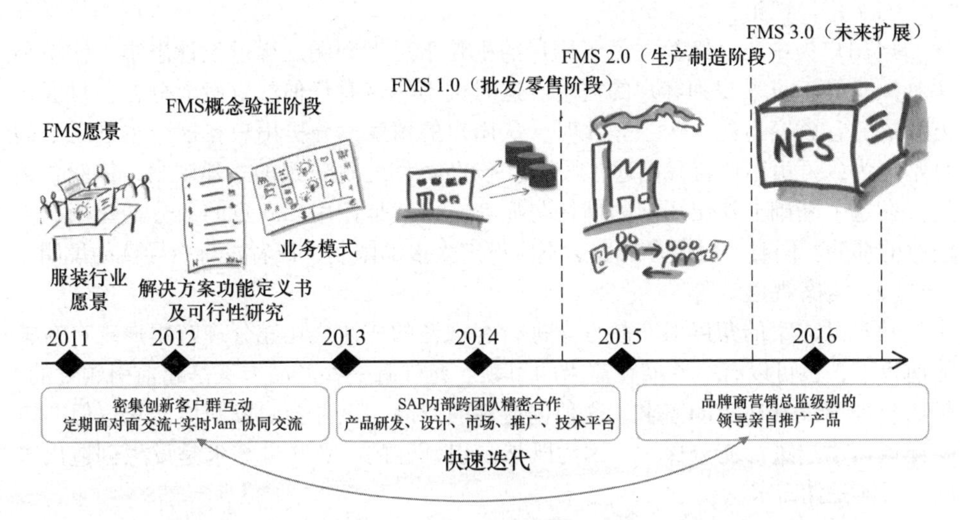

图 6-3　SAP 与时尚行业联合开发服装行业解决方案（FMS）

除了在产品研发时的共同创新，在实施过程中以及使用过程中的联合创新，也极大地促进了解决方案的成功，同时也给予产品持续改进的动力。

6.3　推进用户数字化旅程的方法论

企业要想建立用户数字化旅程管理体系，有三套切实可行的方法论，包括用户价值主张定位方法论、用户数字化旅程服务设计方法论、由设计引领的产品开发方法论。这些方法论被市场广泛接纳，并且已经有诸多实践，具有实际的推广意义。

6.3.1 用户价值主张定位方法论

确定用户价值主张是整个方法论三部曲中确定方案价值和定位的一个方法论。它贯穿于整个的设计过程。在设计之前，先要对整个产品的定位有一个清晰的了解：具体解决了什么样的问题，对于用户来说产品的价值是什么？对这种价值主张的可推行性是否有清晰的认识。一旦有了清晰的用户价值主张定位，后面的具体设计工作是以这个价值主张为目标的。

1. 视角原则

确定用户价值主张的首要步骤是先要确定用户的需求与方案的立足点，这个以用户需求为落脚点匹配产品特性的设计过程应遵循两个思考视角，并坚持两个原则。

（1）用户视角

以用户为中心，纯粹立足于用户的视角来思考问题。通过设计思维工作坊和头脑风暴等工具来找到客户的需求。这时候不能带有任何的方案成分，一旦混入方案成分，就容易先入为主。此时，从用户的角度，分析用户在这个主题之上的日常行为，可由用户自我阐述（按照事务的发生顺序），跟随式地观察，体验式共情。在这个基础上找出用户的期待与痛点，也就是让用户满意的部分与让用户不满意的部分。同时，对用户的表达不应设定太多的限制，或者进行引导性的说明。

（2）方案视角

从产品方案的角度对产品方案进行客观性的描述。在充分理解用户现有需求的前提下，也可以有一些潜在需求的引领。允许有一些产品方案是超前引领性的，是用户根本没有现实的需求，这种创造性的产品，也许会引发新增需求。但一定要谨慎与用户进行充分探讨。因为既然是引领性的，意味着需求是设想创造出来的，可能是伪需求。

（3）优先级设定原则

所有的观点都应该一一罗列出来，在贴纸上或者事实工具上进行展现。语言表达可能会遗漏或失真。方案供给方与用户需求方各自对自己的观点进行排序，在多人的情况下，也可以进行贴纸投票。通常以重要度和紧急度进行投票。投票必须有一定的可选项数量设定。因为，如果不做设定，也许所有的项目都是最重要的，也就无法进行排序。

（4）供需匹配原则

参与者有多方，包括观察方、产品方、用户方，共同进行点对点的连线、匹配。当发现大多数的产品能力能够对应到客户的期望与痛点上时，这是能够成功匹配的。而留下的孤儿观点，从方案视角来说，就是此项功能多此一举，从用户视角来说，就是没有解决痛点，或者期望没有被涉及，如图 6-4 所示。

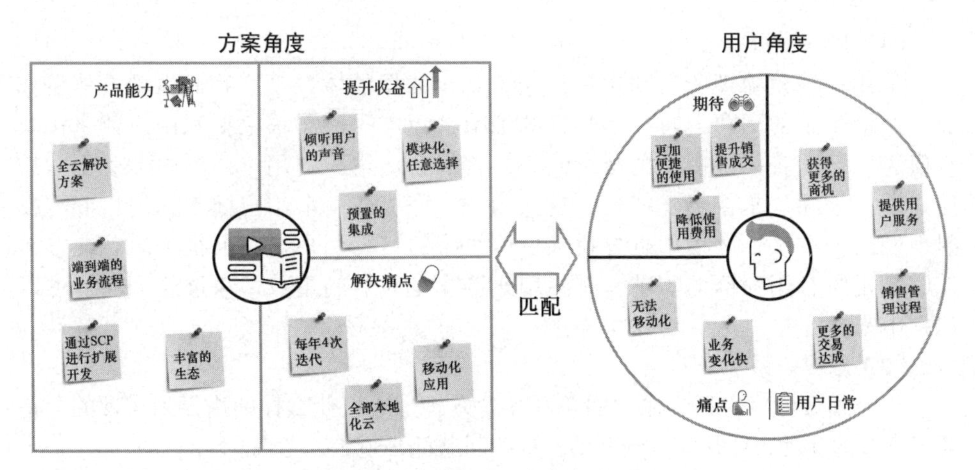

图 6-4 用户角度 / 方案角度匹配

在完成供需匹配后，并不意味着价值主张就已经成立了。好的产品方案需要周边的环境配合后，才具备推进的可能。因此要对整个外部环境进行综合的分析和多方面的考量，才能够进行推进。从微观角度来看，一个需求、一个方案构成的匹配关系就成为一个用例。从产品方案的角度来看，众多相关的用例组合才能形成一套完整的体系，才能形成一个丰富业务体系和价值观，如图 6-5 所示。

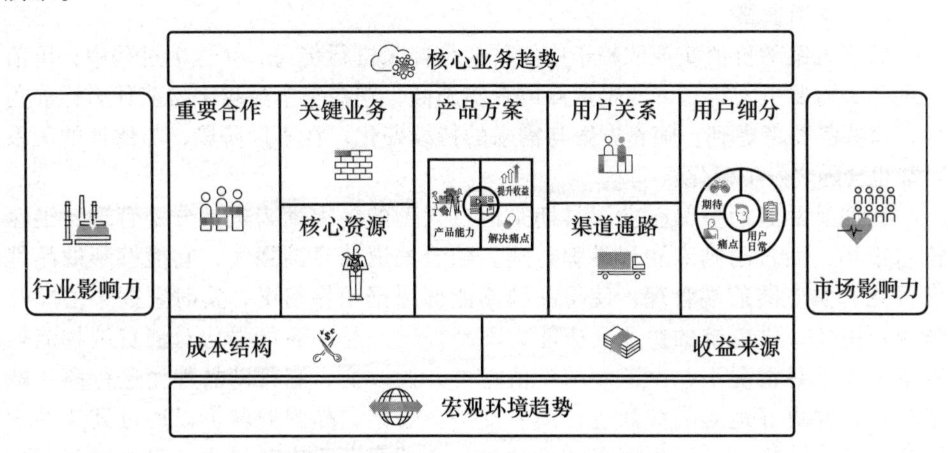

图 6-5 整体用户价值主张分析体系

2. 下游布局

在完成上述设计过程之后，还需要从下游布局的维度（包括用户细分、用户关系模型设计和渠道通路模式设计）来进一步验证客户价值主张设计定位的合理性和可行性。

（1）用户细分

从用户视角梳理所有的用例，在微观小数据的体系下，我们强调具体研究每一个活生生的用户，每一个日常的细节，用来进行需求挖掘和用户数字化旅程研究。但随着关键用户的持续收集，我们会从累积的用户样本中形成更多的用户群，来确认是否已经捕获到目标用户。完成从一个用户样本到用户群的投射。同时，在这个过程中也要找到价值主张的目标用户群，但很少的后继方案能够满足所有用户群的需求。哪些用户群才是我们的重点，通过这个环节可以识别出来。

（2）用户关系

用户细分做完之后，用户的关系互动方式是通过什么样的途径来实现的，是属于直接的互动，还是间接的互动？这些问题都必须予以考虑。

例如在网约车的场景下，网约车平台提供的是车辆需求与车辆可用的状态，形成出行资源的最优化调度。乘客通过手机移动应用的方式向网约车平台递交出行请求，平台安排和调度承运方（第三方的司机或者外包车辆运营公司），网约车进行车资计费及车资结算。这样的客户关系，一旦网约车违规后，用户不会去找具体司机和车辆，用户向网约车平台进行投诉。在这个价值主张中，网约车平台把握了客户关系，同时也就要负责客户的各种直接诉求，即便有很多出险行为并不是平台所为。

（3）渠道通路

很多方案的价值实现依赖于中间价值伙伴来进行传递，在这个过程中，价值实现是否需要引入第三方的渠道商或者实施商，它在整个过程中扮演什么样的角色，这些都要考虑到。随着方案与需求的持续变化，在不同阶段，与伙伴的关系可能也会随之发生变化。

比如某品牌消费品企业，早期是通过大型的渠道商来进行分销管理，迅速抢占市场，而自己则专注于品牌打造。随着渠道商日渐强大，它能够帮助品牌商强化对供应链前端管理，使得品牌商能够根据销售情况，实时掌握渠道库存情况。由此，供应链的快速反应能力不断提升，品牌商可强化对消费端物流的管理。在这种情况下，渠道商的价值定位开始改变，它帮助品牌商进行商务网络拓展，并更好地对品牌商进行商务支持。于是，品牌商就可以通过高效的物流体系，直接把商品送到网点和柜台，甚至消费者手中。最终，渠道通路变得更短、更敏捷。

3. 上游布局

考虑下游布局的同时，也必须要考虑上游布局，以此来夯实核心资源，调整关键业务，建立新型合作伙伴关系。

（1）核心资源

之前一直强调的是，做产品设计时，始终面向用户，避免现有产品的惯性思维。一旦产品方案完成匹配后，在做可行性分析时，则需要重新审视和分析主要核心优势、战略资产、现有产品、服务体系，然后做相应的调整。核心资源优势不仅包括了现有的可用产品部件、底盘基座、规格标准等产品的可复用资产，也包括了用户资源群、销售网络覆盖面、行业深耕的长期积累，以及行业口碑等这些非产品类的可复用资产。

（2）合作关系

随着新的产品方案的形成，合作伙伴的关系亦需进行调整和匹配，例如，是提供更广泛的零部件供应，或是调整零部件设计规格；嵌入到合作伙伴的服务体系，或者把合作伙伴的服务体系也纳入自己的新产品体系中，这些都要考虑到。同时，在商务上的利益分配，也需要进行相应调整。

（3）关键业务

新的业务，可能也会带来一些内部业务调整和流程调整。在产品实现价值过程中，经过之前的分析，上下游的运行模式可能都会出现改变。内部业务流程和外部价值链关系也可能发生变化。而这些变化如何落实到具体的组织、绩效和流程上，都是关键业务。

通过以上逐步推演的方式，最终完成了用户价值主张的分析。用户价值主张定位方法论，无论在内部对于方案的呈现和思考，还是对外进行产品设计定位、公司市场设计定位、商业计划设计定位，思考逻辑是类似的，都很有参考价值。这里需要特别强调的就是以用户为出发点来设计产品方案，通过匹配对应找出方案本身的价值，同时通过上下游的周边条件分析与思考，来完善整个设计定位的可执行性，一切以用户需求为起点，以落地可行性验证为基础，最终形成用户价值主张落地的整体战略分析框架。

6.3.2 用户数字化旅程服务设计方法论

企业引入用户数字化旅程设计，无疑是实现用户价值最大化的一种必要的方式。这个过程是指从用户接触到企业（广告）开始，到咨询、比较、购买、使用、分享使用体验，最后以升级、更换或选择其他品牌的产品结束。由于这个过程包含了很多用户与企业的触点和真实的情境，因此，用户数字化旅程又被称为“触点故事线”或“真实瞬间场景集合”。

1. 典型用户与共情心态是用户数字化旅程设计的前提

之前多次提到，以用户为中心，即以典型用户作为研究的对象，这个用户必须是具体的且可以代入研究的对象。有了这样设定的典型用户之后，以空杯心理和共情的心态来研究用户的行为。

用户数字化旅程故事线的选择并没有明确的限定。但一定要设定一个场景目标。例如入店、上班旅途、进入银行办理业务、客服接受外部咨询等。这些场景目标通常都有一个起始点和一个终止点。设定了前后节点后，开始记录整个时间轴上发生的所有过程。场景目标除了一个工作任务外，也可以放大到更加宏观的场景中去，比如收营员的一天、店长的一天、财务管理部门人员的一年。同时需要注意的是，故事线并不是故事。作为研究的对象，整个故事线是真实发生的，而不是凭空杜撰出来的。

2. 触点信息的收集是用户数字化旅程设计的基础

一个用户在整个数字化旅程中，会有各种接触和交互。每个接触和交互都会或多或少影响用户的行为。五官（声、光、味、触、闻）的感受，形成了用户数字化旅程的各个接触点，既包含了物理的接触，也包括了虚拟的接触，都在时时刻刻地影响用户。

触点就是品牌在服务的各个环节中与用户的接触点。比如实体的触点有户外广告、门店招牌、服务员、墙面装修、灯光、门店氛围、桌椅尺寸、桌椅排布、绿植摆放、各种软装装饰等；数字触点有网站、App、宣传视频等；还有人际交互触点，服务员的服务流程和态度、顾客间的交互等，这都是用户和品牌的触点。

比方说我们去麦当劳，远远地，高耸的金拱门就在召唤你；走近一些，红色的建筑和门口的小丑叔叔在等待你；一进门，明亮的灯光、条状高桌高椅或小方块桌椅，让你舒适又略有局促感；有优惠的套餐安排会大大降低点餐难度，提升排队效率；配合明快的音乐，你的进餐速度也不由自主地加快了几分，翻台率自然上升。可以说是麦当劳培育了快餐文化、快餐需求，以至于人们对快餐的需求越来越多，最终他们还需要配合自助点餐机和App点餐，以满足人们对快餐随时可得、越来越快的要求。

另外就是星巴克设计的用户数字化旅程，整个过程从各个方面、细节到每一个摆设位置，以及包装的设计、商品的选择、员工的话术、店内装修风格、外部的气味，都持续不断地强调着星巴克的理念：成为家庭与工作场所之外的“第三空间”。

3. 保持体验一致性是用户数字化旅程设计的核心

用户在价值实现的过程中，希望体验具有一致性、连贯性。当消费者在线上购物后，在线下退货，对于用户来说这是同一个品牌，用户在与品牌商进行交互，并需要是无缝连贯的。但如果线上线下没有打通，从客户的体验来说就会有割裂感。作为品牌商而言，要将品牌心智植入用户内心，并在用户数字化旅程的各个接触点不断强化这个心智。还以星巴克的用户数字化旅程设计为例，它在市场上有大量竞争对手，优雅从容的法式咖啡，餐食一体的台式咖啡，浓郁清香的意大利咖啡等。星巴克将自己定位为独立于家庭、工作场所以外的“第三空间”，它的目标市场是注重享受、休闲，崇尚知识的中等收入群体、城市白领。围绕着这一理念打造了整体感受，而所有的触点设计都在不停强化这个心智。如果不能反映这个心智，甚至于有悖于心智传达，这就是需要改进的地方。

4. 多方联动及协同是用户数字化旅程设计的关键

用户数字化旅程设计也是整合各方价值的一个协同过程，以此形成价值共同体。具体来说，就是在每个节点上，通过分析不同负责企业的价值点，使得业务做到更好的整体衔接与协同。

以汽车 4S 店的用户数字化旅程设计为例。从用户进店开始，虽然用户感觉不到存在断点，但是一个体验一致且流畅的购车过程，是多方进行管理协同的过程，如图 6-6 所示。

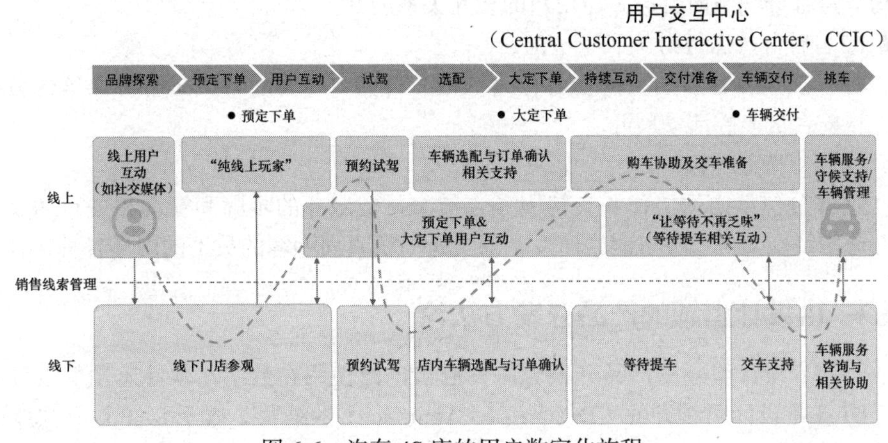

图 6-6　汽车 4S 店的用户数字化旅程

5. 捕捉体验的感受是用户旅程设计的焦点

用户数字化旅程研究的本质就是一个观察和倾听的过程，必须记录用户在哪些环节上流露出了满意的态度，或者是不满的反应。

按照传统的做法，当我们在调研用户的品牌满意度的时候，总是得不到比较清晰准确的回答。但在用户数字化旅程体验过程中，通过一个个具体的场景，我们会发现用户就能够主动打开其感受反馈体系。

6. 服务设计蓝图是用户旅程设计的延续

服务蓝图是一套进行顾客服务设计的可视化方法论，顾客服务过程中的不同人员都可以理解并使用它，可以将服务蓝图视为用户数字化旅程的延续。

服务蓝图不仅包括横向的客户服务过程，还包括纵向的内部协作，是描绘整个服务前、中、后台构成的全景视图。

内部建立服务层次，是服务设计的核心理念，它意味着在交付优化用户数字化旅程过程中，分层次来对外进行服务优化。形成以用户为中心的多层级服务设计体系。

家电连锁零售门店的服务设计蓝图框架如图 6-7 所示。

该框架包括用户行为、前台员工（一线与顾客直接接触和互动的服务人员）行为、后台员工行为和支持过程行为四个部分。

（1）用户行为

用户行为指在购买、消费和评价服务过程中的一系列动作、抉择、互动等。这部分紧紧围绕着用户在购买、消费和评价服务过程展开。

（2）前台员工行为

与顾客相并行的部分是服务顾客的员工行为，也就是顾客能看到或感受到的行为。这部分围绕前台员工与用户的相互关系展开。

（3）后台员工行为

那些发生在幕后的支持前台行为的员工行为，称为后台员工行为，这部分围绕支持前台员工的活动展开。

（4）支持过程行为

这部分包括内部协作和支持服务人员交付的服务的步骤和互动相关行为。这一部分围绕在交付服务过程中所发生的支持一线直面顾客的员工的内部各种协作。

6.3.3 由设计引领的产品开发方法论

当前，设计引领的产品开发方法论已被广泛使用在数字化软件应用的设计开发。DLA 是设计引领开发（Design Led Approach）的缩写，属于 SAP 设计思维研究院专门为技术研发而设计的一整套方法论，是对全球的产品与工厂项目团队的大量企业级产品开发应用的经验总结，已被广泛应用在面向业务的软件应用产品的设计与开发中，如图 6-8 所示。

首先，DLA 强调了短期聚焦和快速迭代，并持续推进的过程。从图 6-8 中可以看到，从左至右是从设计到实现的过程，但在最后环节并没有终止思考，会再返回原路径进行复盘和追随，寻找丢失的部分或者未完成的部分，进入后续的迭代研发。

其次，DLA 整个过程分为三个阶段即 3D 阶段，发现（Discovery）阶段、设计（Design）阶段和交付（Deliver）阶段。

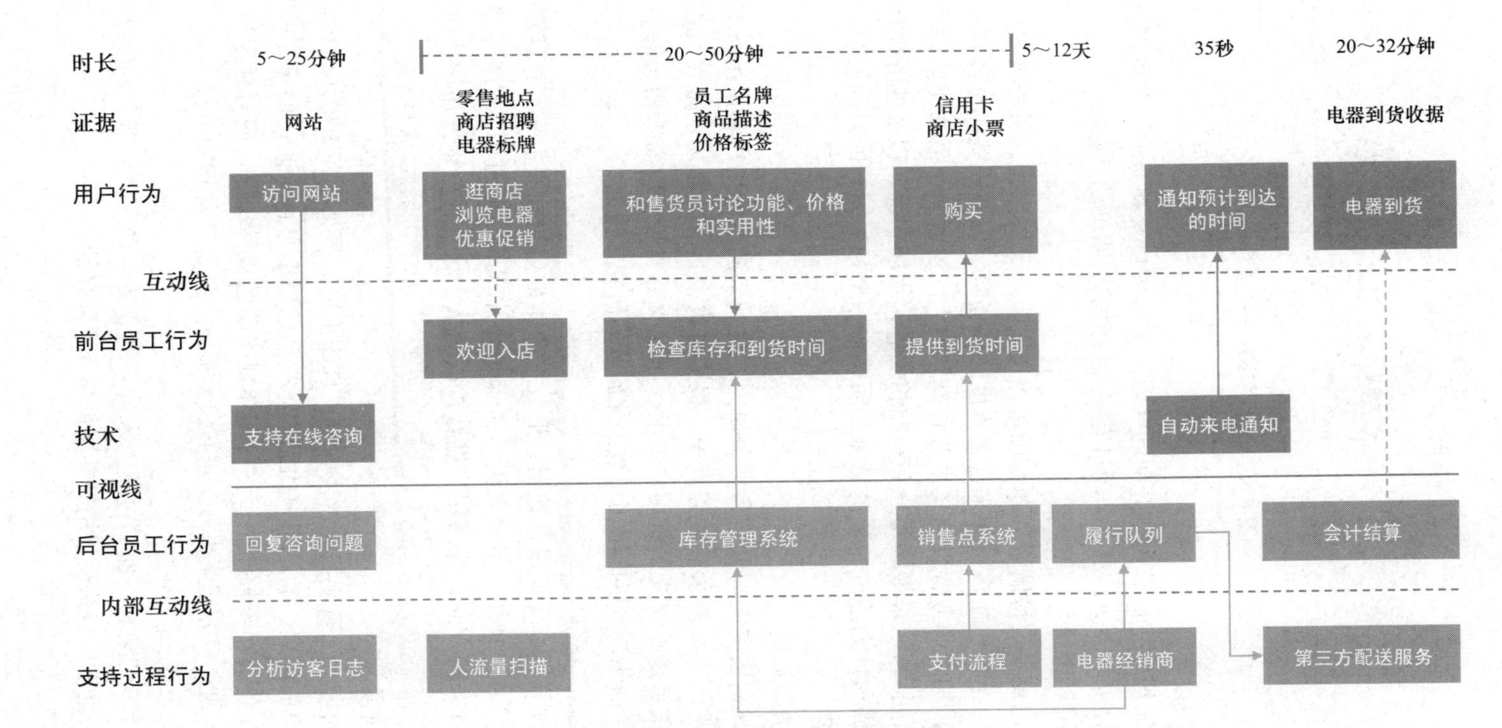

图 6-7 家电连锁零售门店的服务设计蓝图框架

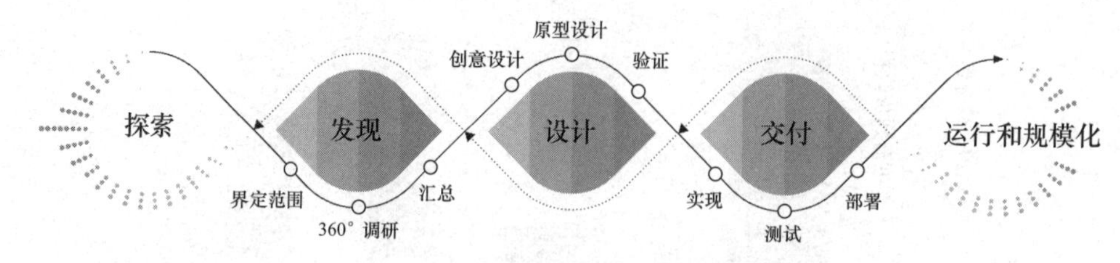

图 6-8 设计引领开发的流程

1. 发现阶段

在这个阶段，我们首先打开问题空间，了解用户及其需求，并得出见解，以便在进入设计阶段之前，对整个项目有一个一致的、明确的目标。

（1）范围界定

范围界定是界定待解决问题和确定相关人员。具体来说，首先要设定高阶的项目范围，由于用户需求可能来自多维度、多场景，以及团队成员各自有着不同的技术强项，加之业务背景与技术背景差异很大，这就非常需要团队内部形成共识。该共识包括，谁是最终用户和利益相关者，市场状况，以及业务障碍，尤其需要就项目周期计划达成一致的意见，明确在一个相对固定的时间段和开发周期要交付的内容。

（2）全方位调研

全方位调研需要花时间进行业务研究，找到未满足的用户和市场需求。企业应用程序通常是非常复杂的业务流程，很容易失去重点并添加很多并不紧急的功能。因此，重点是不仅要了解用户需求，而且要了解与用户需求相关的尽可能全的其他信息。因此，可以应用用户数字化旅程的研究方法论。

（3）汇总

综合各种分析、反馈以及数据，形成一个体系化的价值主张，并且需要与用户进行全面沟通。通常，用户提出的需求是碎片式的，通过团队的综合汇总后，提炼出解决方案的方向，并与用户进行再次确认。这里也可以使用用户价值主张定位方法论。

2. 设计阶段

在设计阶段，要着手找到解决方案。具体来说，就是要产生想法并创建原型，旨在解决用户的痛点，满足用户的需求。产品的原型是这个阶段的重要产品，这就需要提前充分制作多种原型，尽可能体现团队的设计思路。同时就原型与用户进行充分的沟通，双方把解决方案进行反复验证，确保设计切实可行。

（1）创意设计

创意设计，是集思广益的过程。来自不同业务背景、技术背景的团队成员都可以积极参与进来，包括邀请用户共同创建，一同畅想。

（2）原型设计

原型设计是以不同的逼真度展示设计布局和用户交互界面，演示动作和用户行为反馈。为了提高原型设计效率，原型设计可以有简单的故事线设计，以及纸面的交互布局设计，再到高保真的界面细节设计。在很多情况下，简单的布局和白板设计，就可以获得不错的原型设计效果，而且几乎所有的非设计师都可以很快参与进来，这有利于团队与用户的充分、即时的交流。而高保真设计，通常会耗费比较多的专业人员的时间，可能需要专业的UX设计师操刀。因此，在进入高保真设计之前，要确保已经充分沟通基本的原型手稿。

（3）验证

验证（Validate）是通过观察和用户反馈对设计进行评估。设计引领的产品开发方法论，始终把用户作为合作的对象。不仅需要用户参与讨论、参与创意，当我们制作出原型以后，还需要用户参与验证。此时，可能还要引入更多的用户代表，收集更加广泛的反馈。由于还未进入产品真正的实现阶段，所有的修正相对来说，成本都是比较低的。在这个阶段用户已经可以看到未来的解决方案，并且进行了模拟试用。对于最后的项目交付成果，实际上已经做了部分确认。

3. 交付阶段

在这个阶段，开始构建实际的解决方案，开发代码，测试产品，并且向外界发布制作的产品。

（1）实现

实现是将解决方案变为现实，包括前端 / 后端开发，以及文档管理。

（2）测试

测试的目标是确保产品正常工作，达到所有必要的绩效目标。

（3）部署

部署将完成的产品发布给客户。

设计引领的产品开发方法论，是以用户为中心的产品设计理念。在传统的交付阶段之外，强调了发现与设计阶段，同时强调团队合作，以及用户的参与。

在团队的合作方面，许多不同的人为发展进程做出了贡献。通常主要包括：

- 产品负责人，领域专家，通常负责该领域的所有应用程序。
- 用户研究员，负责最终用户研究和工件整合。
- 用户体验设计师，创建模型、原型和设计规范。
- 实现设计的软件开发人员。
- 信息开发者，负责用户界面文本、术语和用户辅助。
- 建立测试活动并整合结果的质量专家。

6.4 数字化共享平台的构建

以用户数字化旅程为始，最终需要通过数字技术来搭建企业数字化转型的基础平台即数字化共享平台。

6.4.1 数字化共享平台的解读

企业要想获得用户旅程的数字化能力，核心是要做到企业能力软件化、模块化、服务化、平台化。

1. 企业应用软件架构的演化进程

在当前的企业应用软件架构体系中，应用平台化已经是必然的技术趋势和发展趋势，图 6-9 所示为其演化进程。

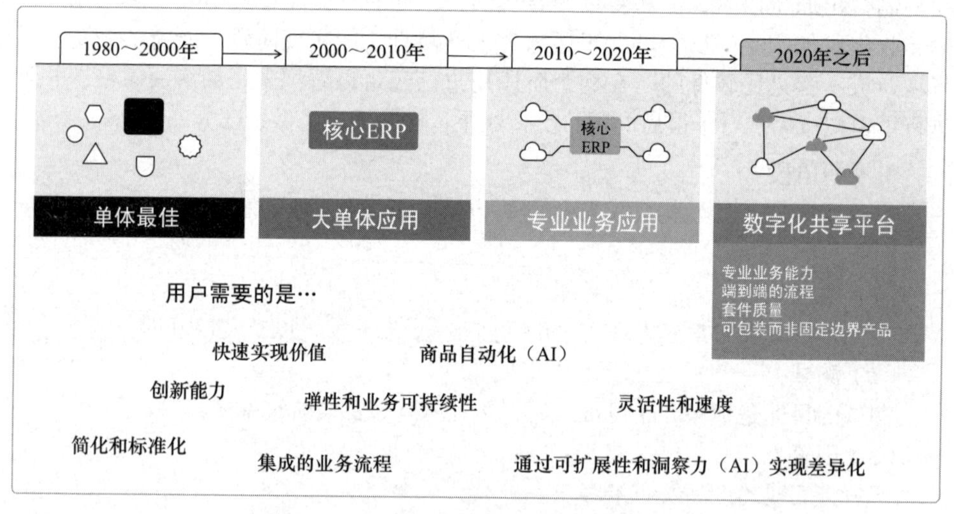

图 6-9 企业应用软件架构的演化进程

1980 ～ 2000 年，单体最佳。由于应用技术的限制以及专业领域的限制，用户的每个业务部门都是从自身的需求出发来选择当时市场上最好的应用软件，而每个领域也都有众多的专业领域应用提供商，其后果就是随着业务的发展，企业内部的技术组件纷繁复杂，企业内部的系统架构也异常复杂。即便使用企业数据总线，也难以把所有的业务进行顺畅的链接。

2000 ～ 2010 年，大单体应用。为了解决大型企业管理复杂度和精细化管理的问题，ERP 逐渐成为企业业务管理变革的核心应用系统，企业应用软件群雄逐鹿的分散格局被重塑。在这一阶段，结合业务优化与流程梳理，SAP 的 ERP 发挥了核心价值的作用，也因此成为许多大型企业的必选项。

2010 ～ 2020 年，专业业务应用。专业的业务应用成为 ERP 的建设重点。由于不同的企业流程线（Line-of-Business，LoB）应用对应不同的专业领域，而这些 LoB 组件又对接到企业核心业务上，形成了新型架构，因此也成为后现代企业软件架构的主流。

2020 年之后，数字化共享平台。随着 ICT 技术，尤其是移动应用技术及 5G 的广泛普及，企业软件应用市场出现根本性的变革。在企业核心应用之外，为了能够对市场和客户快速变化的需要做出敏捷反应，能够快速构建适应变化的功能组件成为必需，而云原生和微服务技术提供了相对灵活的、小规模的能力，由此得到了青睐。在云时代下，这些小组件有相对的稳定性，可实现以点带面进行大规模产品化，由此不同类型的组件需要一个平台来进行统一的治理，这一平台被称为数字化共享平台。

2. 数字化共享平台的理解

（1）应用能力共享

卫星型的应用能够进行前后端分离。后端提供企业需要的能力（EBC)，而前端提供用户交互的界面（UX)。这些应用可复用，小组件也可以进行应用共享，每个小组件都成为开放的企业应用零部件。这些零部件既可以被整体（前端加后端能力）被企业选择使用，也可以只提供业务能力，前端被其他来调用。共享意味着可重复使用，云原生意味着在性能上不会成为约束，开放性意味着这个组件可以被采纳，整合到更加完整的业务流程链条中。

（2）平台化作为基础

随着卫星型的各种小应用如同雨后春笋般地成长，在开发过程中，有了非常好的应变性和开放性，但要形成连贯的、一致的管理流程，迫切需要平台进行支持。在平台上，使用统一的技术开放接口、主数据管理、UX 设计语言，以及企业统一的入口和工作流，把这些组件进行组合编排。没有平台，上面的共享组件是一盘散沙，无法发挥作用。

（3）商业模式的变化

企业应用软件架构趋向于平台化、服务化、可组合化。同时，基于这样的构建方式，企业应用软件的销售方式也会发生变化。除了企业数字化核心以外，其他的组件都可以进行小微化组合报价。过去固定应用边界的方式，被更加灵活的微服务能力组合加基础平台的模式取代。

6.4.2 数字化共享平台的特征

在以用户为中心的场景下，在用户数字化旅程的各个环节，为用户提供实时、敏捷的服务时，就需要建立用户数字化共享平台。

该平台面向用户设计应用架构，以服务用户（包括B端和C端）以及其他利益相关者，关注的是用户全生命周期的价值，每个环节都需要做到业务、流程和数据相结合。同时，该平台要成为支撑前端用户触点部门与后台服务的桥梁，以及具有开放性，能够对接到其他合作伙伴，吸收其他应用并在该平台上进行快速搭建。

用户数字化共享平台，有如下特征。

1. 服务化

封闭的技术组件体系需要转变为具有开放能力以满足外部调用，市场上流行的Restful和oData的格式，已经成为通用的API交换数据的语言且相当成熟。服务化意味着需要进行前后端分离，意味着组件具有业务逻辑处理能力并对外提供服务，同时组件界面可以进行灵活搭配组合。

2. 强内聚

在微服务架构下，功能切分得非常细致，但这也势必造成了功能过于分散，互相链接比较困难，形成蜘蛛网状的分布。强内聚主张在一个业务领域范畴中，内部可以形成小型闭环，从而以组件形式对外提供服务。由此持续性开发与运维有一定的自主权。内部多个微服务组件对外服务时是一个整体，这样减少了依赖性和连接复杂性。

3. 可复用

可复用业务是有边界的，可复用组件的对外服务需要有重复使用的场景。可复用组件会面临不同的需求方（即便是相同领域，也有着细微的差别），要有一定的适配性能力，并可增加配置管理来满足不同用户的细微差异需求。如果为了细微差异就要重新建立新的组件，显然运维的工作量是惊人的。

4. 易扩展

即便提供了大量可复用组件，在面对纷繁复杂的前端需求时，总会有各种新的开发需求。平台需要具备很强的快速开发能力。通常，如果在领域内的可复用场景已经形成套件进行沉淀，那么对一些新需求可以通过微服务的方式进行快速开发和挂接。当服务组件能力累积到一定程度时，可以考虑把这些微创新按照领域归属进行整合、迭代甚至重构。这样，一方面完整了领域的功能，另一方面也扩展了新的领域，可避免持续开发新应用而导致的架构失控。

5. 易扩张

微服务架构的明显优势是，单个应用的体积比较小，容易进行分布式部署，快速扩展计算能力可获得良好性能。带来的劣势是，体积切分面临着与其他组件之间的通信、数据同步、共享会造成复杂业务逻辑，或者跨组件严谨流程将遇到风险。

6. 松耦合

组件化后，不得不提到耦合的话题。应用组件以服务的方式对外提供能力，即便有了领域驱动形成管理闭环，但毕竟很多业务是跨领域的，因此，耦合也是新一代平台的能力特征。在各个组件之间，需要以下几个“统一”功能：统一的用户交互语言，以确保各个组件的使用是连贯的；统一的用户身份登录，确保不同组件之间的用户权限、访问口令可以顺利穿插；统一的通用数据模型、关键业务的数据模型，确保各个组件之间的核心数据能够进行对应且流畅流转；统一的组件管理平台，能够监控各个组件的运行情况，管理各个组件的微创新，调整各个组件的资源消耗；统一的工作流引擎，实现工作流跨越组件时的一致驱动。统一的企业级工作流，确保跨领域顺畅地进行工作流审批。所有的这些都是松耦合，就是让用户感受不到底层系统之间的切换和跳转，组件化和容器化对于用户来说应该是无感的。

6.4.3 数字化共享平台的架构

结合二十多年全方位的用户经营领域的沉淀和不断创新，SAP的用户数字化共享平台如图6-10所示，在这个架构体现了专业化、平台化、用户可消费化、数据资产化、创新常态化。

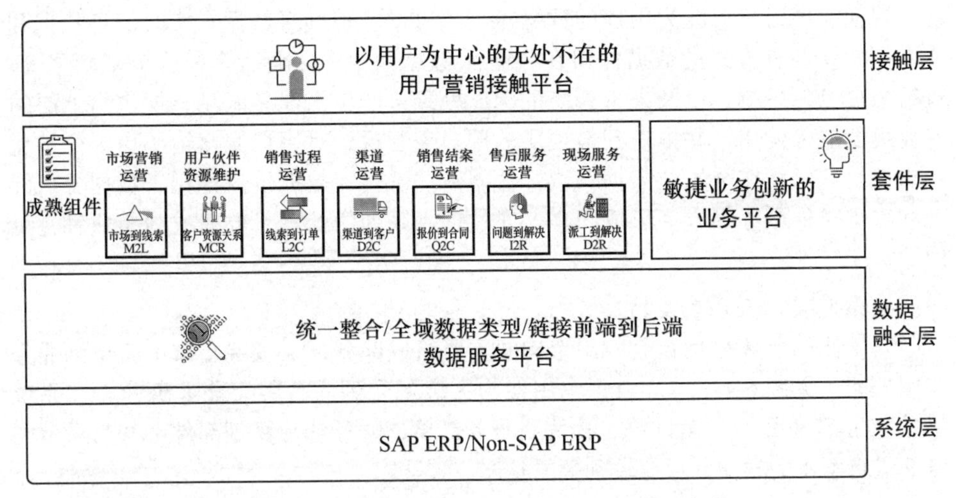

图6-10 SAP用户数字化共享平台应用分层架构

该平台的不同层级，各自有着不同的定位。

1. 接触层——面向用户

这一层主要解决与用户的直接交互，数字化链接外部用户。外部用户能够通过这个层在任何时间、任何地点与企业进行持续不断的交互。这里将对用户所有接触点进行统一管理，而企业需要向外部传达的资源，也通过这个层面完成。

由于面向外部用户，可消费性、大并发及多渠道站点对接是这个层的重点。如果以品牌全渠道建设企业为例，所有与消费者相关的商品中心、销售订单中心、可销售库存中心、服务订单介入中心都落在这个层面上。同时，这一层也对接了其他的接触点，比如小程序、消费移动应用、门店自助服务 Kiosks 等，都从这个平台获得统一的信息。

2. 套件层——专业运营层

SAP 的产品按照领域进行组件划分，可以单独进行部署和实施。比如专业的市场营销套件负责市场推广、信息收集、市场培育、客户分群、定向投送，以及营销预算管理等。这样的组件通过面向用户的营销接触层获得信息，并且策动行动。当然在没有营销接触层的配备时，如果用户需要单独使用这样的组件，也可以进行单独部署。但如果能够与用户接触层配合使用，会获得更好的效果。这样市场营销与促销执行就可以直接绑定，形成闭环。

3. 数据融合层——数据服务

数据融合层通过数据业务内容和业务服务，可以有效构建用户经营服务平台。具体来说，在用户经营过程中，所有的交互数据都可以被抓取到这个层，经过清洗、建模、导入，沉淀为用户的数据模型。通过管理批量数据、实时消息数据和流数据，将各种方式的数据保留在 SAP 大数据体系中。而后，在这个基础之上，进行数据分析挖掘，以及人工智能的深度处理，产生出业务洞见，提供给上层的专业运营层来使用，并推送到最顶层的用户交互层，对用户交互给予更为个性化的支持。这样就在全方位数据获取、数据清洗沉淀、数据价值挖掘、数据分析展现和数据对外服务等方面形成闭环。通过这一系列的处理，数据成为企业真正可用的资产。

4. 系统层——后台支持

营销侧的业务都是企业应用架构的重要组成部分，系统层支撑了营销侧业务应用框架（见图 6-11），营销侧应用架构无缝融合到后台数字化业务核心（系统层），包括营销侧的产销订单、物流、服务订单、财务和预算等部件，并与后台的 ERP 进行紧密的联动，形成端到端的整体。

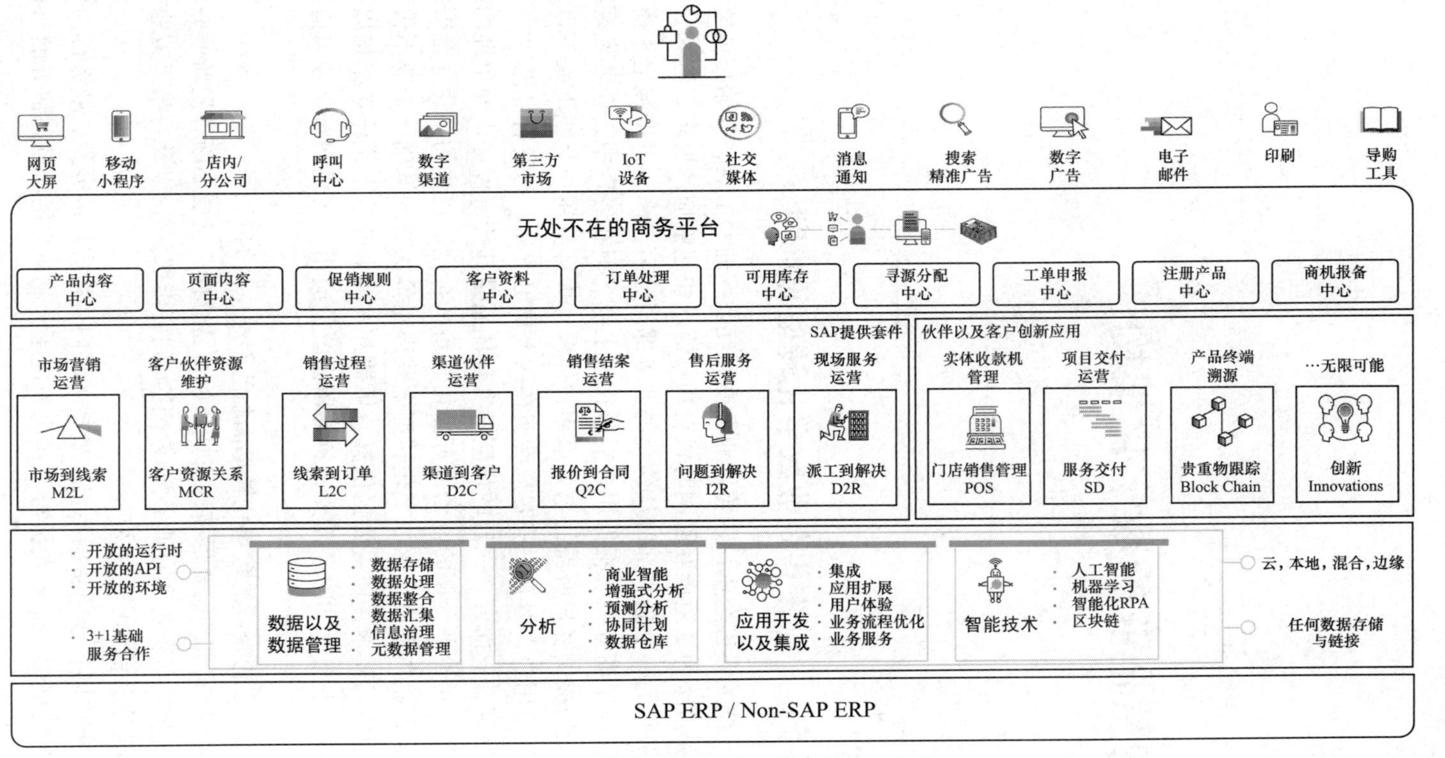

图 6-11 系统层支撑的营销侧业务应用框架

第7章 Chapter 7

智慧企业的数字化架构

7.1 引子：一家零售企业数字化转型的难题

一家传统的零售企业，在传统业务受到互联网的冲击后，开始拓展电子商务网络销售渠道。为了适应互联网时代对用户需求快速响应的要求，这家公司将电子商务业务作为一个独立部门从传统的业务部门分离出来，以增强电子商务业务的竞争性。电子商务系统根据用户需求快速上线，但在经营中，企业发现独立的线上业务无法提供客户所需的全渠道用户体验：大部分用户是线上来下订单，通过物流配送给用户；但有一些客户希望在线上预定产品，到商店自提货物。

对于这家企业而言，完善的供应链管理体系是其传统优势，而单纯的线上电子商务业务相对于平台型的电子商务公司是不具有竞争优势的。建立全渠道的用户体验，是企业在零售行业数字化转型上获得竞争优势的基础，企业不仅需要能够快速响应市场需求，还需要提供具有敏捷开发能力的数字化体系架构以支持电子商务的线上业务，同时还需要支持遗留系统的应用，实现创新业务与遗留系统的融合。

这家传统零售企业的数字化转型面临的困难总结如下：

1）技术集成：既需要保持原有业务的可持续性，又要不断开发新业务，同时需要将创新业务与企业原有业务集成（比如到商店取货），以及与第三方业务集成（比如与物流服务商的服务集成）。

2）业务协同：业务转型不仅需要技术部门支持应用的开发，业务部门也需要参与到业务转型中，业务人员需要在业务构建、业务应用项目评估方面与技术部门协作，构建协作的业务流程（电子商务需要IT技术与业务人员的协作）。

3）遗留系统的调整与替换：遗留系统的技术过时，如使用过时的开发语言，这些语言在年轻的软件开发人员中已经不常见，系统如何更新成为挑战。

4）遗留系统架构无法支持实时信息查询，遗留系统通过批处理模式来汇总数据，对于商品的库存信息是按天汇总的，而满足线上产品的客户需求需要实时库存信息。

从本质上，这家零售企业面临的主要挑战是如何用数字化架构保证现有业务的延续性和新业务的快速开发之间的平衡。这家公司IT部门和业务部门都意识到，与大多数传统IT项目不同，数字化转型是一个持续改进的过程，需要在转型的早期阶段提供新功能，并在持续运行的基础上，不断响应用户需求迭代出新的业务功能、新的业务流程。

绝大多数企业的数字化转型，都面临这家传统零售企业相同的困境，需要既支持原有业务，又要支持新的数字化的业务。在数字化转型过程中，企业必须建立一个与传统架构融合，并适应数字化业务的数字化架构。数字化转型是一个不断实现业务创新、流程创新的过程。成功的数字化转型主要关注以下几个方面：

1）使用平台管理的混合目标体系结构。数字化的体系结构是异构的，新的数字化架构是可伸缩性和弹性管理的交易平台，与为客户体验而优化的其他系统共存。

2）支持开发新功能。支持新业务的开发，同时支持新的业务流程与遗留系统的集成，保持现有业务的延续性。新业务应用需要严格的开发和测试方法，并且需要对业务应用进行管理，确保其具有弹性和可伸缩性。

3）与新技术并行构建新的组织和治理模型。在数字化转型企业中，业务和IT以一种新的集成方式协同工作，两者之间的界限开始模糊。

以上的数字化转型面临的难题，本质上是数字化架构的难题。本章的重点将讨论智慧企业的数字化架构。首先，介绍智慧企业数字化架构的特点和框架；之后，通过介绍智慧企业的数字化业务特点，分析数字化架构的特点和能力，提出数字化架构的框架；最后，以智能服务世界作为案例，用数字化架构分析智能服务世界提供的业务架构和技术架构，以便读者更好地了解如何设计智慧企业的数字化架构。

7.2 数字化架构的定义和组成

7.2.1 数字化架构的定义

本章将架构的讨论范围框定在指导制定未来架构蓝图这部分功能，即主要讨论企业应用系统中架构组成及架构特点，不对软件过程（项目实施）部分做讨论。

基于这个范围对架构做定义：架构通常指软件架构，是有关软件整体结构与组件的抽象描述，用于指导大型软件系统各个方面的设计。

软件架构决定了软件系统的主体结构、宏观特性和具有的基本功能及特性。就如大型建筑物设计成功的关键在于主体结构，复杂的软件设计的成功在于软件系统结构设计的正确性和合理性，软件架构是软件设计成功的关键。

随着新一代 IT 技术的发展，IT 与 OT 深度融合，在 IT 领域非常普及的软件架构的概念，被用于企业数字化转型，数字经济时代智慧企业构建未来应用系统的蓝图将会是数字化架构。

借鉴软件架构的定义，数字化架构是企业数字化方案的整体结构与组件的抽象描述，用于指导企业数字化业务系统各个方面的设计。数字化架构主要讨论智慧企业中数字化架构组成和特点，为企业数字化转型提供成熟、可靠的参考结构，帮助企业解决数字化转型的架构选型难题。

7.2.2 数字化架构的组成

传统上，架构分为业务架构和技术架构两部分。

业务架构是指把企业的业务战略转化为日常经营的业务（流程），并实现业务支撑的能力（组织能力），通常包括企业战略、组织架构、业务流程。业务架构是企业战略的一部分，不仅包含通常意义上的业务范围，还包括业务战略实现方法，是企业业务的全景描述。

技术架构是指所有构成企业信息系统的不同元素及这些元素的关联关系，通常包括应用架构、数据架构和基础技术架构。技术架构用于企业信息化建设，是企业战略的系统实现部分。

在信息化实施过程中，业务架构是灵魂，业务需求决定技术架构；技术架构是容器，是业务架构的载体。业务架构和技术架构两者不可分割。

开放组体系结构框架（The Open Group Architecture Framework，TOGAF）的架构组成如图 7-1 所示。

随着数字经济时代的到来，企业的业务将是易变、不确定、复杂和模糊的，这意味着企业战略的周期将会缩短，同时需要适应外部环境变化和用户需求的变化而快速变化，为用户提供更好的使用体验，业务流程更加柔性，企业战略也将基于环境快速调整。

TOGAF 的四层架构更适用于传统的 IT 变革，St. Gallen 大学的 Robert Winter 提出的五层架构更适合于企业的数字化架构，如图 7-2 所示。

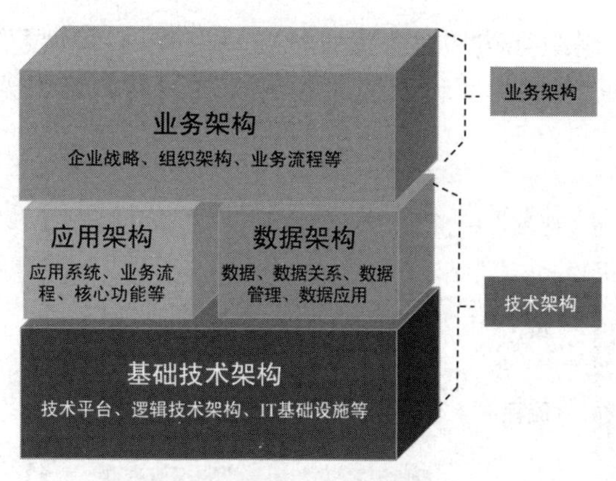

图 7-1 TOGAF 架构组成

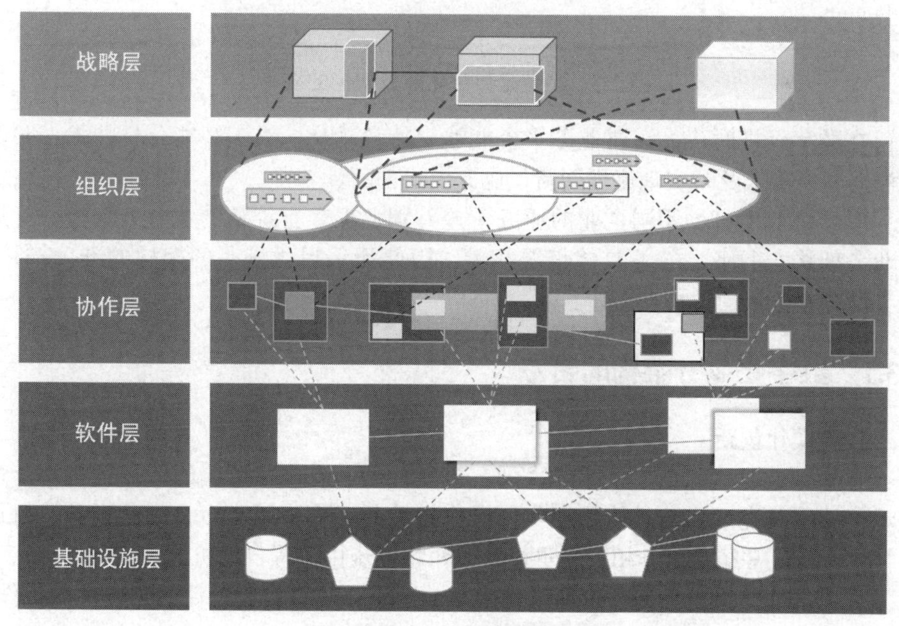

图 7-2 企业的数字化架构

数字化架构是适应数字经济特点的架构体系，这个架构体系与信息化时代架构的核心思想相似，但五层结构更能体现敏捷的特点。

7.3 数字化业务架构

平台是数字化业务架构的核心，如图 7-3 所示。

业务的不断创新，促使公司战略周期缩短、战略变革成为常态。业务架构包括企业战略、组织架构和业务流程三方面，在外界环境变化的驱动下，通过变革管理实现IT架构的变化，从而最终实现战略、组织架构、业务流程的变革。

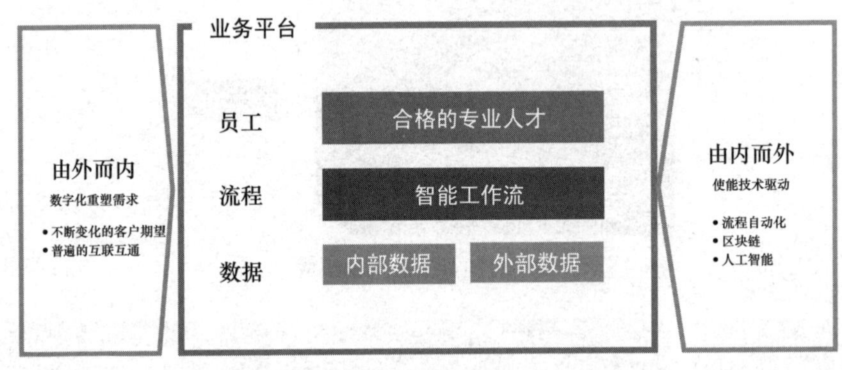

图 7-3　平台是数字化业务架构的核心

在数字经济时代，需要业务平台能够支持自动化、人工智能分析技术，并能够根据客户需求及时实现流程创新、业务模式创新。

对于企业而言，不同企业的业务千差万别，很难有统一的业务架构模式。通常业务架构与行业、企业具体情况相关，因此无法提供统一的架构的准确描述，本节仅对业务架构做特点描述。

7.3.1　数字化业务架构的特点

1. 规模化创新

智慧企业时代，由于技术的发展，重复性的、有规律可循的工作都将逐步由自动化的工具完成：与具体物理实体操作相关的工作将逐步由自动化设备、机器人替代，与日常经营事务相关的重复性工作将逐步由流程自动机器人替代。

员工从这些重复性的低价值工作中解放出来，从事更有价值的创新性的工作。数字化架构的主要变化方向是规模化创新，这是数字化架构的第一个特点。

对于创新型工作，知识型工作者的经验、专业知识和思维能力决定了创新能力和创新效率。经验、专业知识和思维能力的差异性又导致了创新质量无法保证。任何行业规模化，都需要质量保证，创新的规模化也需要保证创新质量。

为保证规模化创新的创新人才供给并保持创新成果的质量一致性，业务架构需要具有以下的支持能力：

1）流程自动化的能力：规模化创新的基础是员工从大量重复性工作中解放出来，通过流程自动化能力，将员工从低价值工作中解放出来，从事高价值的创新工作。

2）经验、专业知识和思维模式的学习能力：通过信息采集将现有的经验、专业知识录入平台形成专家系统；通过机器学习平台可以不断学习新的经验、新的专业知识；通过数据分析可以不断获得成功的处理模式，从而让平台具有学习能力。

3）为员工赋能的能力：数字化平台将经验、专业知识和思维模式，以服务的形式为员工赋能，让从事创新工作的员工借助平台服务，使用平台上具有相同的经验、专业知识和思维模式的数据，从而保证创新的质量。

4）流程定义的敏捷、智能能力：业务处理由一系列解耦的可复用的服务组成，并提供简单易用的流程定义工具，降低流程创新的技术难度；流程定义智能化，通过机器学习降低流程定义的工作量。

2. 数据驱动

创新性的工作依赖于创新者的知识结构和经验。在创新的过程中，由于创新者的知识结构和经验不同而导致创新的成果存在差异，为了保证创新成果的质量一致性，可以基于平台通过大数据承载知识结构、经验，基于统一的数据（包含相同知识结构和经验）驱动创新，从而保证创新的一致性，数据是保证规模化创新一致性的基础，数字化架构的第二个特点是数据驱动。

传统企业经营的竞争力主要依赖技术、流程和人才的能力，而智慧企业将需要具备新的能力——**数据素养**（Data Literacy），数据成为驱动技术、流程和人才效率的主要因素，如图7-4所示。Gartner对**数据素养**的定义：对数据的读、写以及基于场景的数据通信能力，包括源数据结构、数据分析方法、数据应用技术，以及描述应用和价值结果的能力。

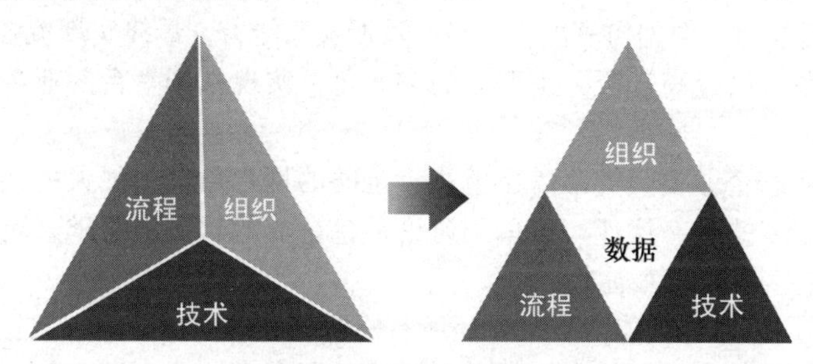

图7-4 数据素养成为企业竞争的新能力

数据驱动的价值创造是智慧企业具有的新能力，最大的挑战是基于数据的技术、流程变革，建立适应数据驱动的组织形式，并最终激发人的创造性。智慧企业的数字化架构需要具备支持数字素养的新能力，包括获得数据的能力、理解数据的能力、基于数据的预测能力、根据历史经验和预测对事件处理提供建议的能力、基于建议与流程自动执行的能力。只有具备了数字化素养，才能自动获得数据，充分挖掘数据价值，形成决策，并最终形成由数据驱动的流程自动化，从而给用户带来完美的体验。数字化素养的具体能力如下：

1）获得数据的能力：包括与系统、流程、设备可信连接，收集源数据，引用元数据，构建数据目录，使用计算数据，标准化数据等能力。

2）理解数据的能力：包括处理数据，监测数据，对相关数据进行收集、判断、评估，根据数据词典的理解与推理，构建模型，解决问题等能力。

3）预测能力：包括预测未来的业务数据，预测业务流程对未来数据的影响，预测一些建议是否需要执行，预测未来采取的执行等能力。

4）建议能力：包括结合专家经验和人工智能制定建议，提供具有一定可靠性的建议，根据过去的异常模拟未来可能发生的情况的能力。

5）执行能力：包括从多种潜在的决策可能性中通过模拟仿真选择最佳的决策并启动和执行流程，通过成功的执行操作学习决策，基于用户和场景的流程启动等能力。

企业的数字化架构具备了数字化素养之后，即可实现数据赋能，实现数据驱动技术、流程的变革，从而实现价值创造。

3. 平台生态

在数字经济时代，设备数据、用户操作数据能够实时获取，平台用户与平台服务商能够持续保持信息畅通，可以通过消费者与服务提供商的互动实现创新，数字经济时代的创新是消费者、服务供应商以及合作伙伴协同创新，协同创新需要创新的生态。

基于平台构建全新的生态，通过平台汇聚软硬件资源以实现数据的汇聚，并实现数据分析能力、数据仿真能力，具有数据决策能力，最终实现流程自动化；通过平台实现服务供应商、服务消费者的多元化，实现基于平台的业务闭环，形成平台生态。

数字化生态企业要具有品牌影响力、足够的用户数量、强大的技术实力等条件才会吸引更多的生态伙伴，这里不讨论平台企业的软实力需求，更多从技术维度、功能讨论生态的能力需求。

1）数据、信息处理能力：平台是所有资源的管理中心，实现数据的汇聚，管理各类设备和各类参与者。平台要具有足够的服务供给者和服务消费者，以实现供给与需求基于平台的规模化匹配，并能够在生态内实现业务闭环具备健康生存的能力。因此，平台要具有足够的数据、信息处理能力。

2）生态承载能力：平台形成生态后，生态成员要能够在平台上获得生存能力，才能维持平台的生态。平台要为服务提供商提供服务运行环境、商业模式等方面的支撑能力。

3）开放与集成能力：基于平台的多样性，服务提供者要能够为服务消费者提供丰富的功能，这些功能可能来自服务提供商本地运行的服务，也有可能来自其他平台的服务商，因此，平台要具备开放与集成的能力。

4. 敏捷性

服务供应商要及时响应用户的反馈，根据用户反馈及时调整业务流程，要求业务具有敏捷性。IDEA（创新、数据驱动、生态、敏捷性）是智慧企业的业务架构的特点，如图7-5所示。

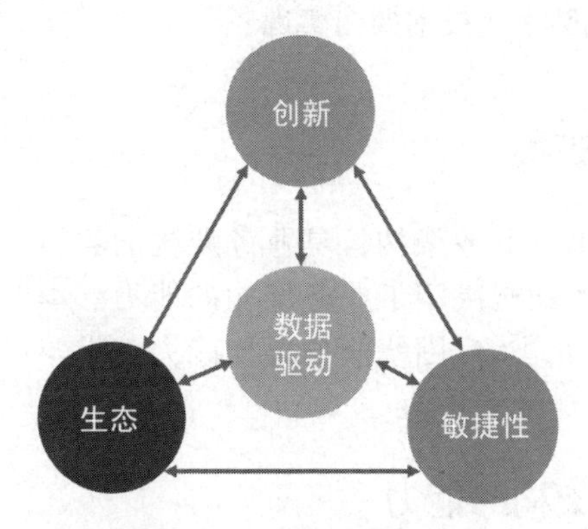

图7-5 IDEA模型示意图

业务架构特点中，创新是目的，数据驱动是价值创造的动力，生态是创新的承载，敏捷是业务特点。

敏捷性要求快速响应能力，并在保证产品（或服务）质量的前提下，提高交付速度，系统能够具有适应性和学习能力。

1）利用数据的能力：设计和决策必须基于相关的无偏差的数据来实现，在设计、决策过程中收集数据并分析数据以辅助决策。

2）快速响应用户需求的能力：能够根据用户需求，快速响应用户，实现流程变革以提供新的服务或者快速研发出满足用户个性需求的新产品。

3）提供良好的客户体验：创新的产品和服务需要与用户共情，需要不断了解用户的需求，通过改进方案获得用户的认可。这需要不断收集数据、获得信息反馈，持续迭代更新。

4）实现技术民主化：降低技术的使用门槛，让方案成为技术工具箱，用户可通过组件的自服务形成组合来满足需求。

7.3.2 数字化业务架构的组成

进入数字经济时代，智慧企业业务战略按需而变，战略变化需要单独列为一层，即战略层；组织作为业务变革、流程变革的支撑，需要提供能力支撑，也单列为一层，即组织层。

战略层：从公司战略维度设计企业经营模式，主要包括商业生态模式、用户旅程模式、价值创造模式，以及公司战略目标。

组织层：主要根据公司战略目标设计组织形式，包括组织流程（包含KPI设计）、服务产品模式、组织架构和信息流模型。

在智慧企业时代，技术成为业务的核心，业务流程借助数字化架构实现敏捷变革，业务流程下沉到数字化技术架构实现。

7.4 数字化技术架构

企业的技术架构承载业务架构，是业务架构的容器。业务需求决定数字化技术架构，数字化技术架构决定了业务架构的能力。本节首先介绍智慧企业的数字化技术架构的能力，然后围绕业务架构能力需求，讨论与之相应的数字化架构。

7.4.1 数字化技术架构的能力

智慧企业的业务架构具有IDEA的特点，数字化技术架构需要支撑IDEA四方面特点的能力。

1. 数据智能能力

数据智能能力是利用数据创造价值的能力，从数据应用维度来看，数据应用要有以下基础能力。

1）数据的高效率存储、处理能力：一方面数据量急剧增长，平台要能够保证数据的存储规模、处理能力；而对于关键数据，还要保证数据的处理速度，比如企业需要对主数据进行实时高效地处理。

2）数据的完整性、完备性能力：数据的价值越来越大，但数据的价值也取决于数据的完整性、完备性，不完整的数据是无法发挥数据价值的。

3）便捷、灵活的数据装载、传输、抽取能力，灵活多样的数据源配置模式：随着IT/OT融合，数字化平台获得数据的来源越来越多样化，平台要具备对多种来源数据的灵活配置能力，同时也要具备对大量数据的装载、传输、抽取能力。

4）完善的数据安全、隐私保护和数据治理机制：数据成为新的生产要素，将会创造巨大的价值，既要保证数据的安全性，同时也要保护好数据的隐私，需要建立健全的数据治理机制。

5）数据的共享能力：数据的价值创造在于更多地被使用，在保证数据安全、数据隐私、数据所有者利益的基础上，被更多的平台、应用调用，才能发挥数据的价值。

6）数据的智能分析能力：对数据的智能分析、机器学习能力。

2. 生态管理能力

企业的业务、流程需要快速根据用户的需求实现变革。随着用户需求的多样性，企业的内部能力无法满足用户需求，需要具有快速扩展外部应用的能力，而对于外部应用的管理属于生态管理能力。

1）稳定的数字化应用运行环境：数字经济时代的数字化业务必须具有稳定的运行环境。企业业务规模扩大的时候，相关业务的应用的资源消耗就多；业务规模降低的时候，相关业务消耗的资源就少一些，这需要对应用环境的业务资源进行精细化管理，灵活扩展使用资源，保证运行环境具有稳定性和敏捷性。

2）扩展应用的开发环境：数字化应用是敏捷的，数字化的业务、流程按需应变，企业业务流程的灵活更新需要开发环境支持业务流程的变革扩展应用的开发环境。

3）开发生态能力：数字化平台功能既有平台提供商的功能，也要有集成外部合作伙伴的功能。企业的开发生态能力指提供合理利益分配模式，保证生态伙伴基于生态具有盈利能力，合作伙伴的服务才能具有多样性、稳定性，并能够持续提供创新业务。

4）集成能力：外部企业将服务以组件的形式融入平台，外部应用在平台上以服务的形式被调用，这就需要平台具有集成外部应用的能力。

5）应用的开放性：企业既需要接入其他企业的服务，也需要将自身的业务提供给其他企业调用。有两种模式：①为其他平台提供模块化的组件；②提供 API。当然为了降低服务调用的门槛，这些组件、API 需要具有松耦合功能。为了方便其他企业调用，组件、服务接口具有可视性功能。

3. 创新赋能能力

数字经济时代，规模化的创新需要降低新业务流程的开发门槛，这就需要为创新赋能：

1）低代码工具：为用户提供拖拽式的流程、业务开发工具，让创新者不需要具有编写代码的能力，就能够实现业务、流程的创新，从而让精通业务的人员专注于开发创新业务。

2）规则引擎：数字化平台一个重要的作用是数字化赋能，将一些业务规则融入平台，平台构建规则引擎，从而保证服务质量。

3）人工智能、机器学习：对于一些有规律的流程创新，可以通过人工智能、机器学习来实现，从而不断完善创新规则。

4）提供风格统一、灵活配置、支持多种终端模式的用户界面。

5）聊天机器人：创新者与人工智能交流的接口。

7.4.2 数字化技术架构的组成

在信息化时代，IT 技术架构包含应用架构、信息架构（也有资料使用数据架构）和基础技术架构三部分被广泛接受。而在智慧企业时代，数字化技术架构要求具有数据智能能力、生态管理能力、创新赋能三方面能力。

数字化架构将基于传统 IT 架构升级。数字化架构由三层组成：

1）业务协作层：包括行业领域应用知识、应用软件、IT 能力。

2）软件层：包括软件组件、软件服务、数据（流程模型）。

3）基础设施层：包括 IT 相关的硬件基础设施、平台基础设施，以及智能连接的物体、设备和产品网络。

表 7-1 列出了信息化时代的 IT 架构与智慧企业时代的数字化技术架构的比较。

表 7-1　信息化时代的 IT 架构与智慧企业时代的数字化技术架构的比较

IT 架构	数字化技术架构	主要变化
应用架构	业务协作层	由固定的软件转变为行业领域知识、IT 能力，包括原来应用架构中应用软件
信息架构	软件层	由原来的数据模型、信息模型，升级为软件层，不仅包括数据、流程模型，还包括软件组件、软件服务
基础技术架构	基础设施层	包括基础软硬件能力，硬件基础设施由传统的本地安装模式转变为公有云、私有云、混合云、本地部署等多种部署模式。平台层则需要支持多种云部署。同时 OT 层的设备也属于基础设施层

智慧企业的数字化架构这三层的定义比较抽象，麦肯锡的平台架构如图 7-6 所示。

1）用户旅程平台：使用内外部可重用的功能构建用户体验平台。

2）商业能力平台：根据业务模块化设计的商业解决方案，为用户提供业务能力的平台。

3）核心 IT 平台：提供核心 IT 能力（包括云、数据、自动化）的平台。

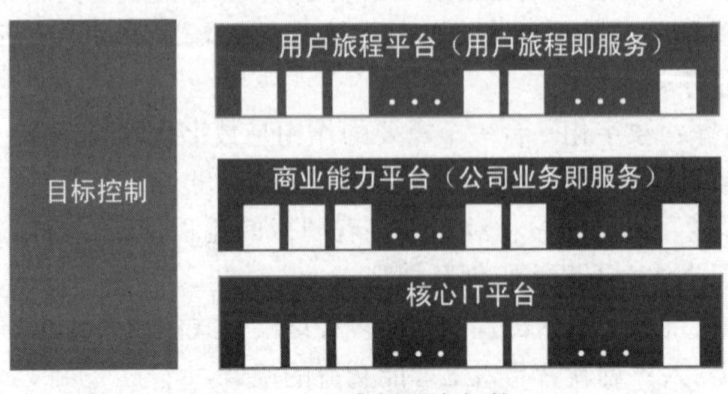

图 7-6　麦肯锡平台架构

用户旅程平台对应着协作层的功能；商业能力平台对应着软件层的功能；而核心 IT 平台对应着基础设施层的功能。（这个类比，是从功能相似的角度做类比，不能作为两类架构的一一对应。）

1. 业务协作层

在 VUCA 时代，企业的战略周期越来越短，而相应的组织架构及相应的业务流程变革也在加速。通常企业战略层的战略周期为 1 ～ 2 年，而组织层的业务流程更新周期是 3 ～ 6 个月。业务流程的变更不断加速，但支撑业务数字化的基础设施层和软件层功能因为需要较大的资金和人力成本投入，更新相对慢，一般需要 6 ～ 10 年。

业务更新周期与数字化技术架构更新周期严重不匹配，需要业务协作层具有敏捷、柔性的集成能力，通过调用软件层的组件、服务、数据对象，灵活定义业务流程，以支持业务流程在软件架构不变的条件下实现流程的创新。

随着工业互联网的发展，底层支撑技术已经可以打通局部的应用场景，且正处于打通不同场景的业务流的阶段，而实现业务协同就是打通不同应用、不同平台的业务流，支撑业务流协作的主要是集成平台 iPaaS 平台。iPaaS 平台用于管理、开发和集成数据和应用程序。

iPaaS 主要功能如下。

1）应用集成：实现企业内不同的业务系统的集成，传统应用软件是按功能划分的，比如财务管理软件、供应链管理软件是不同的单一系统软件，为了实现流程畅通，通过应用集成打通这些系统与平台应用的业务流，通过调用组件或者调用服务实现集成。

2）数据集成：数据驱动技术、流程、组织架构，不同系统之间的数据需要集成，可以通过传统的 ETL（抽取、转换和加载）集成，也可以通过数据接口实现集成。

3）B2B 集成：不同企业之间业务接口的集成，不仅需要企业内的流程集成，也需要企业间的业务流程打通，需要通过 B2B 实现企业间信息共享。

4）API 管理：数字化技术架构的解耦的应用模块可以提供 API 以方便被其他业务场景调用。因此，API 管理就非常重要，让 API 调用者能够找到 API，了解 API 的功能以及调用参数，以便其他应用调用 API。为了防止平台提供恶意 API 调用，还需要对平台的 API 功能进行监控管理。

2. 软件层

数字化技术架构的软件层是核心，为业务协作层提供业务能力支撑。数字化架构的数据智能能力中的数据存储规模、处理能力，生态管理的集成能力、稳定的运行环境、开放能力等核心能力，主要用于软件层的松耦合的业务能力。

1）软件组件：可以方便调用的功能模块。

2）软件服务：可以被调用的功能组件，提供流程和数据服务。

3）数据（流程模型）：可以被调用的数据。

3. 基础设施层

支撑数字化平台的是基础设施，主要是包括基础的软硬件能力。在数字化技术架构中，硬件基础设施分为两类：支撑软件运行的基础设施和提供智能服务的硬件。

支撑软件运行的硬件基础设施，是提供计算能力、存储能力以及通信能力的硬件基础设施，支持运行的基础软件，包括操作系统、中间件产品、系统运行环境、系统开发环境等基础的软件功能。

提供智能服务的硬件主要指智能可连接的设备，这些设备将为业务提供丰富的数据源，并通过软件定义硬件，实现硬件标准化，产品功能由软件定义，实现设备的服务化。

平台基础设施需要具有以下能力。

1）支持多云架构：硬件基础设施具有多样性，在平台层需要支持多云架构，既支持本地部署，也支持私有云、公有云和混合云。系统需要支持主流的公有云架构，比如 AWS、Azure 和阿里云。

2）支持开发、运行环境：支持软件的运行是平台的基础，对于用户驱动、数据驱动的业务变更，需要提供支持软件开发的功能。平台既支持系统的运行，也要支持基于平台的开发。而为了支持业务人员灵活开发，需要提供低代码开发能力。

3）数据支持：在智慧企业时代，数据成为新的生产要素，成为驱动技术、流程、组织变革的动力。因而平台基础设施要求具有数据获取、数据存储（数据库）、数据分析的能力。

4）新技术支持：企业业务变革需要如物联网、大数据、商业分析、机器学习等新技术的支持。物联网技术实现了 IT/OT 融合，为业务提供了大量的实时数据；大数据技术提供了数据存储、处理技术；商业分析、机器学习则是充分挖掘数据价值的技术。

7.5 智能服务世界是典型的数字化架构

本节将智能服务世界作为一个典型的数字化架构的案例来讨论。

德国工程院（ACATECH）将德国的数字化转型分为三个阶段：

- 第一阶段：工业 4.0 阶段，2011 ～ 2013 年提出并完善，工业 4.0 将重构产品制造过程和工作场所，主要是物联网技术应用于工厂，核心特点是智能、连接、去中心和自治。
- 第二阶段：智能服务世界阶段，2013 年提出，智能服务将重构商业模型和商业生态系统，研究数字经济的商业模型，特点是数据驱动，基于平台和

"一切皆服务"。

- 第三阶段：自治系统阶段，2015年提出，自治系统将重构社会、法律、伦理，研究数字化对社会的影响，数字化将无所不在。

在德国的数字化转型三部曲中，工业4.0阶段更多是制造业实现维度的数字化转型，对于智慧企业的数字化转型抽象化程度不够，不具有企业数字化转型的通用性（不适合非制造企业的数字化转型）；自治系统阶段更多是社会维度的数字化转型，在数字化转型早期，不具有代表性。而智能服务世界的数字化转型借助数字化技术重构商业模型和商业生态系统，适用于规模化的数字化转型阶段，正适合现在的发展阶段。研究智能服务世界的技术架构，有助于加深对数字化架构的理解。

智能服务世界主要包含智能服务的商业模式创新、智能服务的技术支撑、智能服务的管理和组织结构、智能服务的最佳实践四部分内容。

其中第一部分和第三部分属于业务架构内容；第二部分属于技术架构。

企业的智能产品和智能服务将构建一系列新的基于数据和服务的商业模式。实现商业模式，最关键的因素是数字基础设施和服务，智能产品和服务建立在数字基础设施之上，并以各种不同的组合进行重新配置，以实现价值链和价值网络的创新。

7.5.1 智能服务世界的数字化架构

《智能服务世界白皮书》提供了数字化架构，与智慧企业的数字化架构相映射。

如图7-7所示，智能服务世界的数字化架构由外而内分为三层：外层是业务模型，中间层是生态系统，内层是数字化基础设施。其中外层的业务模型和中间层的生态系统对应于业务架构，而内层的数字化基础设施对应的是技术架构：技术基础设施和网络物理平台属于基础设施层，软件定义平台对应于软件层，而服务平台对应于协作层。

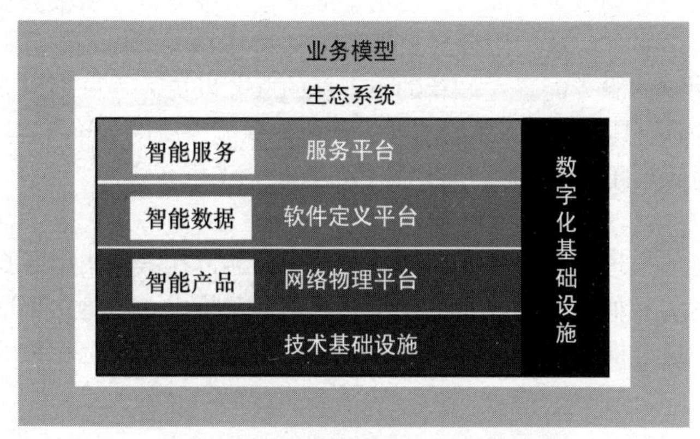

图7-7 智能服务世界的数字化架构

7.5.2 智能服务世界的数字化技术架构

智能服务世界的数字化技术架构共有4层：技术基础设施、网络物理平台、软件定义平台和服务平台，其中技术基础设施、网络物理平台部分属于基础设施。

智能空间是数字经济的智能运行环境，在智能环境中，高性能的技术基础设施支持互联网的对象、设备和机器（智能产品）相互连接。除了广泛讨论的宽带网络升级之外，保证低延时的能力也是确保实时数据分析和相关智能服务交付的关键。

网络物理平台主要是智能对象、智能设备、智能产品连接的物联网及管理平台，这一层主要连接的OT设备是智能服务世界的数据的主要来源，属于硬件的基础设施。

服务平台调用软件定义平台的数据、模块和服务，根据用户需求灵活建立新的业务流程，实现创新的业务流程。这是服务平台的基础，可以配置价值链中的模块，动态配置数字化服务和产品服务，提供可计划或可扩展的服务，集成多个服务商的服务。这一层属于协作层。

下面详细介绍软件定义平台和服务平台。

1. 软件定义平台

软件定义平台主要是连接智能产品、智能服务、服务供应商和服务用户的平台。智能服务世界的软件定义平台又分为三层：通用赋能、架构模式和服务组件，如图7-8所示。

（1）通用赋能

智能服务世界基于一切都是服务（XaaS），这就需要提供语义服务描述和技术服务编排作为通用模块。智能服务可以包括几乎任何可以想象的智能产品、对象或环境，以及物理和数字服务的组合。

当潜在客户查询服务功能时，使用全面的语义服务描述从服务目录中有效地选择相关的智能服务。这些服务会根据客户的需求并考虑相关的背景因素，通过服务编排和简单的服务配置允许新的、创新的服务以更大程度上自动化的方式组合在一起。这需要具体的技术组合方法，产生的新流程使用自学习方法来进一步提高自动化程度，并且能够在运行时用替代的等价物（可替换性、弹性）替换服务包组件。

基于案例的推理是另一种通用的赋能技术，通过在案例集中寻找与熟悉案例及其解决方案的相似性来解决新的（不熟悉的）问题。一旦建立了适当的基于语义的案例库，这个推理原则就可以用于在自动服务选择中定位相关的服务编排和调整。

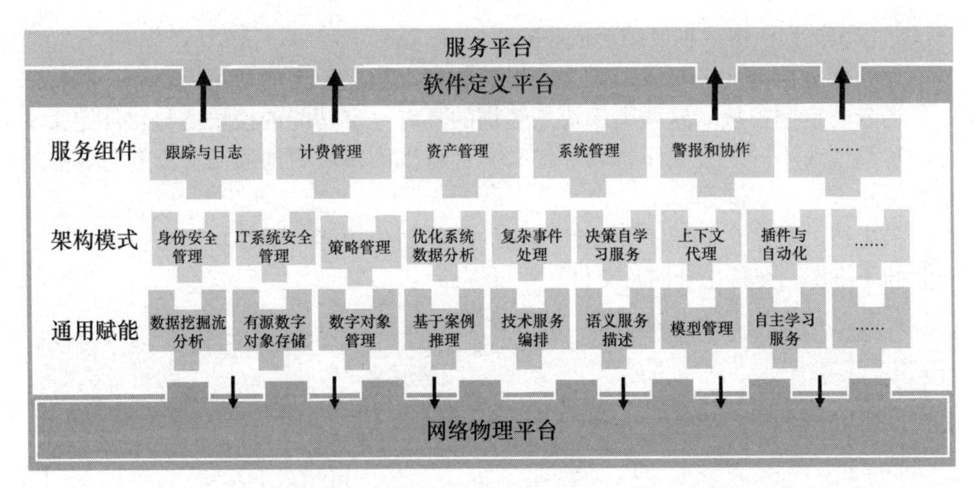

图 7-8 智能服务世界的软件定义平台

大数据流分析作为一种通用的赋能技术，不仅用于分析巨大的数据流，还用于动态快速处理大量异构的传入数据，并将来自不同来源的数据流相结合，例如能源消耗数据和相关时间的天气数据。移动设备的广泛使用意味着基于地理信息的组合也变得越来越重要。

（2）架构模式

架构模式由交互组件的结构化组合定义，这些组件可以包括通用赋能组件。随着智能空间中可使用的赋能服务组件数量大幅增加，即插即用的自动化架构模式将为系统集成提供技术支持。

架构模式还为应用程序开发人员和用户提供数据策略支持。传统上，数据策略主要用于指定和验证访问权限，而软件定义平台中的策略则为数据用户和数据提供者之间的平衡建立数据治理原则。在保障数据提供者隐私权的同时，也要兼顾数据使用者的利益。借助数据治理，可以对访问和处理类型（如大数据分析）进行管理，并将其纳入数据处理系统。

（3）服务组件

服务组件的主要关注点不仅在于服务本身，而且支持设备和服务元素的集成。特别是当涉及更复杂的运营模型时，使用服务包可能会导致流程的责任转移。服务组件是传统的软件功能的解耦组件。

2. 服务平台

软件定义平台在将数据整合为信息之前收集和集成数据，而服务平台则代表业务模型。服务平台的功能根据行业不同而不同，如图 7-9 所示，包含四层：知识工作层、运营流程层、业务场景层和数字市场层。

知识工作层主要是对数据进行处理以形成知识，包括假设推理、模型开发、确认和知识转移。由数据驱动形成业务智能。

运营流程层与业务场景层融合，形成数字市场上使用的通用模块和一些特殊业务场景的定制模块。这两类模块是解耦的具有一定功能的模块。与软件定义平台的解耦模块不同之处在于，软件定义平台解耦的模块更加通用，没有与业务场景融合。

最上层的数字市场层主要按照市场的功能划分功能，这些功能支持数字市场的业务（信息、交易、合同及交付）。

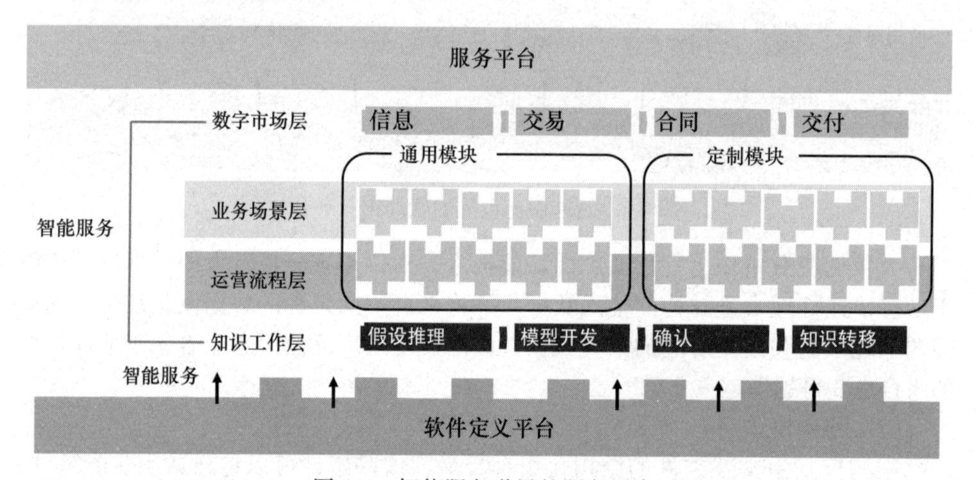

图 7-9 智能服务世界的服务平台

7.5.3 国际数据空间

在《智能服务世界白皮书》提供的架构中，技术基础设施是智慧空间（Smart Space），该白皮书中提出了建立欧洲统一的国际数据空间（International Data Space，IDS）的愿景。弗劳尔霍夫应用研究促进会于 2014 年启动了工业数据空间（Industrial Data Space）的倡议，并获得了工业领域的合作伙伴和政府机构的支持。随着倡议的启动，2016 年，工业数据空间协会（the Industrial Data Space Association，IDSA）成立，后更名为国际数据空间协会（the International Data Space Association，IDSA）。现在 IDSA 已经有来自 20 个国家的一百多个成员。

国际数据空间协会（IDSA）计划创建一个安全可靠的数据空间，保证任何规模和行业的公司都可以在其中以主权的方式管理其数据资产。为此 IDSA 定义了用于创建和操作虚拟数据空间的参考体系结构和正式标准。国际数据空间体系结构基于普遍接受的数据治理模型，目的是促进业务生态系统中数据的安全交换和轻松链接，并保证数据所有者的数字主权，使数据可用于交换或共享。IDSA 的总体目标是设计和开发一个基于欧洲基本价值观的安全可靠的数字基础设施。

Chapter 8 第8章

保障数字化转型的数字化人才管理

人力资源是第一生产力的意识已经越来越深入人心，数字化人才是实现数字化管理的基石。数字化管理时代对于人才提出了全新的需求和挑战，是否能够通过数字化时代的管理理念和工具来建设新型的人才管理，将是企业能否在快速变革的时代抓住机遇的决定性因素。

8.1 数字化人才管理的背景和趋势

8.1.1 数字化时代的人才

很多人担忧，随着数字时代的到来，人工智能技术的发展会让很多人下岗。其实这个命题本身就是用工业时代的思维方式来看待未来的挑战。岗位都消失了，何愁下岗？皮之不存，毛将焉附？

不同的时代，对于人才的能力定位也不同。数字时代，人才以快速获取新能力为重要特征，组织需要的是全新的数字化人才。

数字化时代人才变革，在宏观上表现为三大趋势。一是技术加速变革带来劳动力转型；二是高度不确定性成为商业环境的主要特点；三是劳动力结构呈现跨世代的格局。

2020年新冠肺炎疫情的暴发，加速了全球企业工作模式的巨变，呈现出三大特点。一是工作模式灵活多变，远程办公渐成新潮流；二是对新技能的需求不断增长；三是员工对工作方式有了新认知。在德勤2020年的调研中，尽管有

59% 的受访者认同“代际差异正在扩大”这一说法，但当深入挖掘与职业相关的各种属性时，在某些方面却呈现出完全相反的状态，比如不同时期的员工都很在意工作与生活之间的灵活性，期望获得企业承诺及工作保障，期望获得职业发展。

8.1.2 人力资源管理的数字化之旅

人力资源管理的历程，经历了人事管理、人力资本管理和体验管理三个阶段，体现了管理理念的变革。

1. 人事管理阶段

人事管理阶段，人力被视为一种成本。企业主认为公司和员工的关系是一种“零和博弈”。人事部门仅仅是公司众多组成部门中不那么重要的一个，并且也仅负担部分人员管理职责，其他行政生产部门也会参与人事管理。人事管理的工作内容往往是基础的事务性工作，如考勤、工资、福利以及员工关系，默默地服务整个组织。

以 IBM 的大型主机（Mainframe）为代表的早期的人事管理信息系统，初步实现了人员基本信息和职能（如花名册、工资计算）的计算机化处理，但由于高昂的成本和有限的信息处理能力，能够应用人事管理系统乃至企业管理软件的公司仍然凤毛麟角。

2. 人力资本管理阶段

杰克·韦尔奇说：“人力资源负责人在任何企业中也都应该是第二号人物。”人力资源部门的作用在这一阶段得到了认可，从传统的基础信息管理提升到了战略人力资本管理的高度，涵盖了“选、用、育、留”的全流程管理。从 2000 年开始，人力资源三支柱模型，即专家中心（Center of Expertise 或 Center of Excellence，COE）、业务伙伴（Human Resource Business Partner，HRBP）和共享服务中心（Shared Services Center，SSC）逐渐登上舞台，并在众多大型跨国企业中生根发芽。

20 世纪 80 年代后期，信息技术的演进推动了从主机系统到客户端 / 服务器（Client/Server）架构的转型，人力资源管理系统（HRM）作为企业资源管理（ERP）的一部分，与生产、销售和财务等模块形成了紧密的联动。20 世纪 90 年代后期，这一架构逐渐向互联网架构进行转型，HR 系统从面向 HR 专业人员逐步向全员应用进行转型，更多的细分解决方案开始出现，在招聘、薪资、培训等垂直领域发力。Josh Bersin 在 2006 年提出一体化人才管理（Integrated Talent Management）的概念，也就是从 20 世纪初开始，市场上才开始出现各式各样的人才管理垂直解决方案。

3. 体验管理阶段

员工体验是指员工在组织中的一切感受，弥补了人力资源基础职能与企业战略层间缺失的联结。良好的员工体验既能帮助组织吸引和保留优秀的员工，同时又能让客户获得个性化的体验。

员工体验的核心是将员工视为有独立意识的个体，通过创造积极和有意义的工作体验来激励个体发挥主观能动性和创造性，实现组织和员工的共赢。员工体验是一段持续不断的旅程，而不仅仅是解决方案，它有四大特点：

- 终极目标：激发员工活力以提升效率，而不是打造福利性组织。
- 顶层规划：体验无法单纯由人力资源部门决定，企业的方方面面都会影响员工体验，因此一定是高层牵头。
- 实现路径：需要进行精心的设计和持续改进。
- 真心实意：不仅是雇主品牌，比常规的外部宣传内容更加真实和有温度。

8.1.3 数字化人才管理变革方法论

技术持续以日新月异的速度进行演进，相对于生产、供应链、财务的数字化转型，人力资源数字化转型的节奏普遍要更加缓慢，其原因主要有：

1）人力资源通常被视为成本中心，数字化转型所需的各种有限资源被投入能够更直观创造价值的业务，比如柔性生产。

2）相对于数字化营销等具有较成熟理论的领域，人力资源数字化转型还缺乏一套广泛公允的方法论（Methodology）、参考架构（Reference Architecture）和转型领先实践（Leading Practice），高阶的人力资源管理如何落地还有很多想象空间。

3）人力资源数字化转型作为直接覆盖企业全员的应用，上至董事长、总经理，下至一线员工，所有人都参与，都能够发表意见。

图8-1所示为人力资源转型项目的方法论比较。传统的人力资源信息化项目中，普通员工乃至HR部门的参与度欠缺，当现代组织都在谈论敏捷性和跨职能团队时，人力资源的数字化转型迫切需要人力资源部门和员工深度参与转型。

在具体的策略和实施过程中，首席人才官应该作为首席设计师，与首席沟通官、首席数据官携手，根据业务的规划和需求来设计新的人力资源数字化运作模式。

Gartner在总结人才数字化转型的项目实践中发现，数字化程度较高的企业的目标更偏重通过数字化加强人的联系和个性实现，而数字化程度较低的企业则偏重效率的提高，如图8-2所示。

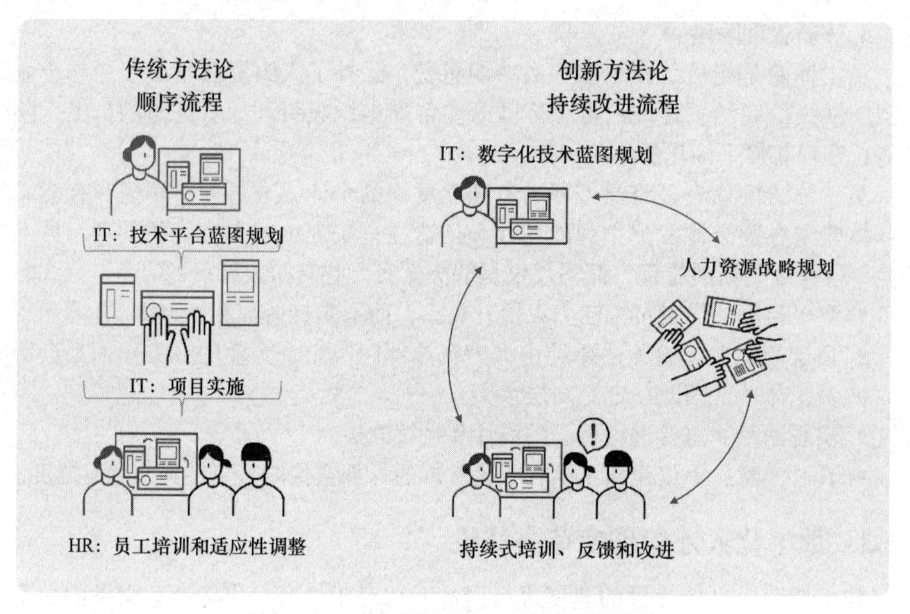

图 8-1 人力资源转型项目的方法论比较

来源：美世的 *Engaging the workforce in digital transformation*

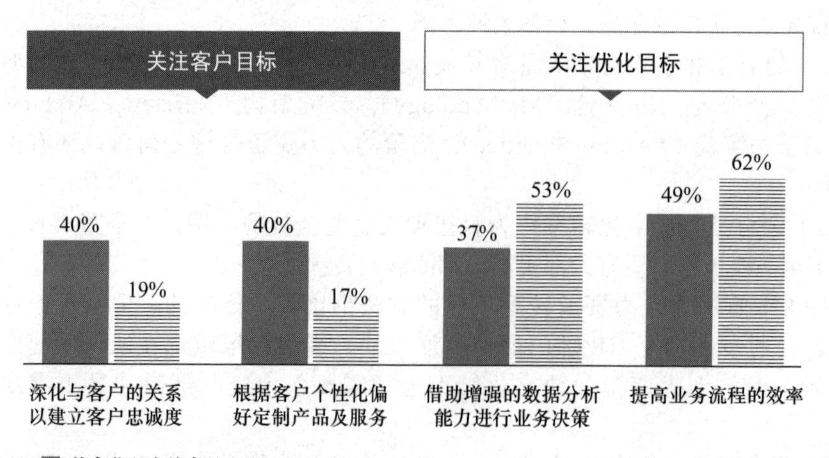

图 8-2 Gartner 人才数字化转型项目总结

数字化程度较高的公司所面临的问题也更多是执行层面尤其是人才和文化问题，而数字化程度较低的公司则仍停留在关注基础设施完备性，如图 8-3 所示。

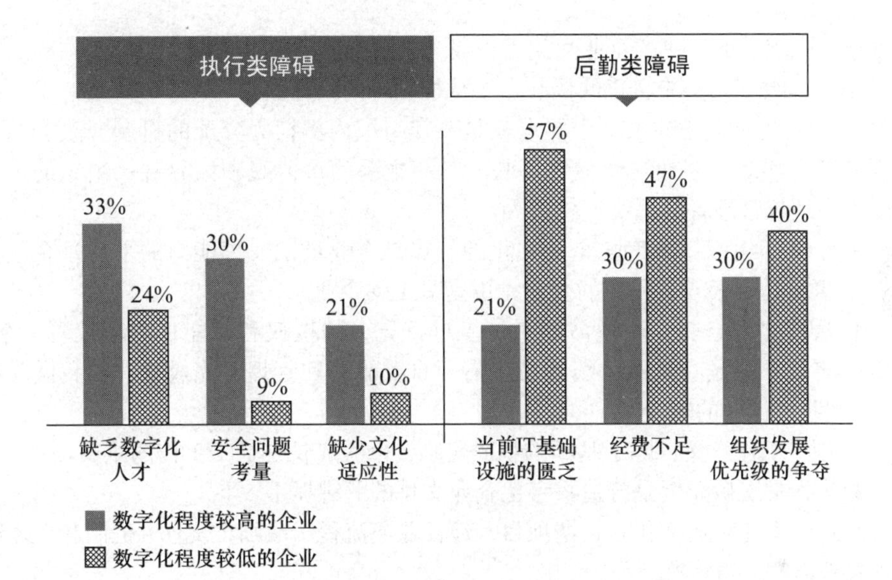

图 8-3 数字化转型的障碍

数字化程度较高的公司通常由业务部门负责人牵头，并且会通过设计首席沟通官和首席数据官等变革型职位来引领转型。

8.2 数字化人才管理的变革方向

数字化人才稀缺已成为当前阻碍数字化变革的核心因素，快速培养数字化人才成为当务之急。人才的数字化转型可从企业文化、组织建设、人才队伍建设和服务机制建立这四个方面确立转型的方向。

8.2.1 数字化的企业文化

数字化不仅仅是一种技术变革，更是一场认知与思维革命。企业文化在企业价值系统中的定位，就是要明确企业的价值主张，也就是使命定位，还要明确企业的未来发展方向，也就是愿景，以及企业的核心价值观，唯有这样才能保证企业在转型前进的过程中找对方向，走对路。

1. 数字化价值观重构

数字化的价值观重构应把握好三个方向。

第一，数字化企业文化将决定数字化转型的成败。

企业数字化转型如果没有文化上的变革，数字化所承诺的敏捷和高效也只是空中楼阁。公司成立越久，规模越大，路径依赖也就愈加严重，对于变革的抵抗也就愈加强烈。数字化的企业文化必须成为公司的底层驱动力量。

第二，数字化企业文化的核心在于从控制转向信任。

数字化企业文化的第一个要点就是改变组织内部权力分配的机制，改变高层管理者的世界观，企业文化最终反映的是一把手的价值观和世界观，组织的进化程度无法超越管理者的思维模式边界。

- 个人即组织：数字化企业文化的特点是企业员工发挥能力的平台，企业不再只是老板或者股东的企业，更是员工的企业。
- 从博弈到自驱：企业需要对员工进行充分的授权和赋能，明晰权责关系，更重要的是身处第一线的员工需要自我驱动和管理，完成从"要我做"到"我要做"的转变。
- 创造工作意义：除了基本的物质奖励，个人成长是员工工作的重要动力。

第三，员工敬业度是打造数字化企业文化的关键抓手。

打造数字化企业文化是长期项目，涉及业务流程、激励（奖惩）机制和人才结构等关键内容，横跨所有部门。

面对数字化时代的快速冲击，依托数字化平台的智能化脉搏检查可以从四个层面更好地监控企业的"心跳"，提升员工敬业度。

- 速度快：能将常规的敬业度调研所花费的准备、发放和收集时间从数十天缩短为几天，及时捕捉关键的反馈。
- 灵活响应：不仅仅是定时的检查，而是可以根据任何重要时间和事件比如并购、部门重组等场景进行自动触发。
- 智能分析：针对短时间内收集上来的大量数据，能够智能地进行各种维度的分析，不仅针对不同部门、层级的现状对比和趋势分析，还能够使用自然语言处理技术（NLP）来分析非结构化数据（比如员工反馈）中所传递的关键词和重要情感。
- 行动落地：所有的分析结果直接呈现，并且可以直接制订行动计划，与上下游的流程和系统进行对接，定期回顾计划的成败 / 影响。

2. 数字化协作方式

第一，建立数字化沟通方式。

协作的目标在于打破沟通的障碍，如何快速、准确和全面地传递信息一直是提升企业效率的关键环节。

- 统一入口：改变需要在多个应用间切换，用 API 技术将所有的入口和信息进行统一。
- 引导式业务体验：不仅仅是各业务系统待办事项的审批汇总（如 OA），更包含了丰富场景信息（Context）（任务的来龙去脉是什么）、分析（Analytics）（这种情况过去别人是怎么处理的）和推荐（Recommendations）（下一步有哪些可能的选项）。

- 丰富互动方式：减少对用户习惯的入侵式改变，与不同类型的协作工具进行整合对接，包括邮件、实时聊天工具（如Slack、Jive等），也包括在线会议系统，还要包括项目管理式交互平台（如Trello、Jira、Confluence等）。
- 在线实时协作：在线多人协同任务、文档和项目，包括编辑、虚拟化白板讨论和头脑风暴，乃至创新思维工作坊等专业场景化协同。
- 协同分析和积淀：对现有人际关系网状图、偏好沟通模式、热点内容进行持续跟踪，找到影响业务的关键因素，提升沟通效率（会议时长分析、内容传播效率等）和舆论分析，持续增强协同网络的活力。

第二，打造有生命力的数字化知识管理系统。

数字化问答平台通过点赞、评分、徽章等方式鼓励全员参与，实现对于零散问题的所问即所答，针对现有内容的智能化分析，能够“提完问题之前已经给我答案”和“顺便提醒他人还在关心什么”，相较于邮件、微信等封闭性聊天工具，大量珍贵的非正式知识将在这里沉淀，这也是新一代数字化知识管理最具有活力的部分。

若要进一步提升知识管理的效果，企业需要关注三点：

- 实现知识的统一访问：通过一个入口就可以搜索和访问到所有的结构化和非结构化内容。
- 知识管理与业务系统无缝嵌入：当员工执行复杂的业务操作时，可以自动呈现知识库包含的指南和过往讨论的内容，无须循环往复地切换系统。
- 关注知识使用状态：通过活跃度数据分析，找出员工关注点和意见领袖，以合理引导知识库的热度和发展方向，当然，敏感词管理等合规需求必不可少。

8.2.2 数字化的组织建设

打造数字化组织，就是利用数字化技术创新和重塑人与人的连接关系、人与机器的交互方式，形成一种全新的组织治理模式，释放组织中人的潜能，为企业带来更大的价值创造。

1. 数字化组织设计

为了应对数字化时代的冲击，企业需要对组织进行重新审视和定义，从控制转向协同，从管理转向服务，从雇用转向合伙，用新的方式激发组织的活力以实现敏捷转型，主要从三个方面入手进行变革。

（1）组织设计方式变革

传统的职能组织形式主要在两个方面被诟病：一是越发冗长低效的流程。二是看不见又无处不在的“部门墙”。

没有一步到位的组织变革，领先企业在用阿米巴、人单合一等新的模式在进行探索，不能全盘照搬一个现有的模型，而是根据企业的真实和具体情况持续地去调整，而数字化工具将能够帮助敏捷组织的蓝图快速落地。

1）弹性的组织结构：数字化的组织除了支持传统的单元（例如偏法律的法人实体，偏运营的业务单元、地区分部、部门和门店，以及偏财务的成本中心），更需要支持全新的矩阵型组织、虚拟团队、项目小组，以及阿米巴这种新模式。在此基础上，还需要打破常规，产生更多更新的个性化组织单元。

2）动态的组织关系：从更丰富的角度来定义和观察组织内部一切要素的链接方式，从而获得有价值的洞察。首先是岗位驱动，岗位是组织中颗粒度最小的单元，对于职能型岗位和项目型岗位的胜任力需求的融合和人岗匹配将承载组织变革的底层驱动力；其次是从岗位延展开来的组织多样化关系，从公司治理、财务、运营和项目等多视角来审视组织的支持能力；再次是组织能力的继承和派生，在灵活放权的同时，做到从上至下的管理要求和口径的统一。

3）灵活的组织调整：数字化的组织沙盘演练工具能够根据不同的场景排兵布阵，在过程中随时监控组织调整的影响，例如预算编制、成本、人员结构、能力矩阵等关键信息，并通过拖拽式的工具让业务负责人完成多个版本规划，调整后自动触发下游动作，包括人员、薪酬、流程等一系列对应的调整。

（2）组织能力服务化

组织能力实现敏捷化的重要手段是实现服务化，通过“小前端 + 大后台”的方式，让一线人员能够最大限度拥有自主权，用组织赋予的优势力量集中于最重要的目标。

1）信息服务数字化：为了把组织内部的交易成本降到最低，首先应该进行的就是可标准化信息的透明化，这种透明化应该既包括针对当前的信息如部门状况和技术资料，也包括针对未来的信息即各自组织的战略目标和执行计划。

2）资源配置数字化：数字化的资源配置服务可以从以下几点出发：一是资源池服务。建立透明和分级的资源池体系，包括动态资源定价体系。二是资源买卖服务。项目所有者可以根据项目重要性和预期前景决定如何使用预算，根据资源的价格和排期，以及对近似项目历史数据的分析，来决定项目是质量优先（等待专家团队排期）、速度优先（内部专家 + 外包服务），还是成本优先（外部服务）。三是项目结算和评价服务。基于项目的绩效考核和奖金激励能够有效激发团队的潜能。

（3）组织的去边界化

随着新一代劳动力工作观念的转变和数字化平台的支撑，灵活用工和零工经济将进一步模糊传统组织的边界并增加组织的张力和弹性。

一是，组织的敏捷转型意味着对组织能力的重新梳理界定，标准化的服务意味着更容易更清晰的输入和输出，更利于灵活用工服务的对接，而数字化的协同工具将帮助内外衔接更加紧密无缝。

二是，灵活用工市场将在区块链等技术的加持下形成对个体的全方位历史记录和追踪，规避利用信息不对称来钻空子的情况，项目的交付内容、周期和雇主评价等内容将会终身如影相随，成为个人品牌。

三是，不同场景和诉求下的劳动力管理存在差异，重要的是能够利用数字化工具对正式员工和灵活用工的配置情况、能力和成本进行整体统筹规划，满足组织整体的业务战略。

2. 数字化组织诊断

对组织来讲，新三表（组织效能表、组织敏捷度表和组织健康度表）将从更高和更全面的视角逐步替代人力资源的旧三表（人力资本负债表、人才投入产出表和人才流量表）。它们将让决策者在做出关于人员的判断时能够像基于财务和供应链一样具有充分的信心。

一是，企业要对基础指标的算法有正确、统一的理解，才能进行标准分析。

二是，人力分析必须在两个方向上进行打通：①纵向，能够将组织和员工的全生命周期打通，关注组织单元的成长变化和员工在组织内部的轨迹；②横向，能够在将人力资源内部众多业务的数据贯穿的同时，与业务如差旅、销售、生产数据进行打通，甚至更进一步与实验性的行为数据进行结合。

三是，针对海量数据，基于机器学习的实时洞察工具能够自动进行影响因素分析并给出直观的呈现，例如当员工离职大量出现的时候，是什么样类型的员工（年龄段、职级、工作类别等）最突出，是哪些部门或者主管的团队情况最明显，是哪些事件（组织调整、主动离职等）的影响最大。

但这个层次只解决了“发生了什么”的问题，这些分析还不能回答“为什么发生”和“什么将会发生”，即预测性分析。很多国际领先公司的人力资源部门都尝试过直接用各种商业分析工具（BI）在内部解决这些更高层次的问题，它们很快遇到了两个共性问题：一是发现即使应用了大量的数据，常用的人口学变量数据（例如年龄、性别、司龄等）的解释效力仍然不强；二是发现留存下来的有效解释变量不具有共性，也就是说影响不同公司员工的因素并不一样。在几个企业最关心的人力分析指标上（比如离职风险预测和高绩效员工预测），业界的领先厂商已经开始突破，使用部分公开数据和自愿加入的企业数据来组建更加实时和精准的数据网络（Data Network），在这个网络中，企业的付出是按照相同的数据标准匿名共享自己的真实数据，收获则是随时随地可以和真实的行业 / 地区公司进行对比，这些数据都以很快的频率更新（通常是以天或者周为单位），能够提供更加准确的洞察和支持。

8.2.3 数字化的人才队伍建设

1. 数字化人才获取

在数字化时代，人口结构的变化、年轻一代的诉求在不断重新塑造雇主和应聘者之间的关系。随着传统公司的主导地位在不断削弱，层出不穷的数字技术手段也逼迫公司重新思考招聘策略和手段，数字化技术成为打赢这场新时代人才战争的必备手段。新一代数字化工具会极大提升招聘全环节效率。

一是，人岗匹配技术：候选者只需要上传一份个人简历，匹配引擎可以根据地理位置、教育背景、任职资格和过往经验等信息自动与现有的招聘职位进行适配，并根据适配度推荐最合适的 3 ～ 5 个职位。用人经理能够根据适配度直接把最适合应聘者挑选出来，或者根据此前满意的简历由匹配引擎挑选出最相似的应聘者。

二是，视频面试服务：在线面试工具可以从岗位问题库中随机抽取若干问题，分成若干段由候选者录制视频。面试官则可以随时随地查看，加速或者直接跳到核心部分。部分解决方案已经在尝试基于图像和语音语义的分析，将对候选人的面部表情、语音语调、用词进行分析，提供关于候选人情绪控制和语言水平的辅助判断。

三是，AI 预约助手：基于对企业日历系统（Outlook，Lotus Note）的状态读取，预约助手可以自动选择合适的时间档位请面试官挑选，确认后再请候选人确认是否接受面试，整个过程完全不需要 HR 参与。

四是，在线全测评和背调服务：传统的线下服务商已经基本完成服务数字化或者与先进数字化平台的对接，包括心理素质测评、行为测评、专业能力测试乃至背景调查都能够根据招聘的进度自动进行触发和选择，多样化的控制手段如随机题库、屏幕锁定和视频监考等方式也基本能够确保测试的真实有效性，IT 相关岗位的线上编程测试信效度相当可观。背调服务涵盖的内容除了基本的身份、学历和过往工作经历验证之外，也因为社会性服务的开放可以延展到个人工商信用、金融风险、民事诉讼 / 失信记录等内容。

五是，录用通知书（Offer）发放和电子合同：Offer 和合同管理曾因为薪资保密性、对于电子文档合法性的疑虑，以及内容条款本身的复杂性（不同法人实体、工种乃至级别的 Offer 和合同通常各不相同）等诸多原因仍停留在手工操作层面。数字化的文档管理和电子签名解决方案在国家立法和加密技术进步等众多因素助推下，已经成为成熟的解决方案。生物检测和区块链等多种技术保证了文档和参与者的真实可信和全链路可追溯；薪资系统上云成为惯例后，与薪资数据的对接完全自动化和加密化，比人工干预可信度更高；借助 RPA 等自动化工具的模板生成器可以快速在上千份模板中选择正确的那一份，自动启动电子签名流程或者是通知线下快递服务。

六是，企业校友录（Alumni）服务：更多组织在逐渐意识到离职员工是个宝库，“圈子真小”。同行业之间进行流动的趋势无法阻挡，但可以被企业很好地利用起来，数字化企业校友录可以与离职流程打通，为“校友们”提供沟通平台，通过定期组织活动维系情感，还可以接受外部反馈；同时也与招聘系统打通，根据例如竞业禁止等规则定向公布现有项目 / 职位机会，保障内部信息的安全性。

2. 数字化人才发展

敏捷组织转型对人才的能力模型提出了全新要求：从一专多能的T形人才到数字化 π 形人才。所谓数字化 π 形人才是指至少拥有两种专业技能，并能将多门知识融会贯通的复合型人才。塑造数字化 π 形人才需要正式的技能培训，也需要实战演练。面对快速变化和因人而异的需求，数字化时代的海量数据和推荐算法将为人才发展提供支撑。

（1）精准学习推荐

基于海量员工个体数据生成的数字画像成为个性化推荐引擎的核心，新一代的学习推荐系统将能够“比自己更了解自己的需求”。一方面，针对员工感兴趣并主动订阅的话题，数据挖掘系统能够通过自然语言处理（NLP）等技术不断“审视”新的内容，将符合关注点的内容推送给员工；另一方面，聚类系统算法会持续根据员工的特质进行各种各样的排列组合，既包括员工的基本信息，如性别、年龄、工种和级别等，还包括高阶数据，如个人发展目标、职业发展路径、项目经验和特别技能等，每个员工都可以被分类到多个群组中，在对应的群组中受到重视，备受好评的热门内容可以主动推送给员工。

（2）数字化学习平台

以慕课（MOOC）为代表的知识分享平台正在爆发式增长，打破了传统学习内容的壁垒。以可汗学院、Edx、Coursera 为首的慕课课程的范围不仅覆盖了数学、统计学、计算机科学、自然科学和工程学等，也包括了社会科学和人文学科。以通识教育和管理学为主的领英学习、哈佛商学院，以及以 IT 技能为主的优达学、芝麻淘课、SkillSoft 等在线学习服务基本上形成对现代职场基本技能和前沿技术的闭环覆盖。通过无缝对接这些内容服务，数字化学习平台可以利用全球顶尖资源为员工量身定制专项突破计划。

（3）个性化发展通道

HR 数字化工具已经能够利用长时间积累的数据发掘出企业内部员工成长变化的真实路径，既能看到店员如何成长为店长的传统路线，也能看到市场营销人员如何成为顶尖销售人员。员工的个人画像也越发精确，相似的教育背景、发展目标、职业兴趣、项目经验这些真实的人和故事将能够给追求发展的员工越多的方向和信息。导师制在数字化平台的助力下可以充分将个人发展需求与组织内部有能力和意愿的导师进行精确匹配，将培养意向、时间空间安排和其他组织要求一起进行精确匹配，助力数字化 π 形人才的发展。

3. 数字化效能激发

数字化平台通过对接外部对标数据能够帮助决策者在招聘、任用和调薪时有更多的支持来协调资源并获得共识。通过数字化平台，企业能够更灵活地利用游戏式的规则引擎来定制各种各样的挑战，激励员工用符合文化导向的行为以及员工之间的相互认可来赢得积分，进而通过结合等级（Level）、徽章（Badges）和排行榜（Ranking）等方式对员工进行表彰，同时也可以和数字商城进行对接，把积分兑换成实体物品。弹性福利也非常适合通过数字化积分的方式进行管理，在控制成本的前提下，通过自主选择和控制感实现员工个人幸福度的最大化。

在一套完整的数字化底座（业务系统、考勤、培训等）和全新的流式薪资引擎支持之下，薪资核算可以实现实时处理，根据当日的模拟计算，提前处理可能带来错误的内容，比如信息缺失、工资变化幅度过大、单个工资项超预警线等。薪资专员的工作量抖动幅度和总量都将显著下降。对零售行业中存在大量的灵活用工而言，即使是按月结算的工资，也能够按照当天的工作情况实时计算出应得的报酬，对员工起到相应的激励作用。

4. 数字化服务方式

智能化的数字化共享服务中心将提供更加人性化、个性化和敏捷的响应体验，这些转变将体现在：

（1）全方位服务内容

人才管理不再只局限于基础的公司政策、人事档案等信息的咨询和处理，可通过服务的方式和共享体验中心对接和打通。延展的员工关注（EAP 等）和健康等服务也可以形成协同。

（2）多渠道服务方式

业务服务的方式支撑多样渠道，嵌入式在门户、App 和各个流程的服务机制能够自动识别来访者和使用场景并做出预先的准备和建议；传统的电话、短信和邮件通过语音识别技术和语义理解技术进行识别，可以自动衔接对应的服务团队。

（3）智能化服务流程

针对常规问询，聊天机器人可以根据动态知识库的内容给出即时解答；针对需人工服务的请求，由业务规则综合判断优先级，并匹配到对应的专家资源；针对特殊情况和超期请求自动升级。

（4）体验式服务重构

一切服务数字化后衡量的标准清晰可见，任何服务都可以聚焦于核心的 SLA，包括平均解决时间和满意度，服务改进计划能够根据这两个核心体验指标来优化。

利用机器人流程自动化（RPA）可解决重复劳动问题。由于大量老旧和烟囱式系统的存在，每天HR仍然在完成数据的导入导出、校验和确认等大量重复性手工操作。RPA成为解决这些历史遗留问题的利器，例如将大量员工历史数据根据规则整理并自动上传到云端的HR系统中，或者为全球化企业在聘用员工时从数千种合同范本中创建出适应该国法律法规和工种要求的合同。

8.3 数字化人才管理的领先实践

8.3.1 SAP的数字化人才管理方法论

1. 数字化设计蓝图

在持续专注人力资源管理系统近40年并广泛吸收全球数万家企业的管理实践后，SAP有幸建立起了完整的人力资源数字化转型领先实践，涵盖从业务流程、系统架构到落地实施指南的方方面面。客户所需要的，仅仅是从庞大的乐高池中选择出目前最想要的那一套组合，并且可以随时灵活地进行调整。

（1）数字化人力资源流程库

数字化人力资源流程库是SAP融合产品设计理念、交付团队服务经验，以及大量吸取业界顶尖客户的落地实践而形成，可以全方位覆盖数字化人才管理的全主线，包括从吸引到入职、识别和成长、绩效激励、培训和发展、劳动力生命周期，乃至离退管理。

（2）流程图

SAP根据从组织管理到薪资福利等12个大数字化人力资源业务范围，定义了所有流程关键要素：

- 从启动环节到完成环节。
- 所有的输入和输出。
- 流程参与者。
- 流程目标。
- 成功关键要素。
- 使用场景。
- 先决条件。
- 依赖要素：IT系统、数据和流程。

在此基础上，SAP设计了整套的流程泳道图，详细描绘了每个细节流程的角色、执行活动、判断节点、事件、使用工具等内容，使得业务和项目管理人员可以非常轻松地以此为参考来设计和优化自身的业务流程。

这套人力资源数字化流程基于业界标准的流程设计工具，支持BPMN 2.0

XML、Microsoft Visio 和 Signavio Archive，提供 SAP 的数字化人力资源流程定制服务来满足个性化需求。

2. 数字化领先实践

结合这套流程库，SAP 不断更新结合业务和数字化系统的全落地实践，例如：组织机构管理、职位管理和汇报线管理的三合一指南；薪酬管理中弹性激励、短期激励和长期激励的统一设计；以胜任力模型为核心，拉通从招聘入职到绩效评估，再到培训发展的一体化人才管理线等。

（1）实施设计指南

实施设计指南是 SAP 和顶级合作伙伴在标准实施配置手册之上，根据真实项目需求和常见问题整理出的数字化实现指南，在得到了产品研发部门认证的情况下，截至 2020 年年底已经有 35 部关于核心人事架构设计、一体化人才管理、平台与集成等关键话题的指南，并以每个季度 2 ～ 3 部的频率在客户社区中进行发布。

（2）模型公司

SAP 将上述内容以多种方式提供，既可以作为增强的形式免费从内置商城中单独下载并使用，也可以打包组合在一起形成一套基于领先实践的系统 + 内容服务包提供给客户，称之为模型公司，实现完全预配置和系统内部的集成，能够最快地完成上线，获得更多价值并减少实施成本。

8.3.2 SAP 的数字化人才管理应用实践

1. 灵活数据底座

SAP 以数十年的数据管理经验和能力为 HR 和 IT 提供四个维度的支持。

- 数据结构：
  - 可视一体化：基础人事档案数据、人才管理数据、自定义业务数据。
  - 时间属性：所有数据支持时间轴维度，可查看管理历史记录。
  - 全球本地化：内置全球各国本地化内容并不断更新。
- 数据扩展：
  - 灵活配置：易于使用、直观、已交付的配置工具支持企业根据业务变化进行调整。
  - 可扩展：满足个性化业务规则、业务逻辑和业务对象。
  - 平台即服务：快速构建个性化业务应用，或者利用合作伙伴的生态系统。
- 数据关联：
  - 统一底盘：统一的能力素质模型、技能模型和任职资格，应用到所有人才管理业务。
  - 端到端：各人才管理业务模块数据（跨模块）的集成关联应用。

- 数据使用：
  - 核心主数据结构保持统一和稳定，实现端到端的数据治理。
  - 交易业务数据的规则和流程根据业务发展及时更新优化。
  - 合规审计上能够满足严格的个人数据保护法案比如GDPR的要求的可控制、可追溯、可删除等。

SAP新一代的数据平台技术能够让HR在没有任何技术背景和不需要IT协助的情况下，从零创造出可以流畅运行的应用。SAP的元数据框架模型是一套底层的数据框架，它的特点包括：

- 0代码，完全依靠拖拽和配置实现。
- 无限扩展业务对象和字段。
- 完整的工具集，包括规则引擎、工作流和用户界面UI配置。
- 与现有系统无缝集成，包括数据、流程和分析报表。
- 上线时间以小时计算。

SAP的客户已经通过元数据框架模型定制了一系列个性化的应用，包括公司资产管理应用，培训学费报销、工伤管理等。

2. 集成业务流程

（1）智慧企业

人力资源业务是企业整体业务密不可分的一部分，SAP通过将人才管理与其他企业管理完全拉通，实现智慧企业的愿景，在技术层面包括：

- 一套数据模型：人力资源与财务、差旅报销等业务系统共享一套标准的模型，包括组织和人，无须多次维护。
- 一套身份认证系统：通过高安全级别方案实现业务系统入口统一，一次登录访问所有信息。
- 一个收件箱：真正面向用户的实际工作安排，将纷繁的信息和待办集中统一处理。
- 一种用户体验：都基于SAP获得红点大奖的Fiori设计，让用户在学习成本最小化的大前提下，拥有一致的体验。

（2）智能服务

智能服务技术是SAP创新性的连接技术，帮助人力资源业务跨界打通其他系统。通过持续关注公司的变动事件，例如组织更新、人员变动、请休假等，结合可视化的业务规则引擎和事件引擎来触发。

例如，常规的请休假系统通常能够支持复杂的业务规则，但总是一个完全独立的应用。员工请假审批通过之后所有的动作都是纯手工并且因人而异：现有手动的工作怎么处理？是否要通知同事和相关业务方？已经接受的会议邀请是否还要参加？智能服务的应用完全重塑这一场景：在请假审批完成的瞬间，智能服务引擎会自动根据员工身份和请假时间等信息进行判断并立即进行一套组合拳动作，例如：在员工平台上自动打上公司可见的休假标签；自动将自己发起的会议取消并在培训日历上锁定休假日期；通知财务系统将业务审批人暂时改为直接上级或者其他预设角色；如果是长期休假还可以告知薪资系统暂停发薪和门禁系统停止访问等。

3. 闭环体验管理

SAP基于体验设计的黄金EPIC（欣喜，Elevation；荣耀，Pride；洞察，Insight；连接，Connection）原则，以Qualtrics平台基于关键事件的引擎覆盖体验管理的闭环：

- 体验获取：通过Digital Intercept嵌入技术将员工生命周期中的每个环节打通，以确保每个环节都能及时听到最真实的反馈和感受。
- 体验分析：通过实时仪表盘、语义分析和趋势判断工具，随时诊断组织内部体验存在的问题。
- 体验改进：根据发现的问题直接链接到组织的战略目标和行动计划上，落实成为绩效管理的KPI或者关键成果（KR）。

8.3.3 SAP的数字化人才管理创新平台

SAP SuccessFactors是SAP全新一代人力资源管理套件，应用前沿技术，建立强大的员工中心，并通过集成招聘、入职、社交协作、培训、绩效与目标、继任与人才发展、薪酬等人才管理模块，以及人力资本分析与规划、社交协同等功能，协助企业实现端到端且涵盖整个员工生命周期的管理。以人为本、全员参与的设计理念，不仅满足企业现有业务对人力资源的管理要求，更支持未来战略及业务拓展的管理需求。

SuccessFactors是面向未来的数字化人才管理解决方案，利用智能服务、机器学习和数字助理等，重构以体验为导向的服务模式。

在IDC MarketScape一体化人才管理/绩效管理/学习管理/薪酬管理/招聘管理解决方案供应商评估中，SAP SuccessFactors连续9年位于领导象限，具有以下特点。

- 强大的消费者级用户体验：美观、易用、人性化的界面设计，支持所有用户通过任意设备获得极具吸引力的用户体验。
- 全球化规模与合规性控制：拥有30多年的丰富经验，覆盖5大洲，拥有17个数据中心，在全球99个国家提供43种语言的本地化版本，完全符合各国云服务法律法规牌照要求。
- 深入每一个环节的至上体验：提供快速灵活的部署模式，企业可以从任何模块开始，根据业务需求进行逐步拓展，加速完成上线并实现价值，最大化利用已有投资。

- 强大的合作生态系统：合作伙伴横跨多个业务领域，其中包含全球领先的咨询公司，实现从管理咨询服务到 HR 系统落地的端到端服务。
- 集成与开放的创新平台：基于配置的个性化并结合 SAP Cloud Platform（SAP 云平台），实现数据、流程和用户体验的集成，用户可开发更多应用代码，提升投资价值，扩展解决方案。

Part 3 第三篇

新实践

第 9 章 Chapter 9

开放的数字化协同生态建设

随着对内部精益化管理的持续投入，企业发现仅仅使用现有的业务和流程的优化工具，已不能满足增长需求。越来越多的企业开始探索如何能够通过产业链生态协同，形成新的业务模式，并促成自身产业模式升级。这种协同所面临的挑战是：如何才能形成有效的数据流通？生态伙伴间需要流通哪些数据？基于何种标准进行数据交换？如何保障数据资产的权属？如何挖掘数据背后的洞察？如何利用这些数据洞察驱动复杂多变的创新业务？

面对这些挑战，搭建开放的数字化协同生态就显得尤为重要。世界经济论坛（World Economic Forum，WEF）在其名为《数字化转型创新发展》的报告中预测，在 2016 ～ 2025 年，B2B（Business to Business）数字化协同平台将会撬动约 10 万亿美元的业务机会，并为诸多行业乃至全社会带来深远影响。

这个平台的使命在于帮助生态伙伴以相同的“语言”进行数据交换，基于一致的、同步的数据来驱动各自的业务流程甚至终端设备，并为最终用户提供全新的无缝化服务体验。

然而，这种“数据大同世界”的愿景，面临着诸多挑战。在各类咨询机构的报告中，高频出现的挑战大致可以分以下三类：

- “能不能”：数字化协同平台不仅仅是将设备（传感器）和数据接入业务系统这么简单，还需要能够兼容生态各方大量的异构存量的软 / 硬件系统。如何建立有效的数据交互标准，并实现硬件 / 软件 / 流程之间的可互操作性，以适应不同相关方的不同场景需求，是平台建设的首要难题。
- “愿不愿”：数字化协同平台将如何吸引各方主动加入？如何在保障各方数

据主权的同时，使数据得到充分的流动和交换，并让各参与方对平台带来的价值产生依赖性？只有具备价值黏性的平台，才能形成多方自我驱动的正反馈生态。

- “用不用”：数字化协同平台如何能够服务于认可其价值的生态伙伴，并为其提供低成本的、敏捷有效的应用开发平台？如何帮助其利用各类新兴技术，如物联网、增强现实、虚拟现实等，以及高级分析工具（机器学习、人工智能等）来搭建可快速迭代的创新应用，并快速推向市场，有效到达客户？让各方快速收获业务收入，才是生态运营的终极目标。

无论是市场分析机构、咨询公司、还是软件供应商，无一不对“开放的数字化协同生态”提出了极具战略高度的建设愿景，并敏锐地识别出了关键性的挑战和困难，甚至也会指出一条看起来非常正确的建设路径。但企业究竟应该如何实操，将这些理念转化为可落地的软件系统？为了解答这个问题，本章将以SAP的数字化协同平台为索引，为读者剖析SAP对欧洲产业生态协同需求的理解，以及对应的平台设计理念。为方便读者理解，本章将以制造行业“后市场服务”这一转型需求为例，详细介绍开放的数字化协同生态的建设要素、架构、工具及实际案例。

9.1 制造业新盈利模式的基础：开放的数字化协同平台

9.1.1 打造开放的数字化协同平台的原因

制造业在经历了大批量生产、成套化生产，直至提供一站式解决方案的发展历程之后，亟须开拓新的盈利模式。全球范围内成熟的转型经验表明，“数字化产品服务系统运营商”将会是制造业企业的下一个角色。作为数字化产品服务系统的运营商，制造业企业同客户之间的交易不会随着设备的交付而结束，反而以其作为服务开始的标志。无论是后市场服务，还是原厂备件销售，又或是按设备用量计费的订阅式销售模式，都是传统制造业转型成为“服务提供方”的重要抓手。

这种“服务化”经营模式的转变，对制造业企业来说意味着自上而下的全局转型：从顶层战略设计到组织变革与文化打造，再到重构上下游生态关系，直至最终反映到内部流程的变化。这一切的转型，最终必将需要通过软件系统来实现落地，而这些转型需求对传统软件系统而言将会带来前所未有的挑战。

首先，区别于以往企业内部的创新和转型，服务化转型要求整个产业链协同创新：横向打通研发、生产、交付、运维全流程；纵向打通上游供应商、下游经销商、外部服务商，直至终端用户。由此，企业不仅仅要能够整合并打通企业内部的数据孤岛，更重要的是要将适当的数据以适当的形式，分享给适当的外部协作方，并基于此对接各方的业务系统，展开业务协作。

其次，企业需要分别处理各类结构化、非结构化数据，包括：跨系统的IT交易数据（Transactional Data），大量的传感器时序数据（Series Data），以及需要实时响应的状态或事件（Condition & Event）等。与此同时，还要将各类数据进行有机的关联和整合，以便进行下一步的分析计算。例如，对于一台设备来说，当它产生特定的故障时，哪些传感器数据展现出了什么样的异常特征？故障可能会如何影响设备所属的产线？故障对应的维修备件规格型号、库存库位、采买途径？同批次/同类别的部套是否具备类似故障隐患且分别安装在哪些生产现场？哪些距离最近的第三方现场服务工程师具备所需技能与空闲时间？只有将所有相关数据体系化地映射到统一的设备模型上，并进行关联分析，才能实时触发后续业务流程，从而有效地实现差异化的后市场服务。

最后，企业并非可以从零开始，平地起高楼。对成熟企业而言，内部有大量的存量IT投资，推倒重来既不经济也不现实。企业需要能够在原有架构之上扩充新的协同系统，把现存的多个分散点连成线，把线结成网，并在这张网的基础上搭建敏捷开发的创新业务系统，实现市场需求快速迭代。同时，对企业的外部生态而言，挑战将更为艰巨。现有成熟产业链生态中的玩家，都有成熟的模式和清晰的边界。作为设备制造商，想要把价值链延伸至后市场服务，将触角辐射到上下游现有成熟/封闭的体系内，就要利用数字化协同平台，为上下游提供更好的服务和支撑，并为合作伙伴提供切实的业务价值，从而让伙伴不仅愿意用，更要逐渐依赖该平台，构建自己的应用与服务，方能促使生态形成正反馈循环。

因此，制造业企业不仅仅是“扩充现有IT系统”这么简单，而是要搭建一个真正互联、开放的数字化协同平台：有序建模并组织各类数据，有效协同并赋能生态伙伴，打通存量系统与流程，实现数字+流程混合驱动的后市场服务业务。

至此，我们明确了建设开放数字化协同平台的动机和目标。在探究平台的架构与建设路径之前，我们先从宏观角度，理解数字化协同生态平台的三大基础要素：定标准、建模型、搭网络。

9.1.2 开放的数字化协同平台的关键要素

数字化协同平台有以下特点。

- 全生命周期：覆盖设备从研发、生产、交付、运维、服务直至退役的全生命周期数据。
- 全数据要素：将IT/OT等各类结构化、非结构化数据映射到同一设备模型上。
- 全网络：价值链各方、各类系统以不同角色接入平台，并基于平台数据/流程服务，搭建和扩展创新应用。

该平台对内需要对接各类系统，涉及设备从设计到运维全过程。在这些系统中

（PLM、MES、ERP、PM、现场服务管理等），“设备”作为不同的身份，往往有不同的数据记录形式。与此同时，当平台需要对外同生态各方进行交互时，“设备”又会因立场不同而身份迥异（产品、资产、服务对象、金融标的等），从而具备更为不同的数据组织形式。因此，内外部各方、各系统之间具备相同的“语言”，方能对所协同的设备对象有一致的描述与理解，并为跨系统数据集成奠定基础。

1. 关键要素之一

这种统一的“语言”就是建设开放的数字化协同平台的关键要素之一：定标准。

在以设备为核心的协同体系中，标准关乎两大方面。第一个方面是设备的分类。设备的分类是一切数据标准的基础，不仅对设备信息交互意义重大，也对设备管理的相关业务有很大帮助，例如设备风险及关键性评估、预防性维护策略制定、部件供应商质量绩效评估等。因此，作为一个有效的开放数字化协同平台，首先必须能够承载甚至内置上述标准化的设备分类标准，并依此指导平台上的各类数据交互。第二个方面是数据交互规范。在工业互联网、万物互联等背景下，人们更关注设备传感器OT数据的传输（IoT、M2M等各类概念），并制定了一整套通信和存储等方面的数据交互规范。德国工程师协会（Verein Deutscher Ingenieure，VDI）于2018年10月发布了VDI 2770 Part 1指导，用以为设备制造商、经销商、运营商、外部服务商等各方间的设备主数据/文档交互提供标准。这些数据包括设备设计、安装、交付、运维、检修等各环节的信息记录，以及备件库存、修规修程等相关信息。

开放的数字化协同平台，需要标准以固化IT/OT等各类结构化/非结构化的数据交互规范，并以此为基础创建设备数据模型。

2. 关键要素之二

数字化协同平台具备了统一的设备分类与数据交互标准，还需要利用这些标准来搭建设备全生命周期、全数据要素的统一模型，即关键要素之二：建模型。

以往，制造企业设备从设计、制造、交付、运维、报废全过程中的数据分散在各类系统中，彼此数据不一致、不同步、不相关联。我们以“数据+流程混合驱动的设备故障响应”为例，第一步是系统接收设备传感器的数据，并判断这个传感器属于哪台设备的哪个子部套，同其他哪些传感器具备机理层面的关联关系，进而判断该异常信号是否代表真实故障。一旦判断为真实故障，系统需要向上追溯该故障表征背后的故障模式、故障根因、修规修程、图纸手册；同时，系统需要查询该故障维修所需的备件清单、备件库存、库位，并触发领用流程；在触发对应维修工单之前，还需要查询该故障所需维修技能、历史故障与备件更换记录及各类参考信息等。这么多的数据需求，还仅仅是“设备故障响应”这一个流程需要的。如果涉及预测性主动维护、付费延保及服务产品化等延伸服务，所需要的数据将更为综合、更为复杂，并对数据的实时性与完整性有更高的要求，很容易形成如图 9-1 所示的“数据孤岛”。开放的数字化协同平台就需要解决“数据孤岛”，为设备搭建全生命周期、全数据要素的设备数据模型，并复制 / 集成 / 关联各类系统中的数据，形成设备数据“单一真相来源”（Single Source of Truth），并基于此设备数据模型展开后续协同，如图 9-2 所示。

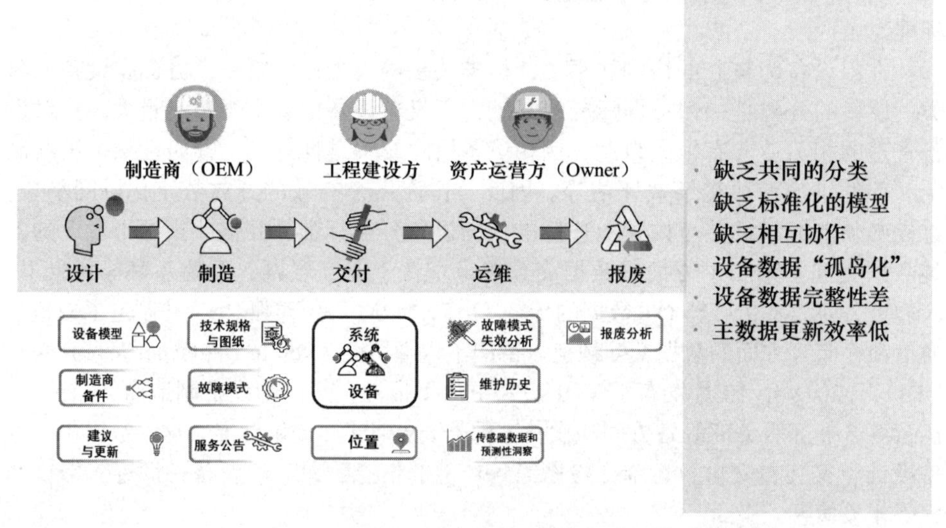

图 9-1 设备从设计、制造、交付、运维、报废的全过程中的数据孤岛

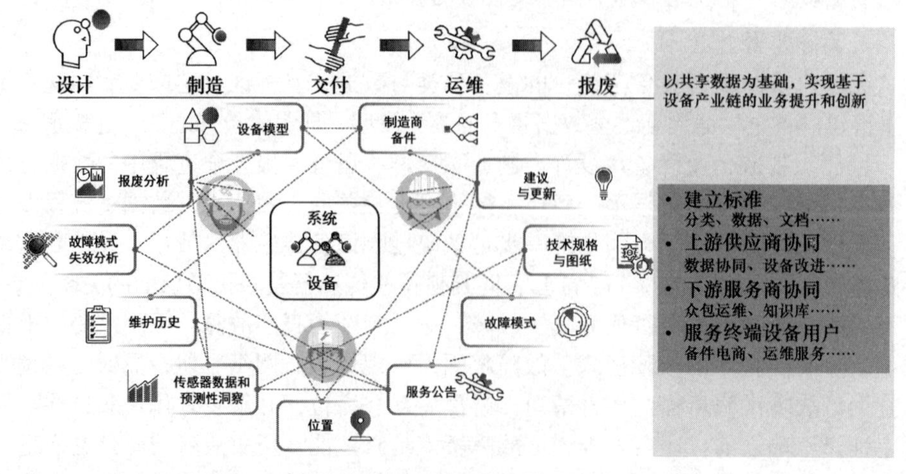

图 9-2 全生命周期、全数据要素的设备数据模型

3. 关键要素之三

数字化协同平台具备了基于统一数据标准的设备数据模型，为多方协同提供了数据基础。接下来便是关键要素之三：搭网络。

网络的搭建事实上在建模型的阶段就已经开始了。由于数字化协同平台上的设备模型是跨时间和空间两个维度的（全生命周期与全数据要素），因此它是一个需要多方协作的体系，共同贡献数据、获取数据。故在网络搭建阶段，就需要考虑参与方接入与数据协同两个要素。

在打造数字化产品服务业务的过程中，存在大量参与方需要接入：包括设计机构 / 公司、设备制造商、部件供应商、EPC/ 工程总包方、设备购买方、设备运营商、第三方服务商、金融保险机构等。而上述每个参与方下还会有多个伙伴公司，每个伙伴公司下又有不同类别的用户，都需要获取不同的数据权限。因此，在数字化协同平台中，需要能够定义以角色为导向的权限组（Role-based），来明确不同参与方可具体访问哪些数据对象并分配同其相关联的设备信息。

完成用户接入后，便可以开始展开多方数据协同。这里的数据协同有两个维度：一是数据的传递与交换，二是开发各类创新应用以消费这些数据。首先是基于前文中提到的“统一的数据交换标准”与“标准化的设备数据模型”，各方可以依据自身角色贡献不同数据，如图 9-3 所示。其次是经过对标准化数据进行梳理并搭建模型，形成了网络化信息协同的基础，设备全生命周期的数据不再是散乱在各处的数据“呆滞库存”，而是通过有序的组织，形成了结构化、体系化的数据资产，进而提供设备相关的大数据服务。基于协同平台所提供的设备数据服务接口，以及配套的业务技术平台（9.3 节详细介绍），各参与方可以迅速选取并申请（或购买）特定的数据服务使用权限，并利用边缘计算、微服务、云集成等各类技术，搭建创新业务应用。图 9-4 为开放的数字化协同平台示例。

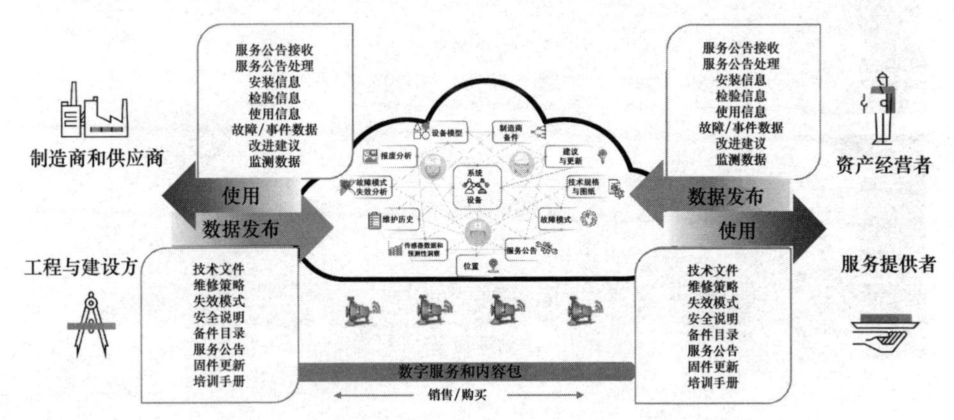

图 9-3　数字化协同平台中的多方数据协同（以 SAP 资产智能网络为例）

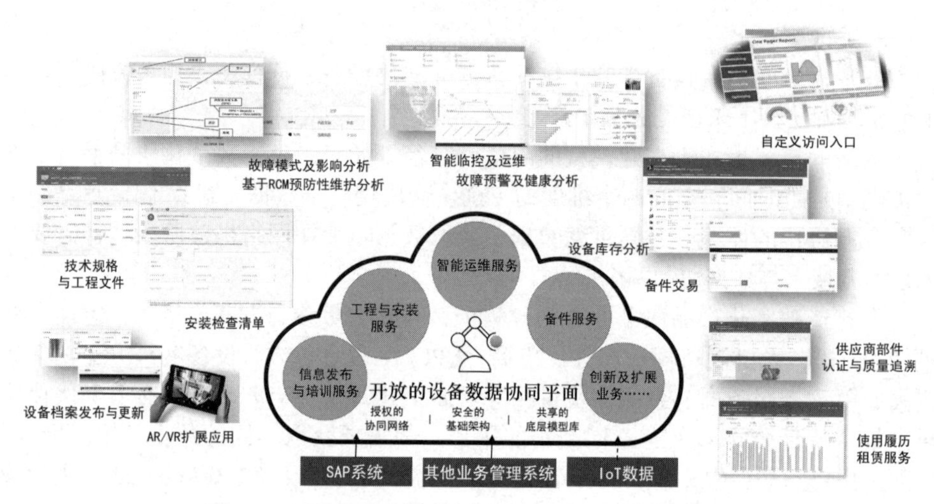

图 9-4 开放的数字化协同平台示例（以 SAP 为例）

9.1.3 开放的数字化协同平台的体系架构

借助图 9-5 所示的开放的工业 4.0 联盟技术架构来阐述开放的数字化协同平台的体系架构。该技术架构自下而上为四层：开放的边缘接入层、开放的边缘计算层、开放的业务云平台、开放的云协同枢纽。

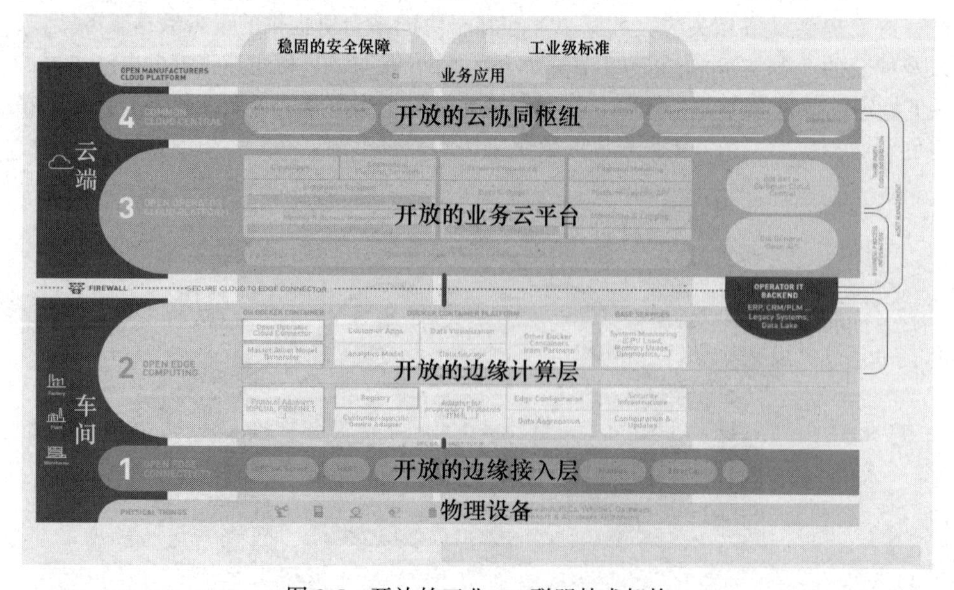

图 9-5 开放的工业 4.0 联盟技术架构

- 开放的边缘接入层主要是设备（传感器）硬件的接入。这一层对行业主流标准进行了筛选和沿用，包括OPC UA、Modbus、MQTT等。这些从工业传感器时代便流行起来的标准，在各类工业设备之间广为普及，是打造开放生态可互操作性的坚实基础。
- 开放的边缘计算层主要是边缘流式数据的初始建模、计算、存储、可视化及边缘业务流程的触发等。这部分内容的详细技术要点，将在9.2节展开详细讨论。
- 开放的业务云平台承接了协同生态的应用开发、数据/流程集成的任务，需要为企业数字化协同业务需求做更多的预适配。例如，如何以可视化的方式快速搭建跨组织的工作流与集成流？如何为不同协同场景提供“多体验开发能力”？如何有效响应存量异构业务系统的数据交互需求并实时响应？关于开放的业务云平台，或称业务技术平台（Business Technology Platform）的能力需求讨论将在9.3节展开。
- 开放的云协同枢纽更贴近业务应用，更关注平台的业务数据。这一层的关键在于“通用”和“枢纽”。正如前文提到，数字化协同生态的重要因素包括统一的标准、贯穿生命周期的唯一设备模型，以及完善的协同网络。这一层提供全平台唯一的业务数据来源（Single source of truth），供平台中的各方在各阶段通过统一的设备数据模型取用和贡献数据，并实现数据的API服务化。为满足这一层的需求，SAP已经推出并落地了诸多解决方案，包括以设备为对象的资产智能网络（Asset Intelligence Network，AIN）、以项目为对象的项目智能网络（Project Intelligence Network，PIN）、以货物为对象的物流业务网络（Logistics Business Network，LBN），以及以采购订单为对象的Ariba供应商业务网络等。9.4节将以SAP AIN为例，结合实际案例解释“通用云协同枢纽层”如何在服务化转型业务中扮演关键角色。

9.2 开放的边缘接入与边缘计算

9.2.1 连：如何将设备接入业务系统

谈到设备接入，一般而言讨论最多的就是传感器的通信协议，或是SCADA等边缘数据采集系统。很多企业认为，工业互联网/工业4.0的核心是设备的智能化改造，也就是加装传感器并接入网络，再通过大屏将传感器数据展现在设备2D或3D模型上。诚然，这种传感器+大屏的改造模式是对现有IT架构冲击最小、成本最低、见效最快的方式，对于生产车间的自动化控制、可视化监控等内部业务场景有较强的应对能力，但当我们谈到设备后市场服务的协同生态时，这种方案就显得力不从心了。

目前离散制造业企业中有不少已经迈出了服务化转型的第一步，并完成了部分设备的改装接入。但普遍问题是监控数据甚至根据监控数据建模得出的预测性故障预警，对现场作业没有足够的驱动能力或指导价值，更多只能作为事后分析比对的素材。究其根本，是因为传感器数据并没有同其设备的业务属性关联起来。因此，边缘传感器接入除了传感器数据的获取，还要从业务角度建模，并同集中化的设备数据模型关联起来。首先，要系统化地梳理传感器变量（例如电表的三相电压电流、功率等），将其定义并关联到变量组中（例如环境变量组、运动变量组等）。再利用变量组的组合，搭建起某个传感器类型（A 型集成传感器、B 型集成传感器等）。当接入一台新的传感器时，并不是从头定义和构建传感器数据模型，而是选择型号匹配的传感器类型模板，并实例化成具体的物理传感器。通过这样的形式，传感器数据就以标准化、结构化的形式接入平台中，并准备同设备模型进行关联。

当传感器完成建模后，将它与设备模型进行关联。在设备模型侧，我们已经通过“定标准”与“建模型”两个步骤，设计出了符合数据交互标准的设备数据模型，其中当然也包括其传感器数据的元数据。因此，当传感器数据模型同设备数据模型相关联的时候，传感器的数据结构也会自动一一匹配至设备的各层级对象中。对生态用户而言，底层技术化的传感器信息就被屏蔽掉了，他们可以直接获取结构化的、带有业务含义的设备状态信息。

通过这种方式，就基本实现了 IT/OT 在统一的设备模型下的关联。这时的设备模型同时具备传感器数据和业务主数据，可以在传感器发送报警事件的同时，携带正确的业务信息，触发正确的业务流程（如现场服务流程）；同时也可以将 IT/OT 数据一并进行复杂的统计运算，或利用机器学习模型进行预测性计算。

9.2.2 算：边缘端的数据处理方式

在边缘端首先要具备针对流数据的动态处理能力。针对流数据一般有以下几种常见的动态处理方式：

- 数学计算：针对特定时间周期内的流数据，进行加总、平均、中位数、标准差等各类数学计算，并只将计算后的结果数据传送至中央系统。
- 状态化：区别于忠实记录完整数据，流数据状态化处理只会记录数据所代表的状态信息。最常见的就是数值阈值监控：为给定的变量设定边界值，一旦监听到流数据超出阈值，便触发对应事件，并传输该事件状态信息至中央系统。与之类似的方式也包括时间状态报警，这种方式会设定一个带有时间条件的阈值。

- 动态采样频率：在这种处理方式下，需要为给定的变量设定边界值。区别于将数据完全替换为状态化标签的方式，动态采样频率可以在数据处于正常区间内时，延长采样间隔，而在其超出边界值后密集采样，从而尽可能减少数据在边缘层的失真和信息丢失问题。
- 定制规则：定制规则一般通过代码开发实现，但近些年来也出现了更为用户友好的定制规则工具，比如 SAP 就采用了持续计算语言（Continuous Computation Language）来进行更为便捷的流数据处理规则的设计[⊖]。

经过流数据处理服务聚合 / 筛选或状态化的结果数据，可根据不同的数据温度（冷数据、温数据、热数据）及不同的计算 / 保存需求，或保存在边缘，或被分别对接到中央处理系统中不同类别的数据服务，如图 9-6 所示。

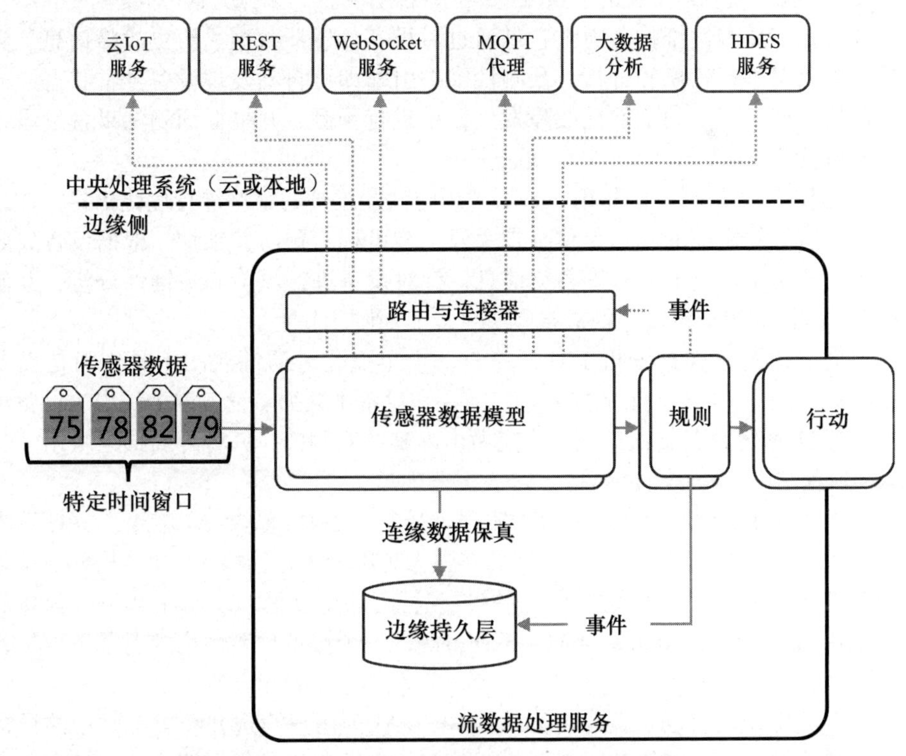

图 9-6 通过流数据处理，可将数据或状态化结果数据对接到最合适的中央系统中

除此之外，处理过的流数据还可以在边缘端直接根据给定的规则触发对应的业务流程，以实现边缘端数据实时决策、快速集成业务系统的目标。

⊖ 由于篇幅所限，这里不进行展开，有兴趣的读者可以参考 GitHub 范例与说明：https://github.com/SAP/iot-edge-services-samples/tree/master/streaming-aggregation。

9.2.3 智：从边缘计算到边缘“慧”算

边缘端受制于有限的算力，只能根据给定的规则进行运算与响应，难以独立进行建模与模型训练。边缘端所持有的大多都是局部信息，一般不具备高级的大数据分析所需的全要素、全周期数据。以设备故障预测为例，边缘端只能接收到设备的传感器数据，却没有其业务系统中的故障历史、维修历史、同类设备故障历史等各维度数据，从而很难在边缘端独立进行故障预测。因此，当我们谈到边缘“慧”算的时候，所需要的是一套中心 + 边缘高度协同、分工明确的架构体系：中心侧负责建模、训练、提供完整的业务端数据；边缘侧负责执行模型运算及部分持续学习。那么在开放的数字化协同平台的基础上，我们如何实现针对传感器数据的智慧运算呢？接下来我们就以最常见的“预测性维护”服务为例，来探究这一问题。

什么是“预测性维护”呢？它是通过对设备传感器数据、历史故障信息、失效模式等数据进行建模和分析，预测性维护引擎即可自动发现设备异常状态，或对其在特定窗口期中的渐发性故障发生概率进行预测，并根据预测结果触发设备故障通知或维护计划。

“预测性”维护另一个作用，是对“预防性”维护的策略进行优化指导。在设备没有发生失效之前的一切干预维护手段，皆可称为预防性维护。根据设备失效模式、机理模型、历史经验等各类信息，针对设备进行风险和关键性分析，并制定基于可靠性的维护策略，以指导周期性检查 / 维护计划。

因此，预测性维护分析工具，并非一个单点化、插件式的工具，而是设备 IT/OT 融合架构中的重要组成部分。它需要和设备主数据、设备维护历史、设备维护执行等 IT 系统数据紧密集成，才能做出准确实时判断，并将判断结果应用于各类运维流程之中。

为了在开放的数字化协同平台中实现“智慧”能力，仅靠 AI 芯片、GPU 算力等硬件资源是不够的。平台必须利用拥有强大集成能力及结构化 / 非结构化数据分析能力的软件工具，实现从数据到洞察再到行动的全过程。以 SAP 预测性设备洞察（Predictive Asset Insights，PAI）工具为例，一个设备预测性维护引擎至少具备如下能力：

- 开箱即用的自动机器学习算法。SAP PAI 为用户筛选并预置了常用的异常检测及故障预测算法，甚至包括独有的自动化机器学习算法。通过内置的可视化数据处理工具，选择适合的算法或自动机器学习选项，便可快速得出有参考价值的初步结果，并基于此结果进行持续训练。
- 系统集成能力。SAP PAI 同 SAP 设备协同平台无缝集成，共享同一套设备主数据，包括设备分类、基本参数、失效模式、风险及关键性评分、历史故障、历史维修记录等。用户可以在单一视图下获取关于设备的各类

IT/OT 数据，并直接进行选取与分析。此外，SAP PAI 还可以同 ERP 中的设备维护模块无缝集成，针对所检测到的异常与故障预测，触发故障通知与维护维修工单，实现数据分析驱动的运维流程。

- 边缘部署能力。SAP Edge Services 边缘计算服务可以部署来自 SAP HANA 等平台所训练的机器学习模型。通过和设备的近距离对接，及同现场业务系统的原生集成，可以对流数据进行实时分析和响应。

9.3 开放的业务技术平台

从 IT 维度，数字化协同平台定义了设备分类及主数据交互标准，并基于这些标准搭建了贯穿设备全生命周期的唯一数据模型，涵盖了设备参数、结构、图纸手册、修规修程、故障历史、运维记录等全要素主数据信息。

从 OT 维度，数字化协同平台定义了传感器数据的“物模型”搭建方式，并同设备业务数据模型有机结合，再通过边缘计算、大数据等方式，实现从 OT 数据到洞察再到行动的全过程。

最后，设备各相关方通过接入该平台，针对设备数据模型获取或贡献数据，并基于此搭建各类创新应用，实现内部、外部的创新业务协同。这个闭环所剩下的最后一块拼图，便是一个可以快速搭建创新应用、有效实现内外部系统集成的业务技术平台（Business Technology Platform）。

9.3.1 业务技术平台的功能

开放的数字化协同生态需要一个什么样的技术平台做支撑？这个平台如何能够帮助以后市场服务为代表的新业务落地？

首先，开放的数字化协同生态大量的业务数据、流程都依赖于从企业内部既有的业务系统中获取。而这些现有的业务系统，大多采用传统的单体架构设计。如何能够在不破坏其稳定性、不影响现有业务流程严谨运行的前提下，实现数据/流程的服务化，安全地开放给数字化协同平台？这就是业务技术平台的第一个任务：衔接“稳态”与“敏态”，即集成现存的内部流程数据与创新的生态协同平台，如图 9-7 所示。

其次，后市场服务等创新业务自身的特点也对平台的敏捷开发能力提出了很高的要求。比如，同一套后市场服务系统如何在诸多客户中快速复用，并满足其定制化需求？再比如，随着移动化、AR、VR 等技术的高速发展，如何让系统具备成长性，动态灵活采用最新技术？这就是业务技术平台的另一个任务：提供开箱即用的创新开发平台，配套便捷易用的创新技术，支撑企业持续的业务转型与扩张。

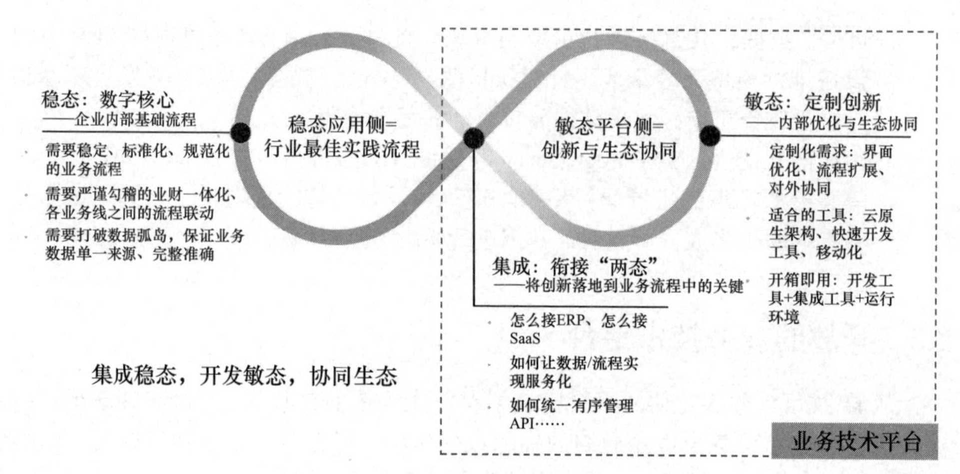

图 9-7 稳态应用侧与敏态平台侧的统一

9.3.2 实现数据与流程的服务化集成

在开放的数字化协同生态中，首先要考虑从应用优先到集成优先的转变。企业间开始出现集成化的 API 枢纽，供企业内外部各类应用消费，并允许应用之间、API 之间直接通信，互为服务提供者与消费者。在这种架构下，同时也为了满足开放的数字化生态的协同要求，企业需要对内部流程与数据进行 API 化改造，并搭建统一的 API 服务平台。

以 SAP 业务技术平台集成套件为例（SAP Business Technology Platform-Integration Suite），其设计理念就是为企业内部各类技术栈的存量系统（Legacy Landscapes）提供统一的集成平台，不仅打通系统之间的数据与流程集成，更可以在严格的权限、安全管控下对外暴露 API 接口，供各类应用消费，如图 9-8 所示。然而，对于开放的数字化协同生态来说，其目标并非局限于技术层面的数据打通，而是要实现业务数据、业务流程的贯通，并为各类生态应用提供开箱即用的数据与流程。为此，集成平台必须具备：

- 可视化、全生命周期的集成设计工具。支撑数字化协同生态的技术平台，必须能够提供标准化、可视化的集成流设计工具，包含模块化的预置接口/适配器，尽量减少在基础功能实现上的重复投入。此外，在流程设计完成后，需要能够对其所暴露的接口服务进行统一的安全规则配置，并持续对其进行监控甚至流量计费。
- 集中化的管理能力。在跨组织协同场景下，互通且可靠的身份管理非常关键。平台必须为各组织甚至组织内的不同人员分配不同的角色组合，并以基于角色（Role-based）的方式分配权限。除身份外，业务规则管理是经常被忽视的集中化管理需求。如果将业务流程和规则杂糅在一起，会让业务流程本身变得臃肿复杂、难以维护。同时，如果各方各系统分别维护一套业务规则，那么规则修改后的跨组织同步便会成为近乎不可能完成的任务。因此，我们需要能够将规则解耦合化到专门的业务规则引擎中，进行集中管理，并开放给多方多系统共同使用。这样不仅能够极大简化主流程本身，也能让各方获得一致的、实时同步的业务规则，并由各类应用同时消费。

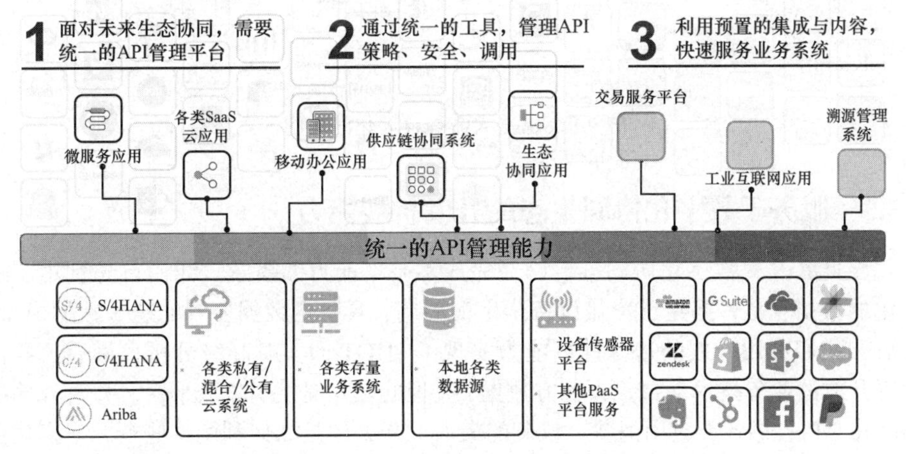

图 9-8 SAP 业务技术平台集成套件

- 流程自动化。理想情况下，我们希望平台中各方各业务系统均能实现实时集成，并尽可能排除人为因素的干扰，进行自动化响应。然而，企业中存在大量难以集成的老旧系统，及各类难以避免的手工操作（Excel、邮件、网页信息获取等）。这时就需要平台提供流程自动化能力，其代表就是机器人流程自动化（Robotic Process Automation，RPA）工具。RPA 工具可以模拟人工对计算机桌面操作，包括操作业务系统、操作 Excel 等 Office 组件、网页搜索等，并替代人工自动化重复执行这些操作，如图 9-9 所示。
- 预置业务内容。以 SAP S/4HANA 同 SAP 现场服务管理（SAP FSM）的集成为例，仅字段匹配就有成百上千项。如果这些匹配都在项目中手动进行，势必无法满足创新应用的上线速度需求。因此，开放的数字化协同平台若想真正孵化新的业务应用，必须具备大量的预置业务内容，帮助用户快速实现针对人、财、物等各类对象的跨系统集成。

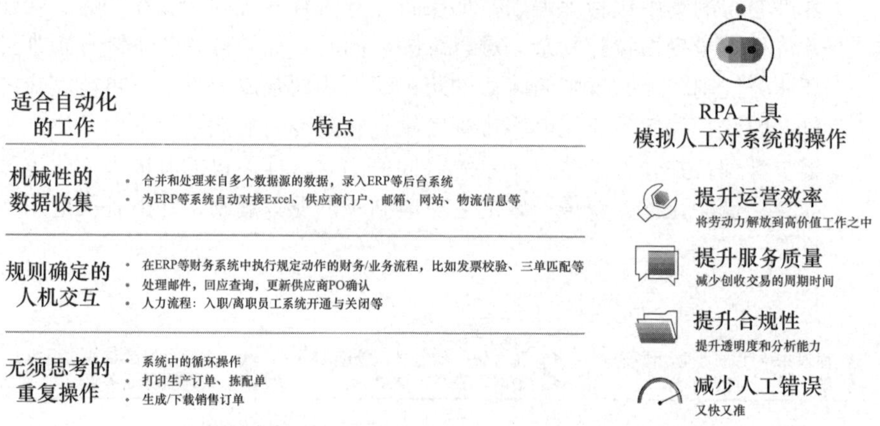

适合自动化的工作	特点
机械性的数据收集	• 合并和处理来自多个数据源的数据，录入ERP等后台系统 • 为ERP等系统自动对接Excel、供应商门户、邮箱、网站、物流信息等
规则确定的人机交互	• 在ERP等财务系统中执行规定动作的财务/业务流程，比如发票校验、三单匹配等 • 处理邮件，回应查询，更新供应商PO确认 • 人力流程：入职/离职员工系统开通与关闭等
无须思考的重复操作	• 系统中的循环操作 • 打印生产订单、拣配单 • 生成/下载销售订单

RPA工具
模拟人工对系统的操作

提升运营效率
将劳动力解放到高价值工作之中

提升服务质量
减少创收交易的周期时间

提升合规性
提升透明度和分析能力

减少人工错误
又快又准

图 9-9　机器人流程自动化的应用

9.3.3　服务于数字化协同生态的开发扩展能力

至此，开放数字化协同平台已经完成了基本能力的搭建。我们首先利用了标准化的数据规范，搭建了覆盖设备全生命周期、具备全数据要素的统一数据模型；之后，我们利用开放的边缘计算能力实现了 IT/OT 的实时高级分析；最后，我们利用开放的业务技术平台，为各方数据 / 流程的交互提供了集成平台，并对外输出标准化 API，供各类应用消费。仅剩的最后一步，便是如何利用这些资源来搭建创新业务应用，最终形成数字化协同生态。

1. 微服务与宏服务

微服务的三大目标是敏捷开发、灵活部署、精准扩容。因此，微服务利用其高度封装、解耦合化、功能拆分等特点，允许在应用中对任意组件独立进行开发、测试、部署和扩容。但灵活是有代价的，那就是系统的高度复杂化。

因此，我们需要根据不同的业务需求来进行针对性的架构设计，下面以一个电商平台的功能架构为例（见图 9-10），解析一下 Gartner 对不同功能的架构建议。

在商品展示部分，适合采用微服务架构，主要原因有二：一是各商品展示实例非常独立，之间几乎没有通信需求和功能依赖，具备微服务化开发、部署和扩展的基础；二是商品展示需求波动非常大，需要频繁、大量地扩容缩容，是微服务化的最佳应用场景。

在物流配送部分，适合采用宏服务架构。其可以近似地理解成在传统单体应用之上为特定的数据 / 流程服务搭建接口，供外部调用。物流配送功能的需求特点恰好与商品展示部分相反：其一，这部分需求标准化程度高且流程性非常强，涉及各类数据的交叉调用。如果利用微服务架构，将各类数据和功能相互隔离，那么微服务之间频繁的通信将会成为整个应用的潜在瓶颈；其二，这类功能一般来说没有特别大的需求波动，不需要频繁、大量地扩容缩容，采用微服务化架构得不偿失。

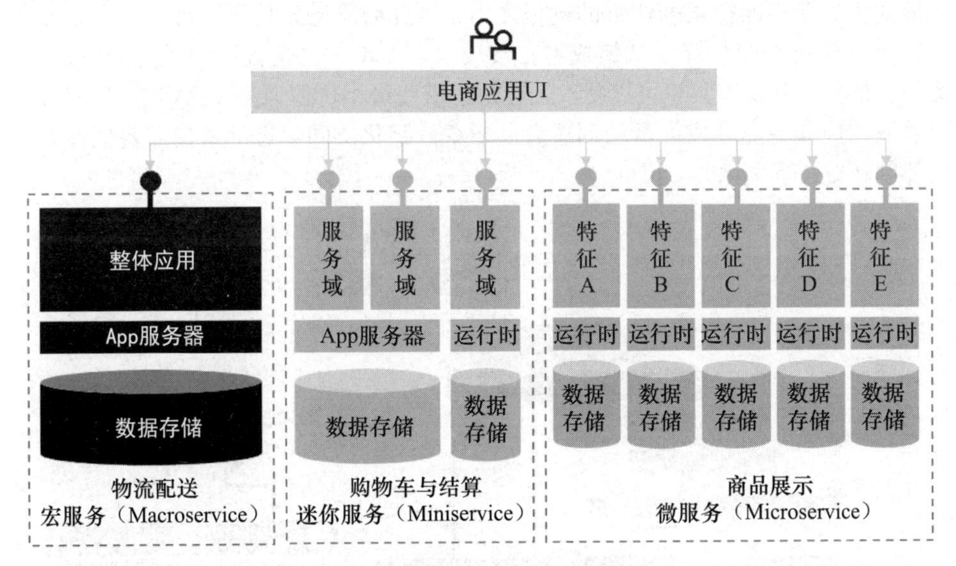

图 9-10　电商平台的功能架构示例

在购物车与结算部分，适合采用迷你服务架构。其可以粗略地理解成上述两种架构的折中方案：具备一定的单体服务扩容能力，且将比一般微服务更多的功能 / 流程封装至一个服务之中，并允许其对持久层数据进行一定的修改。

2. 低代码与高代码

“低代码”（Low-code）网页开发工具 FrontPage 的所见即所得的可视化功能，使用户可以不完全依赖代码进行网页开发。但时至今日，仍然有大量的前端开发人员继续使用“高代码”（Pro-code）进行网页开发。由此可见，低代码开发有其特定的应用场景，而非“高代码开发的替代工具”。

Gartner 等机构认为低代码开发是伴随着“ IT 去中心化”的趋势产生的。很多企业会减少由 IT 统一供给的、开箱即用的完整业务应用，转而提供数据和流程服务接口，并将很多业务应用的开发下放至各业务部门自主进行。因此，这些非专业 IT 人员急需一套低门槛、功能简便、易于上手的开发工具，来开发一些简单的 UI 界面、基本的业务逻辑和快速的后台数据集成。以 SAP 业务技术平台开发套件为例，其为各类不同的用户需求，提供了低代码及高代码的开发选项，如图 9-11 所示。未来 IT 应用开发的理性架构，应该以高代码开发为底层基础，用低代码开发实现部门级业务应用界面与流程。

在开放的数字化协同生态中，绝大多数底层系统和数据，都会通过统一的集成平台，对外暴露 API 接口。上层应用可以根据业务需要、访问权限，甚至是接口价格，灵活选取所需消费的接口。由于包括设备后市场服务在内的各类创新业务模式都处于不断探索和调整的过程之中，因此微服务架构可以帮助生态企业尽可能复用既有功能，降低试错成本，实现“先上市，再迭代”的敏捷开发模式。此外，低代码开发工具也可以帮助企业快速搭建最小价值原型（MVP），并充分激发业务部门非专业开发人员的创造力，毕竟数字化协同生态的搭建需要依赖企业内部创新与共享文化的支撑。

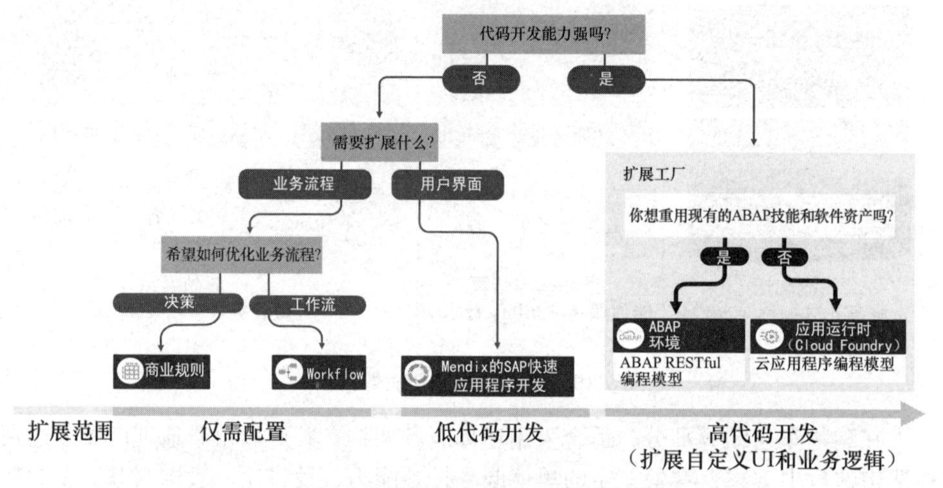

图 9-11　SAP 业务技术平台开发套件提供的开发选项

开发技术栈的选择，绝非公式化或一成不变的。企业必须首先清醒地认识到不同开发技术对业务、用户甚至文化的影响与适配程度，以客观理性的态度对技术进行组合化选取。

9.4　开放的数字化协同生态建设案例

国内某知名电气设备制造商同 SAP 有着紧密的合作历史。SAP 的各类解决方案伴随该用户从单纯的电气设备制造商，逐步转型为成套设备方案供应商，直至转型为如今的智慧能源解决方案提供商。随着硬件产品的价值不断向软件和综合服务迁移，SAP 同用户一起，以设备后市场服务为切入点，探索开放的数字化协同生态建设与落地应用。

基于上述介绍的开放数字化协同平台，SAP 与该企业一起搭建了后市场服务协同平台的技术架构（见图 9-12）：

- 设备数据基础：利用 SAP 的资产智能网络（AIN），为设备进行标准化分类，并将所生产设备全生命周期、全数据要素的主数据，集中映射到统一的设备数字化模型中。网络平台同时会接入设备零件的供应商，以及设备的运营商、维护商等各关联方，并分配角色与对应权限。生态各方可以在统一视图下，根据角色和权限访问并维护设备设计、安装、交付、运维、检修等各环节的信息记录，以及备件库存、修规修程等关联信息。在一切设备协同业务活动中，各方将采用该设备模型作为唯一的数据来源，共同维护其全生命周期、全数据要素的数据。
- 边缘接入与计算：利用 SAP Edge Services 等边缘计算服务、接入设备中的智能表计和云端协同的计算能力，进行故障识别与预测。
- 定制化业务应用：利用 SAP 业务技术平台的开发套件，以微服务化、云原生的架构方式，设计开发一套“设备智慧监控平台”，供终端用户监控设备运行状态，提报设备故障、消耗或采购备件，主动提供维修服务。

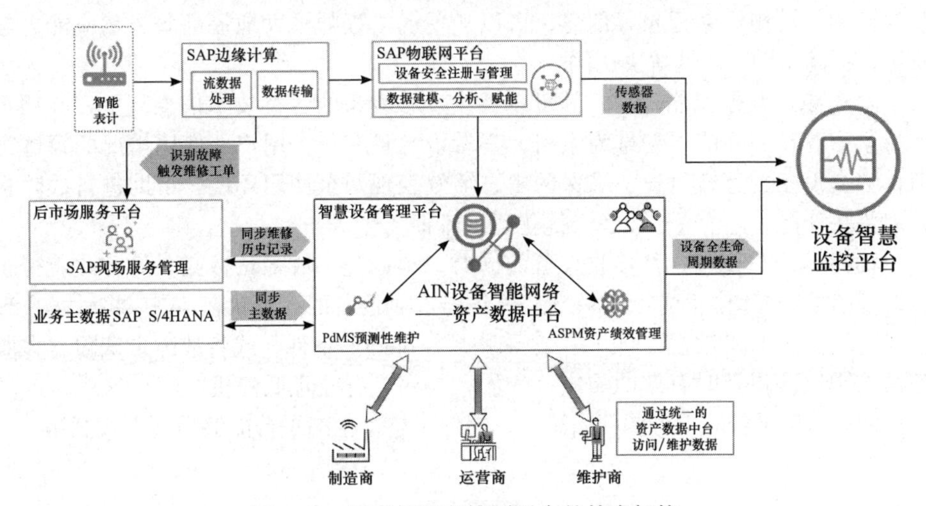

图 9-12　后市场服务协同平台的技术架构

对于终端用户而言，利用这套智慧设备监控平台，可在中控室实时监控园区各变电设备的电压电流、谐波、功率、分时电量、近期故障、健康分析、能效分析等运行状况。以前需要数个现场运维工程师往返巡检值守的工作，现在只需一人、一处中控室、一块屏幕就可以完成。

当发生故障时，工程师可以实时查看故障日志，并利用后台的设备数据模型，识别该设备的位置、型号、故障模式、修规修程、备件型号等各类数据。当判断该故障无法自行处理后，便可一键创建服务请求。该服务请求会引用该设备的全数据要素主数据及安装、维修历史等数据，发送给原厂或第三方服务团队，帮助他们正确判断故障所需人员技能、物料工具等，确保一次到达现场即可排除故障。

如果客户同意共享部分设备运行数据，便可以在平台中采购额外的主动式运维服务包。原厂可以利用脱敏的设备运行数据进行故障预测模型训练，并推送部署至用户侧的边缘计算设备中，实时且本地化地进行故障预测等数据分析，并直接触发故障通知单或服务工单。

在整个服务过程中，现场工程师也能够方便快捷地查询到各类设备相关信息、修规修程、历史维修记录等，并在完成工作的同时自动记录工时、物料消耗、客户确认，甚至前往客户路途中的里程数，自动同后台进行数据同步，完成结算过程。

在这个场景中，借助开放的数字化协同生态，各方同时获得了业务收益：

对原厂或第三方的服务伙伴而言，其获得了持续贴近客户、同客户互动的平台渠道。利用客户的故障报警或主动式维护服务的选购，设备厂商可以持续提供后市场运维服务，以及大量的原厂备件销售机会。此外，获取准确的设备主数据、修规修程、历史维修记录等信息，可以让现场工程师极大地提高服务响应能力与质量，提高问题一次性解决比例。

对于原厂其他职能部门，其可以持续发布设备的各类技术信息变更，同用户保持紧密互动，并能以型号为索引，查看该设备在各个用户处使用情况的穿透视图，综合设备的运转历史、维保历史、绩效表现乃至使用环境，帮助进行故障根原因关联分析，持续改进设备、优化运维流程。

而对于用户而言，其接收设备的同时，也通过“数字化移交”的方式获得了该设备的数据模型。用户可以在统一视图查看到设备的运行状态（OT 数据）、主数据与历史信息（IT 数据），并可一键采购规格准确的备件，或将故障准确包含在服务请求中以获得及时有效的响应。方便、易用、有效降低停机时间，这就是终端用户使用这个平台的关键黏性来源，也保证了整个生态平台能够得到有效利用。

Chapter 10 第10章

智慧企业的应用软件项目实施

对于智慧企业来说，应用软件项目的实施是面向未来战略目标的具体落地过程，不仅需要将智慧企业的先进业务流程、数据洞察和智能决策能力等在企业应用软件中实现，同时也需要通过项目的实施完成面向未来战略目标的组织流程转型。换言之，这是一个企业数字化转型的过程，不仅需要不同种类的企业应用软件项目的参与，也需要与之匹配的实施方法论来支撑这个过程，不能一蹴而就。

相应地，在智慧企业的数字化转型过程中，企业应用软件项目的实施也面临着各种管理挑战。新组织形式、新管理思维、新技术架构等的发展和变化，推动了项目实施方法论的革新。同时，实施方法论的演进也反过来促使组织形式、管理思维、技术架构，乃至软件产品等不断发展，最终形成更适应新时代数字化转型需求的企业应用软件项目实施交付体系。

10.1 企业应用软件项目实施的前提条件

10.1.1 对齐企业战略

对于智慧企业而言，从企业战略到具体项目目标的分解，包括整体路线图的规划，是十分重要的，每一个企业应用软件项目在开展前都需要有明确的定义和目标，并与企业战略对齐。在执行过程中，项目实施管理方需要对项目不断校正，保障目标达成。

10.1.2 在创新 / 新技术和风险之间取得平衡

智慧企业业务需要完成转型和突破，离不开新技术的导入和创新文化的建设，需要在数字化转型中鼓励创新和应用新技术。另外，创新和新技术都会带来不确定性，使管理和实现难度加大。企业应用软件项目需要在保障创新和新技术能更好、更长远地服务于企业战略的同时，平衡对应的成本和资源需求，为各类未知的风险预留储备，制定应对预案。

10.1.3 关注用户体验

企业应用软件项目中的利益相关方通常会很多，特别是当数字化转型涉及企业整体转型时，全局性的统配协调会变得十分复杂，跨部门甚至跨企业上下游产业链的沟通会经常发生。与此同时，有很多调研显示，跨部门、跨业务单元的全局转型更易获得数字化转型的成功。另外，在数字时代，用户的体验变得越来越重要。企业应用软件项目的最终落地，与用户的配合息息相关，而良好的使用体验，将使企业软件以及其所包含的创新思维和技术被加速采纳。

10.1.4 接口的规范性

在数字化转型过程中，不同软件、不同技术要素之间的关联最后会在接口中得到体现。因此，这些接口的规范性需要在企业应用软件项目中受到足够的重视，以保障最后软件与软件间的顺畅交互和业务协同。

10.1.5 对数据始终保持高度关注

数据的导入是企业应用软件实施中的重要一环，只有高质量的数据导入，才能保障业务顺畅运行和价值实现。

在数字化转型过程中，因为涉及的交叉应用软件和数据可能较多，数据的治理同样成为项目实施过程中的挑战，甚至很多企业将数据治理作为企业应用软件项目的前提。

另外，数据安全保障和隐私保护也越来越受到关注。企业应用软件实施过程中导入数据往往涉及企业核心机密和个人隐私。因此，对数据安全和隐私保护的重视也成为项目成功的重要前提。

10.1.6 敏捷型组织

敏捷型组织将越来越普遍地出现在现代企业中。跨部门协作在技术上更具操作性的同时，与其相匹配的业务模式也会越来越得到转型企业的青睐。而更进一步地，越来越多企业对员工创新、实践、自治能力更加关注，同时也有调研表明，敏捷型组织更易赢得数字化转型的成功。

10.1.7 向运营扩展

数字化转型是一个长期的过程，在这个过程中，会有各类企业应用软件陆续完成交付上线，这些应用软件继续保持顺畅地运行和优化也是数字化转型最终成功的前提。同时，其他关联软件和业务的后续上线也会影响到已上线的应用软件。因此，从项目向运营扩展并建立后续的治理体系也成为企业应用软件项目收尾的重要环节。对企业应用软件持续的运维保障、动态调整、优化扩展都成为数字化转型项目的重要组成部分。

10.2 企业应用软件项目实施方法

10.2.1 企业应用软件项目的管理模式

对于目标范围等确定、有经验参考的企业应用软件项目，稳态的瀑布型项目管理模式更适用。对于不确定度较大的企业应用软件项目，敏态的敏捷型项目管理模式更适用。

数字化转型中的企业应用软件项目，不确定性总是会存在。我们不能用一种项目管理模式去覆盖整个数字化转型过程，单一管理方式交付难度极大。如果全部以传统的稳态方式覆盖整个数字化转型，需要应对各类需求、技术实现、接口带来的不确定因素，项目复杂度、成本、风险将几何级上升。如果以敏捷方式覆盖整个数字化转型过程，难以驱动整体变革，交付成果难以保证一致性。

数字化转型必然需要多个项目构成，某些项目确实需要敏捷管理，但还有很多项目应该是稳态的，特别对于无法承受太大不确定性的企业，稳态项目依然有很大的优势，如图 10-1 所示。再进一步分析，在确定企业应用软件项目管理模式之前，应该合理分解数字化转型战略下的目标任务，软件产品和项目组合的合理架构是保障数字化转型成功的重要前提。

10.2.2 双模架构下的企业应用软件项目实施

从企业应用软件项目实施视角，我们需要重新审视双模架构，将瀑布型项目与敏捷型项目进行合理分配，如图 10-2 所示。

- 以稳态为基础，使用“预测性”“瀑布型”项目方式搭建核心业务架构，尽可能部署成熟应用，以可参考的、稳健的、低风险的方式实现核心框架，合规要求流程和明确的对标需求。

- 以敏捷的方式加速创新与扩展，在限定范围、执行标准内，对受到外部影响大、不确定度高的业务诉求进行快速创新和调整迭代。

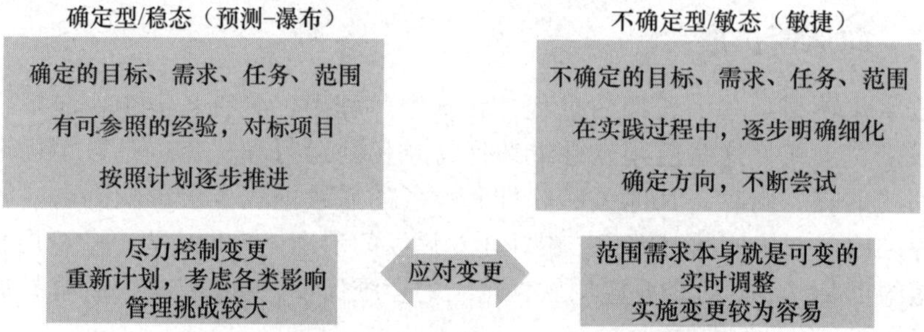

确定型/稳态（预测–瀑布）
确定的目标、需求、任务、范围
有可参照的经验，对标项目
按照计划逐步推进
不确定型/敏态（敏捷）
不确定的目标、需求、任务、范围
在实践过程中，逐步明确细化
确定方向，不断尝试
尽力控制变更
重新计划，考虑各类影响
管理挑战较大
应对变更
范围需求本身就是可变的
实时调整
实施变更较为容易

图 10-1 瀑布型与敏捷型两种项目应用场景对比

明确战略目标
制定明确路线图
明确领导责任
分阶段、找对标、抓试点
时刻关注反馈
动态组织
灵活资源配置
在标准确定的基础上，
开展不确定的创新实践
明确整体架构
明确勾稽关系
瀑布型项目（内核框架、成熟应用）
快速稳健部署+
后续适度调整/微迭代
敏捷型项目（创新、客制）
敏捷方法论
快速迭代，微服务

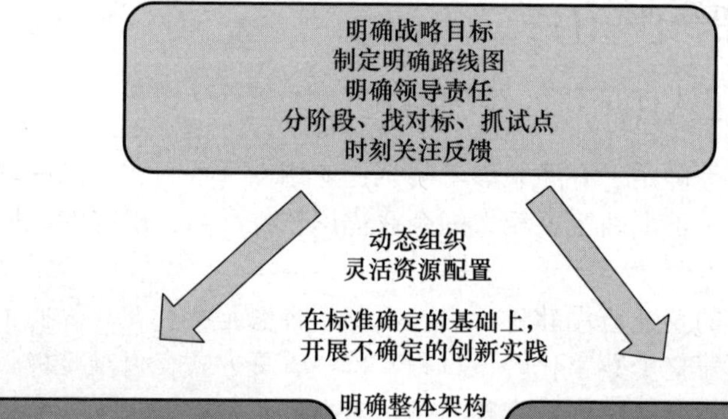

图 10-2 企业应用软件项目管理的整体分解策略

这样的分解策略和企业架构具有以下优势：

- 将复杂的数字化转型战略任务分解为多个项目，使得实施更加容易落地。
- 在规划阶段，在争取企业决策层支持的同时，也需要对数字化转型的整体战略有更加深入的集体讨论，以明确目标、路线、责任等关键问题，并贯彻至后续的项目中。
- 可以先行部分试点项目，然后逐步完善推广。
- 有利于平滑地逐步从项目向运营移交。
- 在资源调配层，相对固定的资源可以稳定地在各个项目中铺开，同时在集团层（专职的流程、IT 管理部门人员）预留资源储备，在多个项目上灵活调配。

10.2.3 企业应用软件项目实施的架构开发方法

在数字化转型整体的项目规划思路和方针下，一套更加具体的规划框架（方法论）可以保障整体战略可行、避免重复建设、降低实现难度、理顺项目、实现协调协同。企业架构正是这样一套方法论，对于数字化转型的规划和控制能够起到十分具体的指导和辅助作用，同时也能保障后续项目（特别是敏捷型项目）实施的正确性和完整性。

这里以目前流行的开放集团架构框架（The Open Group Architecture Framework，TOGAF）为例。如图 10-3 所示，TOGAF 框架上承企业战略，下接业务运营，考量到了业务需求与技术实现之间的平衡，也将需求实现与成果移交紧密关联，形成了一系列流程和交付模板，使企业的业务愿景能够逐步形成业务能力，并保持持续更新：

- 通过能力框架控制项目整体计划的制定。
- 通过架构开发方法（Architecture Development Method，ADM）控制需求到方案的开发过程。
- 通过企业连续系列和工具控制后续的持续运营和扩展。

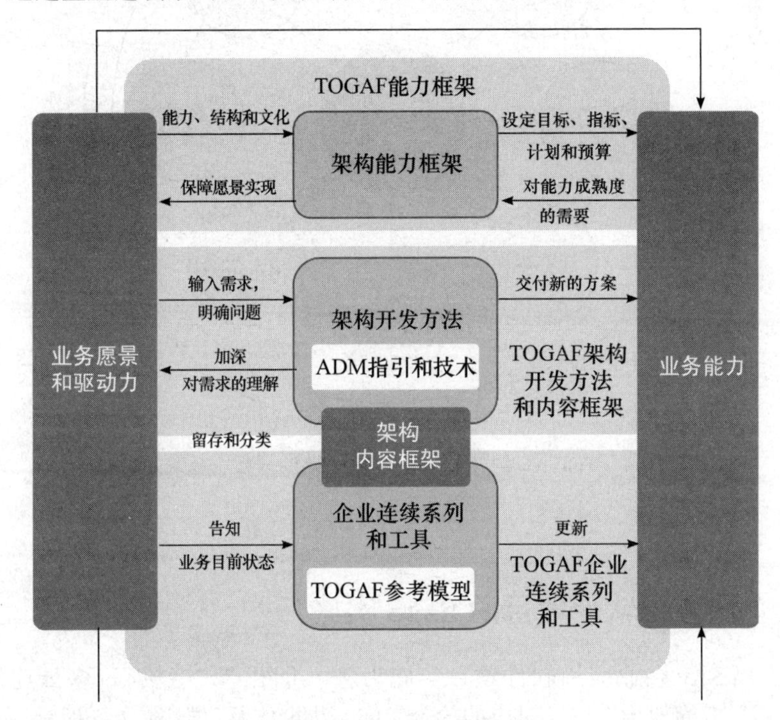

图 10-3 TOGAF 能力框架

来源：《TOGAF9 中文口袋书》

TOGAF 的核心方法论——架构开发方法（ADM）确保了企业应用软件项目交付，特别是迭代项目能够在框架下合理推进。如图 10-4 所示，ADM 将需求从八个维度进行管理和分解，同时将迭代过程从架构的上下文、定义、治理、过渡规则等几方面进行控制，确保了从需求到方案转换过程中的严密性。数字化转型是一个不断变化和推进的过程，ADM 保障了企业在转型过程中框架的完整性，约束了系统与业务间的必要关联不被破坏，项目实施的安全性和可行性也因此得以确保。

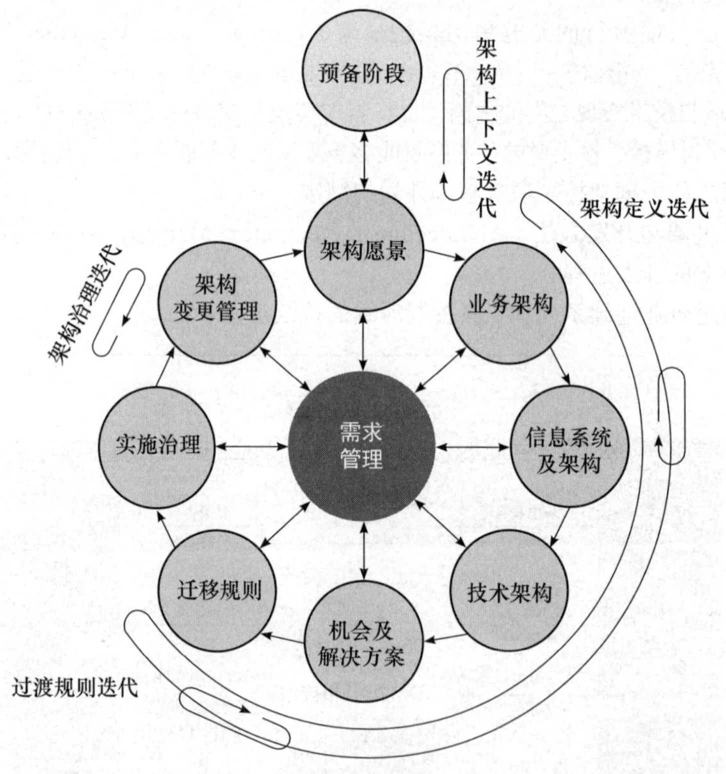

图 10-4 TOGAF 的核心方法论——架构开发方法（ADM）

来源：《TOGAF9 中文口袋书》

10.3 企业应用软件项目的 SaaS 实施

下面以 SAP 企业应用软件项目实施为例，介绍“数字核心 / 多云应用”与“创新扩展”双模架构，以及对应的部署实施方法论体系，如图 10-5 所示。

- 针对 SaaS 项目，SAP 在提出的 Ready to Run（即时运行）概念下，更具体地推出了 Activate 项目实施方法论，支持各类企业应用软件的实施。

- 针对 PaaS 项目，SAP 提出了 Ready to Build（即时搭建）概念，利用成熟可靠的业务与技术积累，为企业提供可靠和可持续的创新平台。

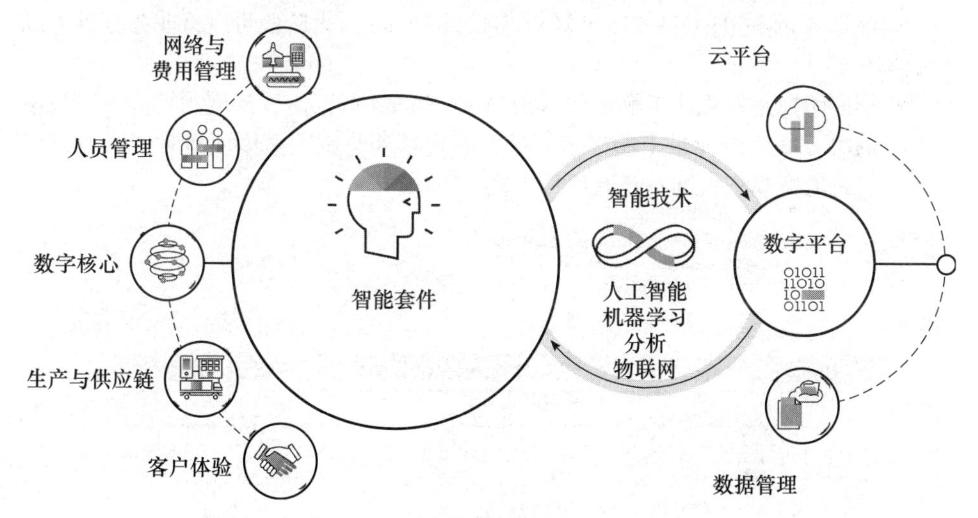

图 10-5 SAP 的企业应用软件项目实施方法论体系

10.3.1 融合敏捷思想的 SAP SaaS 实施方法论

这里以 SAP 目前主推的云数字核心即 SAP S/4HANA Cloud 为例，来详细阐述 SAP SaaS 项目实施方法论。

1. SAP Activate 项目实施方法论

作为 SAP 在 ASAP（Accelerated SAP）之后新一代的项目交付体系，Activate 融合了 Ready-to-Run（即时运行）思想，为数字化转型软件应用在不断迭代的业务和技术环境下提供一套完整的应对方案。需要注意的是，SAP Activate 不只是单纯的一套“方法”，在广义上更可以扩展为 SAP 提供的客户消费体验（Consumption Experience）。

广义上的 SAP Activate 包含了三大关键要素：

- SAP 最佳实践：这是建立在流程文档基础上的即时运行（Ready-to-Run）流程。
- SAP Activate 方法论：为项目团队提供规范性的分步部署指导。
- 引导配置实现工具：通过应用生命周期管理（Application Lifecycle Management，ALM）来进行高效精准的配置、部署和运行。

换言之，SAP Activate 在提供管理流程框架的同时，提供了更加具体的内容和技术实现工具，与业务内容、系统实现紧密关联，专业化程度进一步加深，使企业应用能够经济高效、灵活快速地交付给客户，同时保证未来的不断创新，其实施过程如图 10-6 所示。

SaaS 版本的 S/4HANA Cloud 针对 SAP Activate 六大阶段可以将业务分解为以下具体任务：

- 第一阶段是发现，了解 SAP S/4HANA Cloud 的广度、深度和功能，以及该解决方案为企业带来的诸多好处，确定实施范围、整体项目时间表和目标解决方案模型，准备开始项目实施。

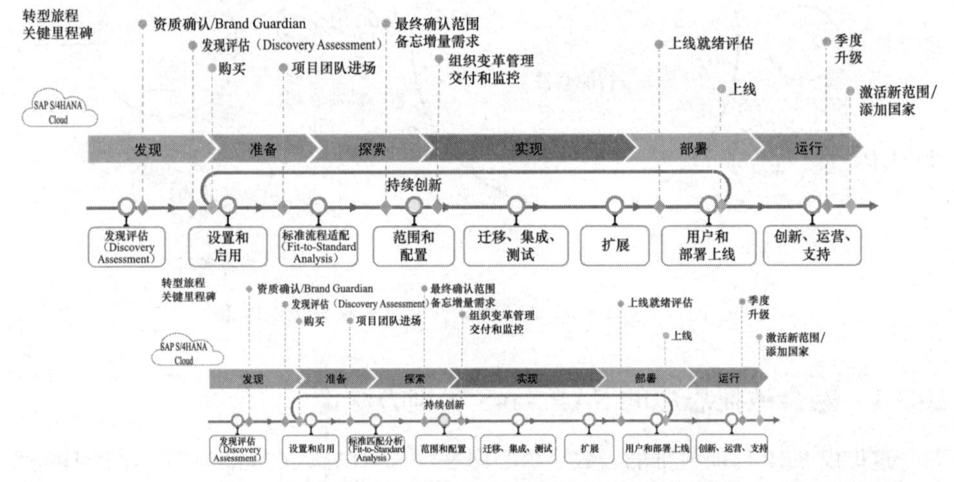

图 10-6 SAP S/4HANA Cloud 的 Activate 实施过程

- 第二阶段是准备，聚焦项目的初步计划和准备，包括启动项目、制订计划、分配项目团队，持续推进项目启动优化布局工作。
- 第三阶段是探索（探讨或调研），执行 Fit-to-Standard（标准流程适配）分析，以此验证项目范围中的解决方案功能是否匹配，进而确保业务需求得到满足。确定的差异和配置将添加到日志中，供下一阶段使用。
- 第四阶段是实现，逐步构建并测试集成的业务和系统环境，基于在上一阶段确定的及日志中记载的业务流程和功能需求建立，同时项目团队将客户数据导入系统中，制定系统切换计划并规划解决方案的实际运行。
- 第五阶段是部署，设置生产系统、确认客户组织已准备就绪并将业务操作切换到新系统。
- 第六阶段是运行，进一步优化解决方案的可操作性，保证系统可用性及支持企业执行业务运营所需的性能级别。

另外值得一提的是，Activate 在执行过程中十分强调敏捷方法，以 Sprint 周期开展工作，在实现阶段通过迭代进行增量式实现，在执行过程中将问题留存在 Backlog 日志以在下个阶段或周期解决，等等。通过一系列敏捷元素的融入，将传统的瀑布型项目向敏捷转型。

2. 及时根据项目执行情况调整工作任务

SAP Activate 方法论在具体指导相应工作任务的同时，也提供了一系列管理工具（称为“加速器”（Accelerator））来支持项目团队。在具体指导不同阶段项目工作的同时，Activate 还为项目中的各方配套了各类执行工具，如各类配置文档、数据导入模板等，极大地提高了项目实施团队的工作效率。

在技术实现之外，企业业务变革也是重要的项目任务，数字化转型项目是通过上系统的过程来完成组织、业务的变革。针对这些变革任务，SAP Activate 引入了组织变革（Organization Change Management，OCM）的管理（见图 10-7），并执行数字化变更管理，在项目推进过程中，也更加重视客户体验管理。

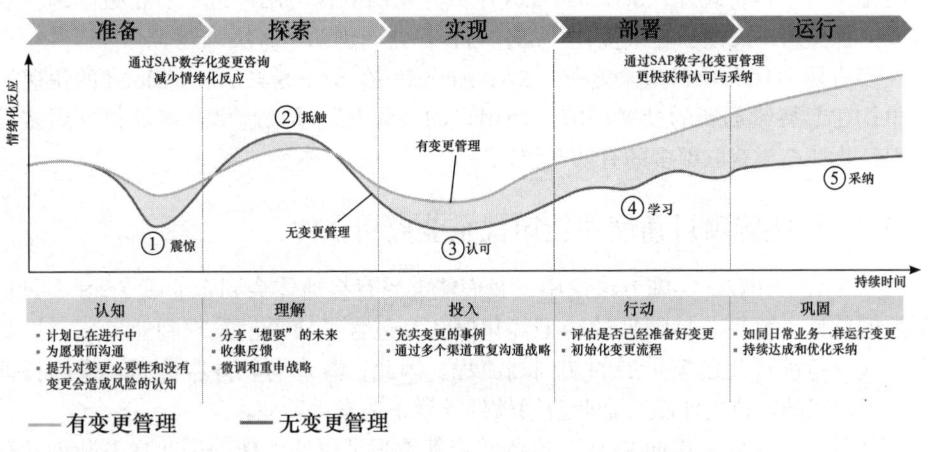

图 10-7　SAP Activate 中引入了组织变革的管理

通过一系列管理方法和工具的辅助，提高了项目团队解决各类问题的能力，保证项目的顺利推进，通过变革促进数字化转型。

3. 专家资源协助解决项目中的关键问题

当项目遇到某些障碍时，仅依靠项目交付团队和客户有时难以解决问题，而 SAP SaaS 的交付业务过程中会有更多“专家”助力。这包括了 SAP 客户成功经理（Customer Success Manager，CSM）对于项目的保驾护航（包含于优选成功（Preferred Success）服务），也包括了价值保障（Value Assurance）的资深专家对重点问题的解决方案支持。如图 10-8 所示，SAP S/4HANA Cloud 交付项目中，优选成功与价值保障服务提供了综合保障，包括在项目中的一系列保驾护航行动，增加与客户对于关键问题的沟通并提升各方参与度。

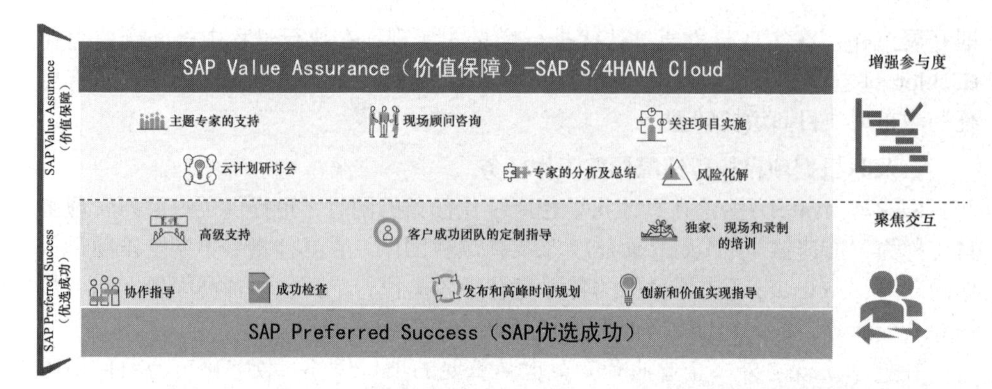

图 10-8 针对 SAP S/4HANA Cloud 的优选成功与价值保障服务

SAP S/4HANA Cloud 社区给用户提供了一个问题交流、体验反馈、改进建议、共同创新的平台；此外，SAP 的 SaaS 产品开发团队也与用户进一步拉近距离，及时根据各类用户反馈和建议优化产品，与客户共同创新、解决难题。

多方协力保障项目成功之外，SAP Activate 在 SAP S/4HANA Cloud 的快速迭代中构建起持续创新的社区环境，使用户的“队友”越来越多，能够得到更多的知识经验补充，获取更多的有效建议。

10.3.2 从实施项目角度重新审视企业应用软件

从 SAP Activate 实施方法论中，我们能够更直接地体会到企业级 SaaS 不只是单纯的软件，而更是持续性的转型优化服务，包含了从需求发现到业务探讨、实现上线、持续优化创新扩展的端到端流程。因此，客户与软件服务商、实施咨询商三者之间的定位也伴随着企业应用软件发展正在发生转变。

从传统应用软件走向 SaaS，这些转变都是为了更好地帮助企业在不断创新过程中完成数字化转型。而作为企业应用软件领域的领导者，SAP 在进行云转型的同时，也提出了一系列的新战略和措施，以保障 SAP 能够持续性地通过创新为客户提供商业价值。

1. SAP Activate 改变了什么

为了能够更加清楚地认识 SAP Activate 到底改变了什么，我们将其与上一代实施方法论 ASAP 进行简单的对比，SAP Activate 明显缩短了项目交付时间，如图 10-9 所示。

对于实施团队来说，SAP Activate 最大的区别是将“业务蓝图”阶段换成了“探索”，这个阶段内不再完全依赖于实施顾问与客户沟通过程中的个人发挥，而是基于 SAP 最佳实践业务流程的指导，采用“标准流程适配”（Fit-to-Standard）的方式展开，以发现并控制差异，确保后续交付的顺畅、稳定可控。此外，通过云架构带来的快速系统交付、完善的知识流程体系、业务需求与配置之间的快速转换实现技术，SAP Activate 明显缩短了项目的交付时间。

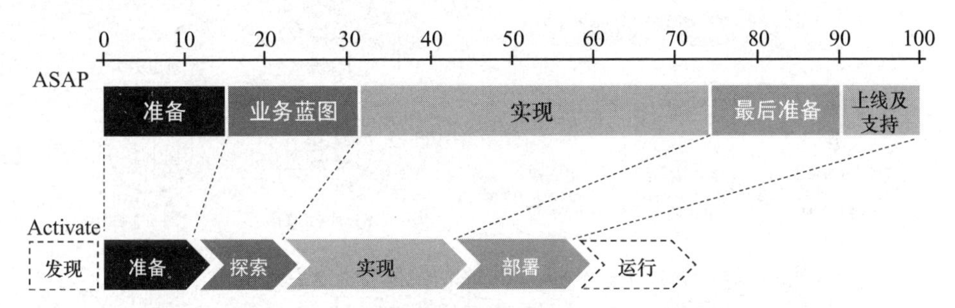

图 10-9 SAP Activate 方法论对比 ASAP 方法论

但我们需要注意的是：这一切是建立在客户需求与系统最佳实践偏差并不大的前提下才可能实现。因此，SAP Activate 将项目工作“向前”进行了延伸，在实施开始之前增加了“发现”阶段，以评估、解构客户业务需求并设置合理的实施策略与路径：

- 通过双模架构将客户的定制化需求和特殊创新需求与标准功能流程解耦。
- 使用更加专业的周边应用软件来满足客户的部分特定需求。
- 按不同阶段或迭代周期来逐步完善方案以满足客户整体需求。

从敏捷的视角探讨和规划一个复杂度较高的项目时，“二八原则”是十分重要的，我们不能期望用一个项目满足企业的所有需求、解决所有问题，那样会导致项目难以推进。反之，我们应该考虑的是在第一期项目里把转型的主要架构搭起来，解决主要问题（80%），而剩下更加创新、挑战的问题（20%）可以放到下一次迭代中或通过其他软件 / 平台来解决。同时，SAP 也在不断丰富和扩充最佳实践以更大限度满足全球客户的需求，近年来开始将各类行业业务属性进行重新优化和包装。SAP Activate 同样也“向后”进行了延展，增加了“运行”阶段，保障系统以规范的方式持续运行、优化和扩展，如图 10-10 所示。

整体上，我们不难看出企业应用软件项目覆盖了售前直到售后的客户历程，并会随着客户企业业务的发展不断持续性地运行下去。

SAP 正是通过 Activate 方法论、SaaS、双模架构和最佳实践为客户提供这样一套完整的服务方案。

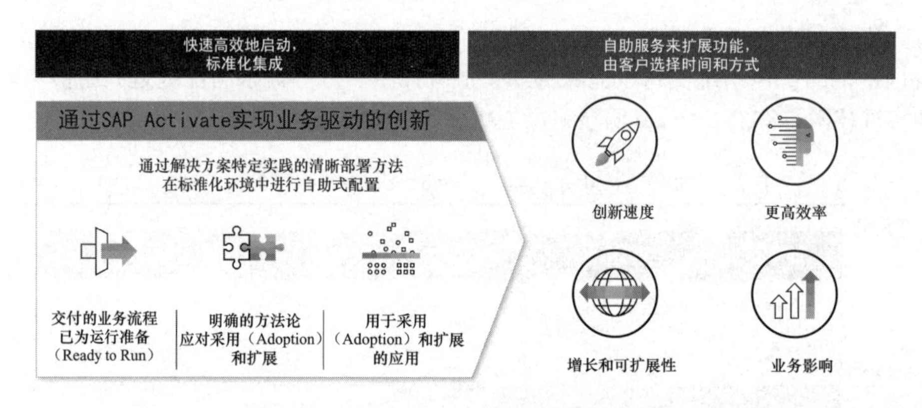

图 10-10 SAP Activate 的定位与价值主张

2. 客户与软件服务商、实施咨询商之间的定位发生变化

相比于过去的企业应用软件业务模式，云转型过程中企业应用产品与客户的距离在不断拉近。以往在产品与客户之间，实施咨询商扮演了更加重要的角色，客户体验高度依赖于实施咨询商的能力，这包括了业务咨询和需求引导能力、对软件的熟悉程度、工作效率、开发能力等，但随着商业软件规模化的发展，这种模式受到了很多挑战：

- 实施咨询商的能力差异与价格竞争导致了软件交付水准不稳定。
- 大量定制开发导致产品难以完成顺畅的升级迭代。
- 多个实施团队参与实施的软件应用，会积累大量个性化调整，导致企业软件运维难度急剧上升。
- 客户对产品的技术性需求传导到软件厂商的周期过长，难以跟上业务与技术发展的潮流。

这样长期发展会导致客户体验的下降，使产品不能为客户提供更创新的商业价值，最终导致产品乃至整个软件生态的竞争力下降，进而影响到实施商的利益。云转型正是要打破这样一个非良性的循环。

与此同时，也有人会问：当软件服务商拉近与客户的距离后，实施咨询商的地位是否会明显降低？答案是否定的，这关乎实施咨询商自身的转型。企业需要的是一个完整的、能产生价值的服务，在这个服务的落地过程中，实施工作依然不可或缺，虽然很多实施咨询商原来需要承担的工作被软件服务替代，但实施咨询却有了更多发挥的空间：

- 进行更多的咨询工作，这包括了在更加复杂的商业和技术环境下帮助客户进行整体规划，在更丰富的产品选择中建议合适的产品方案和路线图。
- 通过双模架构，在创新平台（PaaS）上进行开发和创新扩展，甚至在创新平台上（类似 SAP 的创新平台上，合作伙伴能够将自己的创新应用通过“应用商店”作为产品售卖）直接发布。

- 伴随着云软件服务持续性地为企业服务和赋能，包括优化、扩展、创新和培训等。

同时，由于云产品可使客户以较低的总拥有成本（TCO）享受数字化转型带来的商业价值，客户有了选择更多服务的意愿，这也给了实施咨询商更多的机会。伴随着应用软件厂商的云转型，未来将可能出现更加蓬勃的云生态系统。

3. SAP RISE 战略与应用软件项目实施

进入 2021 年，SAP 提出了“RISE with SAP”订阅方案，明确提出“企业转型即服务”（Business Transformation as a Service）帮助客户走向“智慧企业”（Intelligence Enterprise）。

Rise with SAP 是一个综合性服务，涵盖 SAP 产品、工具、顾问支持，以及 SAP 伙伴提供的服务，包括：

- 业务流程再造。SAP 为此提供业务流程智能（Business Process Intelligence）工具，协助企业进行分析，并有 25 个行业模型作为范本。
- 技术迁移。将部分现有客户的 SAP 系统结构，模块化、组件化地迁移上云。
- 创建智能企业服务。在 SAP 平台上创建人工智能、机器流程自动化（RPA）或商业分析（BI）等智能化系统。

毫无疑问，SAP Activate 的“发现”阶段工作、最佳实践（或样板公司）、实施方法论也都紧密参与了这些服务。

企业应用软件项目的实施，需要一套实在的、自洽的并不断通过项目实践论证完善的方法论和体系。在各类数字化转型落地交付过程中，SAP Activate 获得了项目的参与者，包括客户和生态合作伙伴的共同理解、参与和支持，并不断发展完善，成为走向智慧企业的重要指引和工具。

Part 4 第四篇

新征程

第 11 章 Chapter 11

SAP 的智慧企业应用软件解读和发展方向

SAP 是一家成立近 50 年的软件企业，也是全球最大的纯软件企业，解读它的企业应用软件，需要牢牢把握以下三个时点。

- 第一个时点是过去，了解 SAP 成功的“商品化软件 + 套装软件”商业模式，以及如何从基于本地部署（On-Premise）的商品化企业应用套件，演进到覆盖企业各职能、提供端到端业务流程的全云系统。
- 第二个时点是现在，了解 SAP 在打造业界领先的智慧企业过程中，企业应用软件的“业务转型即服务”（Business Transformation as a Service）。
- 第三个时点是未来，憧憬企业应用软件的发展方向。未来企业应用软件在形态上将会实现高度的 IT/OT 融合，在能力上表现出具备自治能力的智慧，在交付上采用构件式的工业化软件组装方式。

11.1 SAP 本地部署的企业应用软件

“商品化软件” + “套装软件” 是 SAP 取得成功的核心商业模式。毫不夸张地说，这也是推动整个全球企业应用软件市场发展的两大基石。直至今天，虽然有的国内企业试图通过“（用硬件或服务）捆绑免费软件” + “（类似苹果应用商店中的众多）工业 App” 来颠覆这一商业模式，但在企业应用的领域并没有收到预期的效果。

11.1.1 商品化是软件工业的起点

SAP 公司的五位创始人——Dietmar Hopp、Hasso Plattner、Claus Wellenreuther、Klaus Tschira 和 Hans-Werner Hector，在 20 世纪 70 年代初都曾是 IBM 德国公司的员工。当时个人计算机尚未出现，计算机的含义就是“超大型计算机”（主要是 IBM 360 和后来的 370）。由于这些计算机的指标和今天的计算机完全不能相比（例如内存最多只有 512KB），当时程序必须存储在纸质卡片上（见图 11-1），计算机执行程序的时间也必须事先预订，但是依然抵挡不住企业应用软件市场（如库存管理软件）的起步。由于 IBM 在销售这些超大型计算机的时候常常会“附赠”这些软件，以此作为吸引客户购买整个计算机系统的卖点，因此独立的软件公司难以生存，软件工业更无从谈起。

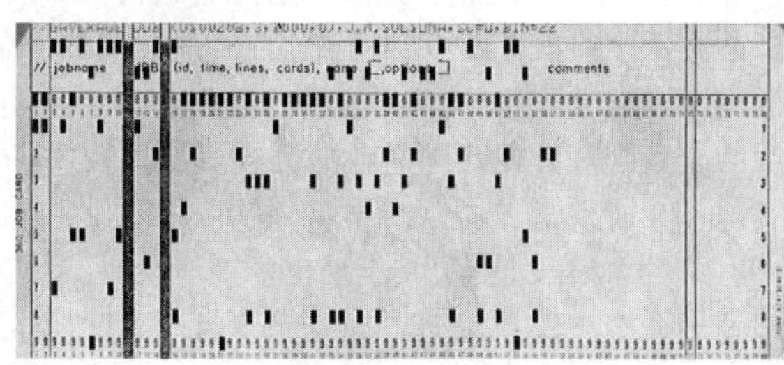

图 11-1 IBM 360 计算机和打孔卡片

历史的转折点出现在 1969 年 6 月 23 日。在美国反托拉斯法案的压力和美国司法部的推动下，IBM 在这一天做出了一个决定性的声明：从 1970 年 1 月开始，IBM 将硬件销售与软件销售、服务销售分开进行。自此以后，客户在购买计算机系统的时候，可以分别看到硬件、软件和服务的价格。软件终于摆脱了从属于硬件的附属地位，成为一个独立的商品——这也就是商品化软件的由来。对那些专门开发软件的公司来说，它们终于在 IBM 长年垄断的市场里有了一展身手的机会。这一天也被后人称为“现代软件工业的诞辰”。SAP 五位创始人随即在 2 年后相继从 IBM 离职，当年就在全世界第一辆汽车诞生地——德国曼海姆市，创办了 SAP（德文 Systemanalyse und Programmentwicklung 缩写，意为“系统分析和程序开发”）。时至今日，SAP 始终坚持软件业务，发展成为全球最大的企业应用软件公司和全球最大的纯软件公司（完全不生产任何硬件）。

11.1.2 企业应用软件的演进

集成、实时和标准是每个企业管理者的目标。SAP 成立之初的目标，就是“提供能够集成企业所有的业务流程，实现数据实时处理的标准化企业软件”。SAP 企业应用软件发展经历了四个阶段。

第一个阶段是 1973 年推出的 SAP R/1，在基于一层架构的主机系统上，围绕单个公司和单个工厂进行开发。SAP 系统从财务模块开始，逐渐扩展到物料管理等其他模块，实现了物料管理和财务模块之间的实时数据共享，开创了“跨模块集成”这一 SAP 标志性技术。在后续所有的产品开发中，SAP 始终都将其作为基本准则加以坚持。

第二个阶段是 1979 年推出的 SAP R/2，在基于两层架构的主机系统上，围绕多个公司和多个工厂进行开发。这时 SAP 系统真正实现了企业集团的需求，在财务、制造、供应链、物流和人力资源管理等方面进行了大量的开发。SAP 身处欧洲，各个国家的语言、货币、法律、规范各不相同。为了适应跨国企业客户的需求，系统设计之初就周密严谨地考虑了多语言、多币种以及不同国家的法律法规。这种国际化的开发视野和精耕细作的执着，一直持续到了今天。

第三个阶段是 1992 年推出的 SAP R/3，在局域网中基于三层的客户 - 服务器架构，在终端采用 PC+ 图形用户界面，后台采用关系型数据库，支持跨国企业资源的全面管理。在跨国企业的分支机构以及中小企业中，R/3 得到了广泛的应用，实现了 SAP 为客户提供标准应用软件并使业务流程更加高效。

第四个阶段是 1999 年推出的商务套件 mySAP，囊括了企业资源计划、供应链管理、客户关系管理、供应商关系管理和产品生命周期管理等五大支柱产品。与此同时，SAP 也进一步拥抱互联网，在产品架构上实现了以互联网为中心的新策略，进一步奠定了 SAP 系统在集团化、跨行业、全球化市场中的领导地位，将集成、实时、标准推向了顶峰。SAP 企业应用软件的演进如图 11-2 所示。

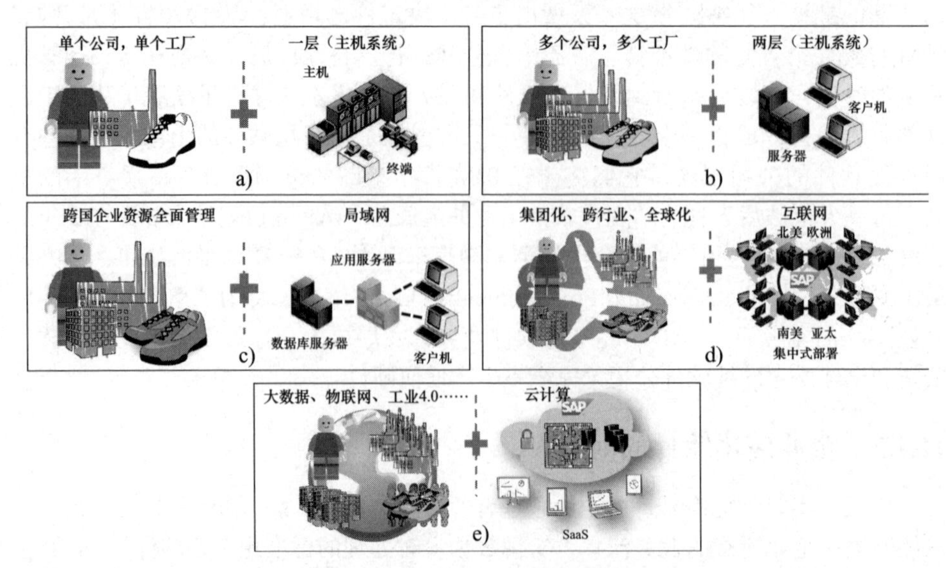

图 11-2　SAP 企业应用软件的演进

11.1.3 套装应用是企业应用软件市场成熟的标志

它首次让企业用户可以利用桌面计算机，实时地运行企业的各项业务。R/3 实现了多个应用模块的集成，使得企业应用软件具备了对企业人、财、物、产、供、销业务流程进行一体化精细管理的能力。

2009 年，SAP 正式发布了商业套件 7（SAP Business Suite 7），它将企业资源计划（ERP）、客户关系管理（CRM）、供应商关系管理（SRM）、供应链管理（SCM）和产品生命周期管理（PLM）这五大核心系统，在中间件 NetWeaver 的支持下，实现了跨系统的整合，如图 11-3 所示。

实际上，在企业应用软件市场的发展过程中，系统内部不同功能的集成和系统之间的集成大为重要。集成是企业应用软件的重要目标。

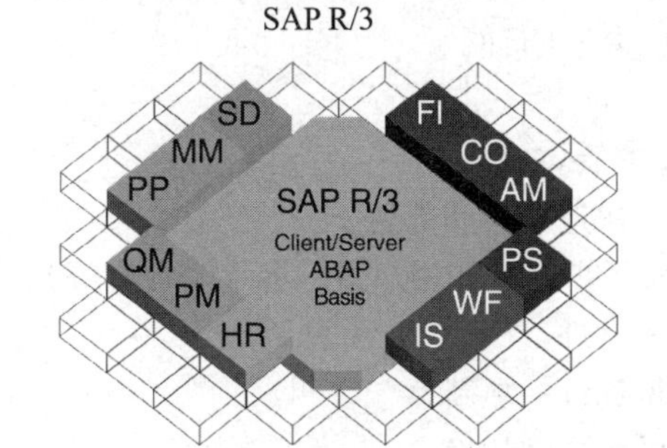

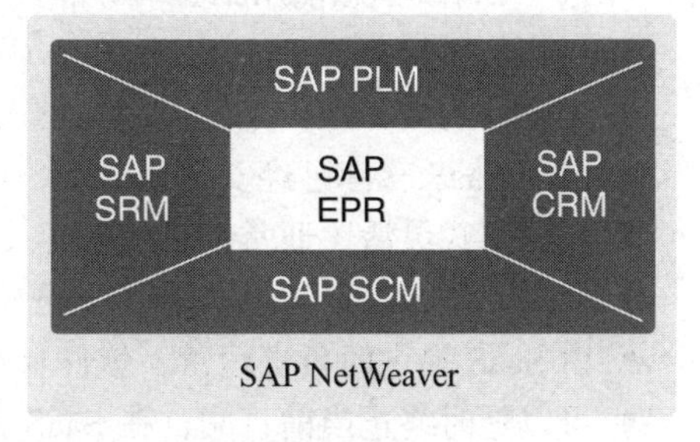

图 11-3 从 SAP R/3 到 SAP 商业套件 7 的发展和升级

- 支持组织变革——集成的系统不仅可以有效地支持业务，同时也可以有力地支持必要的组织变革。
- 提高数据的准确性——集成的系统可以减少在多处重复输入数据，降低人为错误的概率，从而显著提高数据的准确性。
- 提高生产率——集成的系统可以极大地加快不同部门和团队之间数据传递的速度，提高准确性，从而显著提高工作效率。
- 增强员工的沟通和协作——集成的系统有助于实现数据在企业内部的无缝共享，从而鼓励和推动团队之间的协作和沟通，达到共同的目标。
- 实时的数据可见性——集成的系统可以实现实时查看各类运营数据，从而极大地提高了决策效率，提升了决策质量。

一套系统内部的集成，毫无疑问是一家企业应用软件厂商产品的必备功能。而系统之间的集成，则更多地反映出市场的理性选择。

在 21 世纪的前 10 年，市场上出现了“同类最佳”（Best of Breed）软件与集成 ERP 之间的竞争。前者的典型价值主张是所提供的更深层次的功能和更加行业化的功能。对于一些客户来说，这种优势可形成企业竞争优势，企业的创收业务流程具有竞争力是至关重要的。然而，对于一个组织来说，在非创收业务活动中具有竞争力并不是战略性的。集成的 ERP 不断吸纳同类最佳软件的功能并加以整合，使得一大批同类最佳软件，如供应链管理（SCM）、客户关系管理（CRM）、供应商关系管理（SRM）、人力资源管理（HCM）、仓储管理（WM）等，被集成到 ERP 中。

11.1.4 本地化部署的局限与云端部署的优势

向云计算转型，是近十年以来企业应用软件面临的一次重大转型。在软件即服务（Software as a Service，SaaS）出现之前，软件由用户支付软件的许可证费用。用户需要自行安装软件，并承担运行成本，这种模式被称为本地部署（On-Premise）。SaaS 的特点是用户可以按月 / 年等方式订阅 SaaS 软件，无须一次性支付许可证费用。当用户不再或不想使用 SaaS 软件时，可以终止订阅。

SaaS 有以下优点：

- 无硬件购买和维护支出，前期投入成本低。
- 由于 SaaS 软件已经安装在云端，可以快速启用和部署。
- 付款方式灵活（通常按月或按年），易于扩展（如用户数、容量、带宽等）。
- 使用方便，可以通过多平台访问 SaaS 软件。
- 由 SaaS 提供商负责运营，软件自动得到统一更新。
- 可以随时终止当前订阅，在 SaaS 提供商之间切换。
- 通过 API 与其他平台和系统集成。

如图 11-4 所示，对比 SaaS 与 On-Premise 的成本，在项目早期 SaaS 具有显著的成本优势。尽管在后期，SaaS 的成本会逐渐上升，但在软件的整个生命周期里，SaaS 都具有一定的成本优势。除了成本优势之外，同期逐渐走热的物联网应用架构，也极大地推动了企业应用软件的云端部署。

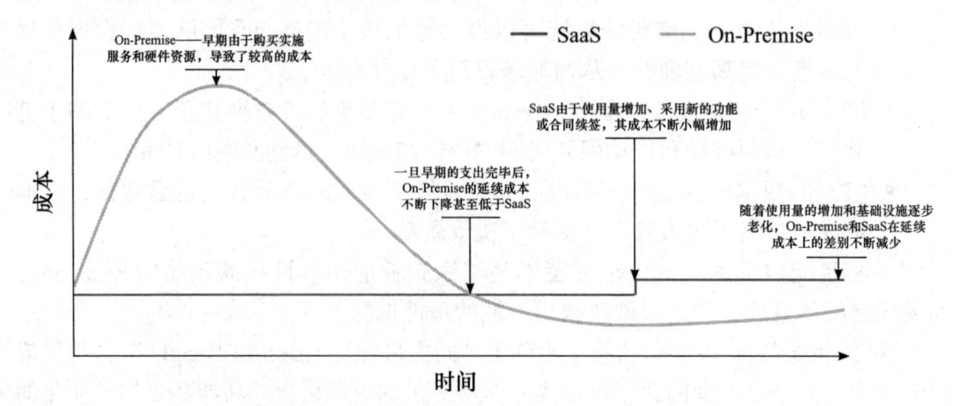

图 11-4 企业应用软件 SaaS 与 On-Premise 两种模式的成本对比

11.2　SAP 云端部署的企业应用软件

向云计算的进军，是企业应用软件发展史上的一个非常重要的事件。它不仅改变了市场的竞争格局，更引发了对企业应用软件发展趋势的各种思考。

11.2.1　企业应用软件的前三个发展阶段

一直以来，企业资源计划（ERP）始终都是企业应用软件的代表。今天的 ERP 早已经打破和摆脱了早期的业务目标和功能范围。对于不同的企业来说，ERP 的含义可能互不相同。但无论是哪种情况，ERP 都已经不再关注“资源”或“计划”。按照 ERP 这个名词的提出者——Gartner 公司的阶段划分方法，ERP 已经经历了三个阶段（见图 11-5），现在正进入第四个阶段。

第一阶段（1997 年以前）是 Gartner 提出 ERP 的时代。在当时，ERP 市场的竞争可以用“同类最佳”（Best of Breed）来概括。企业在选择 ERP 的时候，会关注在功能——所谓的“功能导向”。面对各种功能的应用软件，企业按照自身的功能需求对这些软件进行分类，选择同一类软件中“最佳”的产品。

第二阶段（1998 ～ 2010 年）是以“数据导向”为特征的一体化 ERP 的时代。ERP 不仅将企业内部各方面的应用都纳入自身的范围中，甚至将企业外部和底层的应用，例如客户关系管理（CRM）、供应商关系管理（SRM）、企业资产管理（EAM）等，也都纳入进来，通过预置的集成，实现跨系统的数据交换，不仅大幅度降低了企业拥有这些软件的整体成本，而且为客户带来了更大的业务价值。此时 ERP 的范围，已经远远超出了上一阶段的定义。

第三阶段（2010 年以后）是所谓的后现代 ERP 的时代。实际上，在第二阶段，ERP 就已经开始成为企业的骨干系统的代名词。而在第三阶段，人们对于 ERP 的发展在认识上出现了一个分水岭。今天，我们站在 21 世纪第三个十年的起点，对于这场争论，会有一个更加清晰的结论。

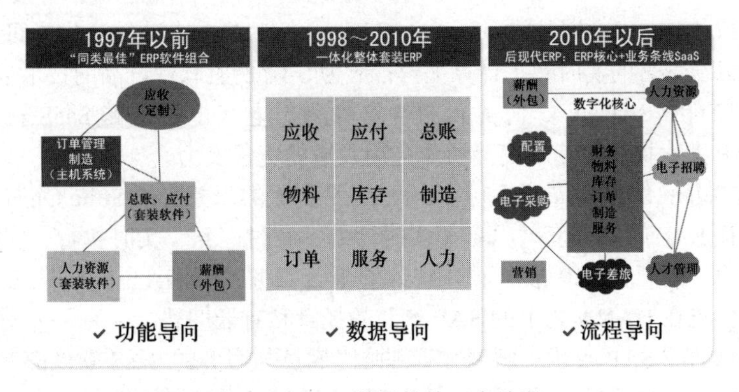

图 11-5　ERP 发展的前三个阶段

后现代 ERP 的核心思想是打破 ERP 一体化后所带来的客户对大型 ERP 的依赖，希望借助云计算的契机，通过松散的耦合，将大型 ERP 进行解体，将一体化 ERP 中的功能分离出去，有更大的选择空间。因此，Gartner 对后现代 ERP 的设想是在财务、制造、物流等所有领域中，都尽可能使用那些最好的应用软件（可能会来自两个甚至两个以上的供应商），同时确保这些应用软件之间可以相互集成。按照 Gartner 的理解，后现代 ERP 可以为业务部门带来两大好处——“业务驱动”和“业务主导”，也就是说，业务部门可以根据自身对业务的理解和需求，主导应用软件的选型。

应该说，后现代 ERP 迎合了一些聚焦在某个业务领域的企业应用软件商的诉求，同时为企业进行自主开发提供契机。然而，后现代 ERP 的架构在企业中的推广进度十分缓慢，主要原因是集成的难度并没有因为松散的架构而减弱。相反，由于业务和应用软件的复杂度不断提高，实现跨软件商的集成，需要花费极大的代价。后现代 ERP 的设想是将从 ERP 中分离的功能放到云端，用云计算的方式来实现集成。但是实践表明，云端集成的难度丝毫不比本地集成的难度小，甚至更高，更加难以控制。下面介绍的 SAP 的云端迁移过程中的经验和教训，就是一个最具说服力的证明。

11.2.2 云端迁移的过程

2010 年，在对数字化技术的发展前景做出相应预判的前提下，SAP 启动了为期十年的云端迁移之路。截至 2019 年，SAP 全球云收入近 70 亿美元，推动公司市值增长了三倍。这是由一系列的开发和收购活动完成的，它们主要包括：

- 2010 年：SAP 以 58 亿美元收购美国老牌数据库厂商 Sybase，不仅进入了数据库市场，而且加强了在数据管理、商务智能和移动商务的实力，拉响了企业应用软件进入新一轮数字化时代的号角。
- 2011 年：SAP 正式发布划时代的重量级产品——高性能分析设备（High-Performance Analytic Appliance，HANA）。HANA 从设备演化为可以在本地和云端部署的实时数据计算平台，成为 SAP 所有软件产品的技术基础。
- 2012 年：SAP 以 43 亿美元的价格收购了老牌电子采购 SaaS 软件商，使 SAP 大大提高了云端商务协作应用领域的竞争实力。
- 2013 年：SAP 发布了运行在 HANA 平台上的商务套件 Suite On HANA，从而让 SAP 的商务套件具备了实时计划、实时交互、实时执行、实时分析的能力。同年，SAP 推出了 HANA 企业云服务（HANA Enterprise Cloud），提供构筑在 HANA 之上的 SAP 产品的托管私有云部署。
- 2014 年：SAP 收购了聘请和管理临时雇员与服务的 SaaS 软件商 Fieldglass。同年，SAP 继续收购了旅行和费用管理服务的 SaaS 软件商。

- 2015 年：SAP 发布了媲美 R/3 的全新的商务套件旗舰产品 S/4HANA，这是一款经过代码全部重写、完全基于 SAP HANA 平台、适应工业 4.0 时代企业运营的软件产品，成为 SAP 全部产品的核心。同年，SAP 发布了 SAP 云平台（SAP Cloud Platform，SCP），正式进入了平台即服务（Platform as a Service，PaaS）领域，帮助企业快速开发新应用或扩展现有应用。
- 2016 年：SAP 推出了 SAP 分析云（SAP Analytics Cloud，SAC），将数据分析、数据可视化、计划和预测等功能整合到 SaaS 产品中，帮助客户打通信息孤岛，实现由数据支持的最佳业务决策。
- 2017 年：SAP 在两年前发布的 S/4HANA 的本地部署版本基础上，发布了公有云版本，实现了 ERP 上公有云。同年，SAP 推出了创新平台 SAP Leonardo，它将物联网、大数据、机器学习、商务分析、区块链等技术整合在 SAP 云平台上，帮助企业快速地将创新成果融入自身的业务体系中。也是在 2017 年，SAP 继续推出了 SAP Data Hub，帮助企业在分布式的数据环境中，建立统一的大数据视图。
- 2018 年：SAP 又以 24 亿美元收购 SaaS 软件公司 Callidus，增强销售线索到现金（Lead-to-Money）领域中销售绩效管理和配置报价的产品能力。同年，SAP 推出全新的 CRM 商务套件 C/4 HANA，并将其余数字化核心系统 S/4HANA 连通。
- 2019 年：SAP 以 80 亿美元收购了体验管理软件公司 Qualtrics，将 Qualtrics 带来的体验管理与 SAP 现有软件的运营管理结合在一起。
- 2020 年：SAP 发布业务技术平台 BTP，为客户提供在一个集成平台上构建、管理和部署应用程序的能力。SAP 继续收购了全渠道客户管理互动平台企业 Emarsys，借助它在电子邮件、手机、社交、短信和 Web 大规模个性化客户交互的平台能力，进一步增强 SAP 在客户体验领域的功能。
- 2021 年，SAP 收购了企业业务流程智能和流程管理软件商 Signavio，并与 SAP 的业务流程智能部门相结合，帮助企业快速了解、改进、改造和管理业务流程。

11.2.3 完成云端迁移后面临的集成挑战

上述“并购 + 自研”的过程，在为 SAP 带来全线 SaaS 产品的同时，也带来了严峻的集成挑战。这些并购和自研的产品，形成了 17 个重要的产品系列，背后是 25 种用户界面前端技术、21 种运行环境、20 种存储方案和 24 种基础架构技术。这种割裂的现状，毫无疑问带来了很多问题。

- 缺乏集成：不仅各个产品之间缺乏集成，集成的云核心 ERP 的地位也无法体现。

- 缺乏数据治理：存在普遍的主数据分离或重复的现象。例如，供应商主数据在 S/4HANA 和 Ariba 中需要分别维护，如何确保两者的一致性？
- 不一致的用户体验：不同的产品的操作风格各异，极大地影响用户体验。
- 割裂的业务和平台：不仅对于 SAP 来说无法保证统一的云运营流程和服务水平协议，对于客户来说连本地部署最基本的功能，例如统一的单点登录和跨业务线应用流程管理，都难以实现。

这些问题，实际上都是后现代 ERP 无法避免的问题。这些问题不得到彻底解决，企业应用系统无法进入下一个阶段。

11.2.4 企业应用软件第四阶段的探讨

今天的企业应用系统，仅仅覆盖了从信息到知识这两大部分。它运用企业应用软件中预置的业务规则，对采集的信息进行处理。企业应用软件发展到第四阶段，将会遵循如前所述的智慧企业的七大转变，在智能化和敏捷化两个方面实现飞跃，朝着全域智能的目标迈进，建立“数据—信息—知识—智慧”更加流畅的转换、积累和升华的机制，如图 11-6 所示。

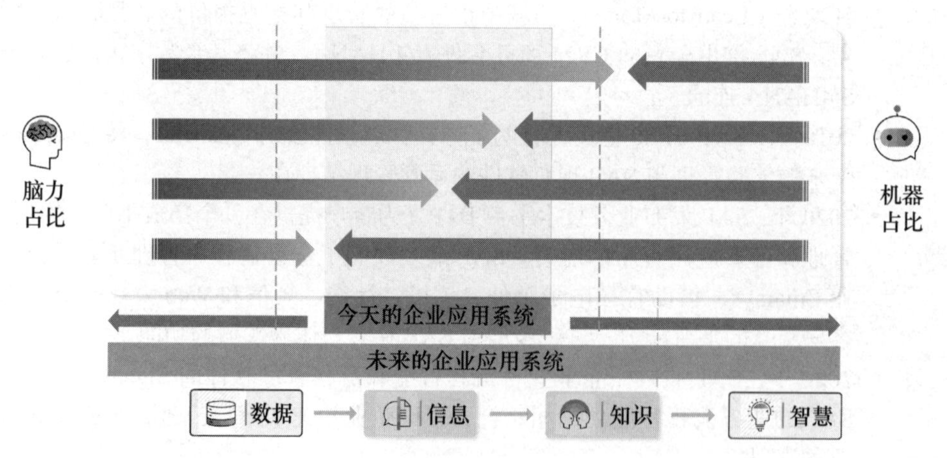

图 11-6 企业应用系统正在向“数据—信息—知识—智慧”全域智能的目标迈进

具体表现在：

第一，在系统架构上充分拥抱 IaaS-PaaS-SaaS 的云计算架构，朝着基于认知计算的“数据 – 洞察 – 行动”转型。

第二，在逐步统一的云计算架构的基础上，增强和扩展 IT 和 OT 数据采集、处理、分析的能力和范围，推动在 SaaS 端 IT 应用与 OT 应用的融合和统一。

第三，借助数字孪生、人工智能等技术，改造现有业务流程，提升企业应用软件的智能化水平。

第四，实现跨 SaaS 的数据预集成，打造业务流程即服务，对业务能力提供敏捷支持。

第五，充分运用对话式人工智能、AR/VR 等认知智能技术，实现高效的人机互动和决策机制。

第六，支持新的更加灵活多变的数字化组织形式，适应各类数字化人才的引入和使用方式。

第七，广泛引入体验管理，在客户、员工、产品、品牌、合作伙伴等领域，充分结合体验数据和运营数据，利用智能技术实现优化。

11.3 SAP 的业务转型即服务

业务流程是每个企业的绝对核心，覆盖企业的各个部门。这些流程不是一成不变的，而是随着市场环境的变化而不断变化的。来自各方的输入被转换为沿着整个端到端业务链平稳运行的流程。在 SAP 的智慧企业愿景中，这些流程利用智能技术变得高度自动化。与此同时，企业还需要持续评估流程，根据数据分析的结果，进一步完善流程。这样一来，企业就能更加高效地部署资源，让企业执行高价值的任务和推动创新。

然而，我们必须要承认，在现实当中，企业面临的却常常是另外一番截然不同的景象。企业的业务流程常常是分散的，跨越多个部门、多个不同的用户界面，导致用户需要重复执行很多手工工作。另外，这些流程的设置是静态的，很难通过调整来应对即将发生的变化。这些现状会降低客户、供应商和员工的满意度。因此，企业不得不通过增加成本来弥补这些影响。

业务流程智能（Business Process Intelligence，BPI）正好可以解决这些问题。BPI 可以帮助企业了解其内部各个层面的业务流程的转型潜力。从流程挖掘、数据分析到卓越流程的建模、执行和对标管理，通过收购 Signavio，SAP 获得了独特和全面的端到端流程转型功能。

BPI 是一个典型的从数据到洞察再到行动的过程。如图 11-7 所示，它可以帮助企业根据流程 KPI 等实时洞察，发现业务流程中的缺口和瓶颈。并且，它还依赖于流程挖掘和用户行为分析，帮助企业了解改进机会。BPI 进一步可以让企业对比现有流程和规划的未来流程，获得切实可行的改进建议，并采取相应的行动。BPI 还可以帮助企业推行变革，帮助员工了解变革，并将变革融入企业。在变革过程中，可以监控变革带来的业务价值，挖掘进一步改进的潜力。由于业务流程的改进是一个连续的循环过程，BPI 还能够对流程架构进行建模，并定期对标行业标准。

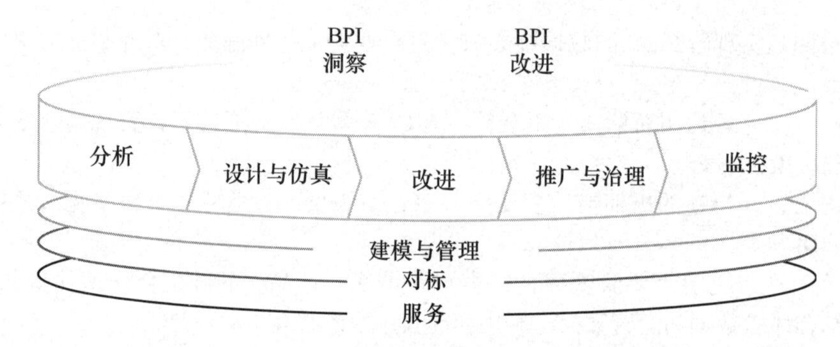

图 11-7 BPI 涵盖了企业业务流程持续改进的全过程

以 SAP 为例，订单到开票流程是最具战略性的流程之一。我们希望最大限度地简化和自动化该流程，让客户在整个采购到付款的流程中，获得流畅的体验。为了实现这一点，我们利用用户行为挖掘功能来分析流程，了解用户使用系统的具体情况。然后，我们将分析结果与行业标准 KPI 进行对比。通过这种方式，我们发现系统中存在数据不一致的情况，因为输入了不必要的内容，并且手动重复不必要的工作。具体来说，将销售订单映射到 CRM 系统中的采购订单，然后将订单信息体现到 ERP 系统生成的发票中，整个过程需要大量的手工工作。发现了这一点后，我们利用 SAP 智能业务流程机器人来自动执行这些步骤。这极大地提高了用户体验，并最终缩短了收款周期。

毫无疑问，在 BPI 的整个运行过程中，对当前业务流程的分析是最关键的环节。SAP 凭借产品所覆盖的广泛的业务流程和庞大的客户群，获得对客户业务流程最精确和前沿的洞察和改进建议：

- 业务流程 KPI 的分析。
- 业务流程数据的挖掘。
- 用户行为数据的挖掘。
- 用户体验数据的分析。

企业可以在 BPI 中建立企业业务流程模型，不仅可以对目前的业务流程从 KPI 数据、流程数据、用户行为数据和用户体验数据等各个角度进行大数据分析，还可以实时地对用户的流程操作进行监控，一旦发生偏离理想流程的行为，便会给出报警或建议。毫无疑问，BPI 的引入和与企业应用软件的深度融合，是迈向智慧企业的巨大进步。

11.4 SAP 企业应用软件的发展方向

我们认为，未来的企业应用软件将会在形态、能力和交付上发生一场深刻的变革。一直以来，企业应用软件在第三范式的指导下，逐渐形成了覆盖企业全价值链端到端业务流程的大型套装软件。面对第四范式的新时代需求，企业应用软件正在经历一场深刻的变化。企业应用软件的发展方向如图 11-8 所示。

在形态上，未来的企业数字化发展将实现高度的 IT/OT 融合。传统上隶属于 IT 范畴的企业应用软件，与隶属于 OT 范畴的工业控制软件日渐融合。在“端—边—网—云”的层级架构下，企业应用软件和工业控制软件在不同的层级上逐渐一体化，从而让软件成为万物互联的运转中枢。事实上，随着 IT/OT 的不断融合以及云计算技术的发展，ERP 和 MES（IT 软件和 OT 软件的代表）日益融合。与此同时，PLC 上云或软 PLC 也已经浮出水面。随着 5G 技术的发展和工业通信技术的日益标准化和成熟，将会有更多的“计算设备”采用计算能力和前端设备分离的“云 PC”技术路线。这一趋势，将会极大地扩展企业应用软件的范畴。

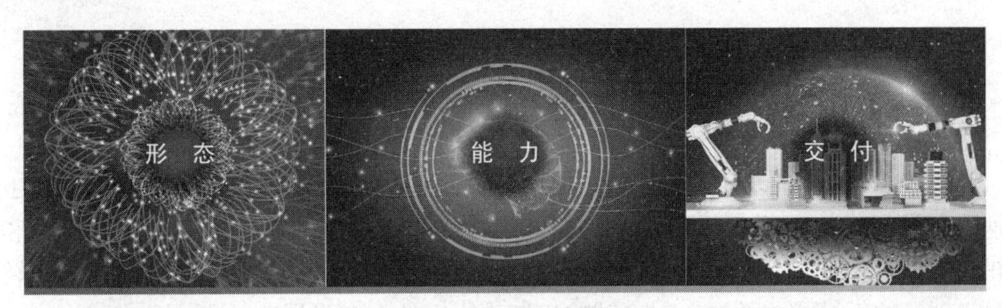

图 11-8 企业应用软件的发展方向

在能力上，未来的企业应用软件将具备自治能力的智慧。传统的企业应用软件是将部分知识植入软件中，通过贯穿软件的流程，辅助人类来处理结构化的信息。未来的企业应用软件，不仅拓展知识的深度和广度，还会在更多领域辅助人类进行信息处理。由此，企业应用软件具备智慧能力，直接对海量数据进行处理，产生洞察并驱动行动。未来的企业应用软件将取代大量人工操作，提高自动化水平，实现人与智能机器之间的深度协同，向高度的自治型企业迈进。

在交付上，未来的企业应用软件将广泛采用构件式的工业化软件组装方式，根据业务能力的要求，更加敏捷地向企业交付。传统的整体应用（Monolithic Application）已经越来越难以满足企业对于灵活和创新的要求。未来的企业应用软件将以业务流程即服务的形式在市场上出现。在企业 IT 部门和 SaaS 提供商的支持下，所交付的应用将满足用户个性化要求。与此同时，未来企业的业务部门和 IT 部门将会形成跨组织的协同文化，在业务创新、技术部署、技能培养、相关预算等方面共同分担责任。

第 12 章 Chapter 12

云时代 SAP 赋能战略再出发

当前，数字化技术呈现向云端加速迁移的趋势。中国作为全球份额最大、工业链条最完整的制造业大国之一，在应用数字化技术上，有着巨大的发展潜力和红利空间。企业应用软件厂商与客户的充分联合创新，将成为推动中国数字化转型与创新的新模式，并向着对全球输出解决方案的方向发展。

面对“十四五”发展新格局，SAP 将通过打造和实施三大计划，即全数据企业转型计划、产业链协同计划及绿色可持续发展计划，助力中国企业成为“新型中国企业”，助推中国产业实现数字化转型升级。

作为一家以“智慧企业”战略驱动的体验公司，SAP 是全球领先的企业应用软件解决方案提供商，致力于帮助各行业领域的、各种规模的企业实现卓越运营。迄今为止，SAP 利用端到端应用套件和服务，已经支持了全球 437 000 多家客户实现运营盈利并持续创新，全球 77% 的交易收入都与 SAP 系统有关，在中国也助力了超过 1 万 4 千家企业建设和发展了信息化，成为中国企业信息化和工业化“两化融合”的最佳合作伙伴。

落地中国的 25 年里，SAP 服务的客户已经遍布 25 个行业（见图 12-1），其中不乏名副其实的中国数字经济的灯塔，这些客户是中国企业数字化领域的探索者和践行者。

在过去的几年，“工业互联网”成为打造我国工业强引擎、构建产业新生态、引领经济高质量的重要武器。随着经济环境和技术市场的迅速变化，我国的工业互联网定义已经超出了原创者的范畴，在某种意义上成为我国制造业数字化转型的代名词，成为我国企业参与全球化竞争的重要武器。

图12-1 SAP携手25个行业跨越数字化转型挑战

12.1 解读SAP工业互联网战略

12.1.1 工业4.0和工业互联网之旅

从2013年到2020年的七年里，SAP积极投身到工业4.0和工业互联网的推广和产业化，在产品开发和商业化进程、行业联盟和标准、中德科技交流等方面取得了一系列成果。SAP已经初步完成了工业互联网领域产品和解决方案的升级和商品化的准备工作，正朝着推动标准、打造生态的方向前进。

1. 2013年：积极参与工业4.0发布

SAP作为德国软件企业的旗帜，从一开始就与工业4.0结下了不解之缘。事实上，孔翰宁博士被誉为“德国工业4.0总设计师”，是德国政府任命的“工业4.0平台的全球代表和顾问”，曾在SAP工作三十多年，并担任SAP全球CEO。SAP作为工业4.0发起成员中的软件企业的代表，在工业4.0的发布及后续的推广和实践过程中发挥了重要的作用。

2. 2014年：发布第一代智能工厂解决方案

2014年，当工业4.0概念方兴未艾之时，SAP结合了Elster的智能工厂案例，在汉诺威工博会发布了第一代智能工厂解决方案。

Elster是德国的一家从事天然气、电和水测量仪器的企业。面对德国和欧盟的智能电网市场的爆发性需求，需要大幅度提高工厂的生产效率和生产柔性，以适应产品多样性带来的挑战。Elster的工厂生产线，既要生产多变量（如1万个）+

少批量（如1个）的产品，也要生产少变量（如10个）+大批量（20万个）的产品。可以想象，生产线的布置调整、工装夹具的重新设定、设备数控代码的更新等工作极为频繁，不仅降低了生产效率，也为产品质量的稳定性带来了潜在的问题。

长期以来，伴随着业务的成长，围绕产线的每个重要工位，Elster陆续应用了不少为现场服务的软件，用于物料装配、质量控制以及加工辅助。但这些软件不仅相互之间标准不统一，且与顶层的ERP和底层的PLC之间的连接也都存在不少问题。当Elster需要提高生产线的柔性，并加强对加工和装配的质量控制时，这些在制造现场的分散的软件应用就成为瓶颈。

通过基于SAP的制造执行系统MES和SAP的工厂连接组件组成的解决方案，Elster实现了垂直集成的数字化工厂，实现了生产前的IT与OT一体的生产开发、生产中的生产逻辑的灵活控制，以及更高水平的现场质量管理，如图12-2所示。

分布割裂的多个现场应用

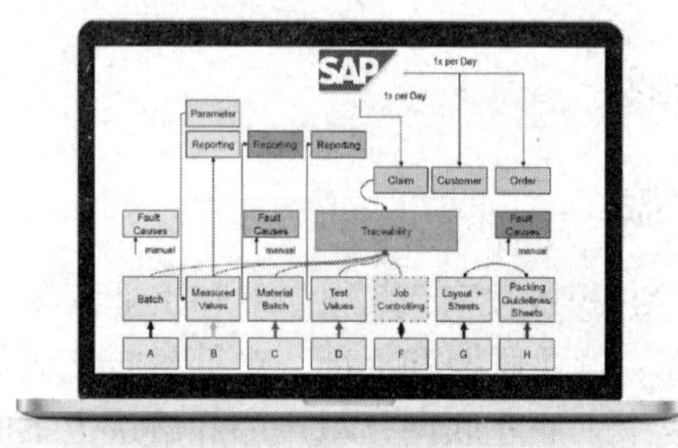

标准统一、垂直集成的智能工厂

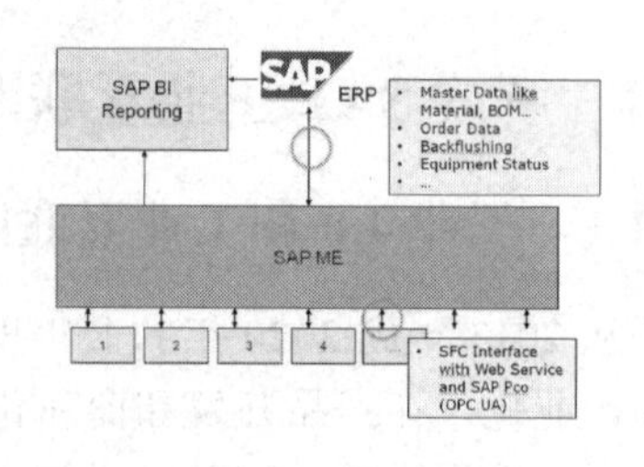

图12-2 Elster从过去的分布割裂的多个现场应用，转向标准统一的面向垂直集成的智能工厂

3. 2016年：发布第二代智能工厂解决方案

时隔两年，SAP再次在汉诺威工博会上发布了第二代的智能工厂解决方案。与前一次不同，这一次的方案聚焦在水平集成和产品的全生命周期集成，合作的对象是一家在机械工程行业专注于设计和生产空气压缩系统的德国家族企业——凯撒压缩机（以下简称凯撒）。

传统的空压机设备商的商业模式是以制造为中心。凯撒创新地引进了工业4.0/工业物联网解决方案，如图12-3所示。凯撒通过采用SAP第二代智能工厂解决方案（见图12-4），在大数据分析和预测性维护技术的支持下提高了运行效率，在新的运营商模式的成功运行中扮演了重要的角色。

打通整个端到端业务链条的数据，是这个商业模式得以正常运行的基础。凯撒在SAP数字化制造方案的基础上，通过应用SAP资产智能网络方案，实现了跨越“经销商－制造商－运行商”的产品的“订购－制造－运行”的产品全生命周期集成和水平集成。SAP 的第二代智能工厂解决方案超越了传统工厂的边界，基于数字化双胞胎技术，将覆盖范围从工厂制造扩展到产品的全生命周期，并提供了运营过程中基于大数据的故障诊断和设备维修等功能。

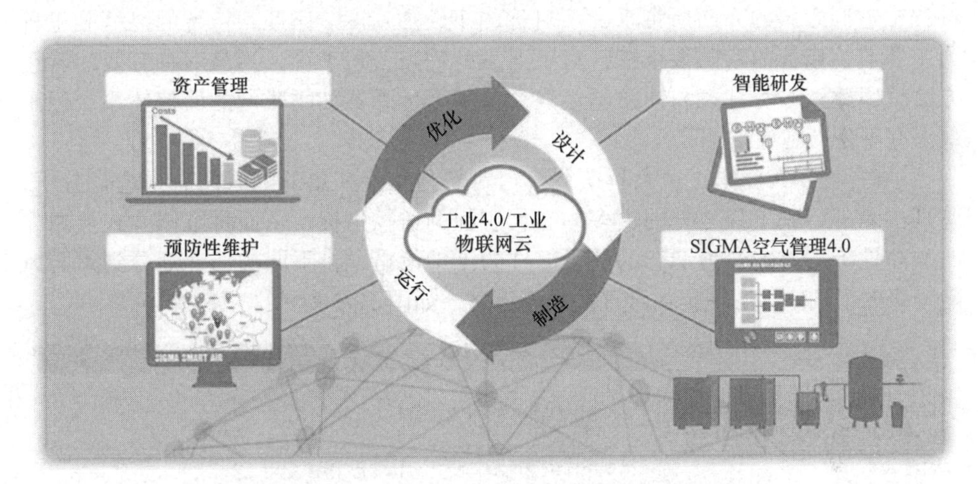

图 12-3 凯撒的工业 4.0/ 工业物联网解决方案

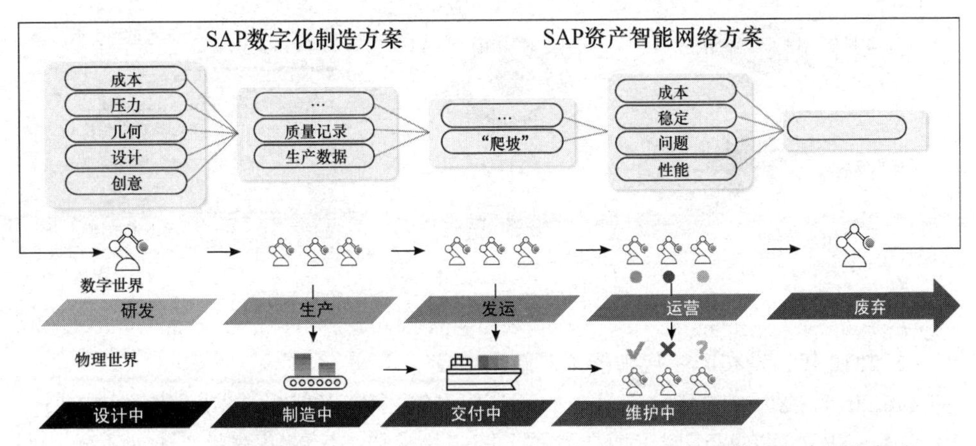

图 12-4 SAP 的第二代智能工厂解决方案实现了水平集成和产品的全生命周期集成

4. 2016 年：加大设备物联网领域投入

毫无疑问，物联网是工业 4.0 和工业互联网的核心技术。2016 年，SAP 宣布对设备物联网领域投入 20 亿欧元，并结合意大利铁路项目，在意大利宣布新的设备物联网战略。

尽管意大利整个国家的面积并不大，略小于我国的云南省，但是意大利铁路公司的列车却需要在从高山到地中海的不同的气候条件下和地理环境中运行，情况反而比较复杂。有些列车的行驶距离虽然很短，但是车轮却要承受很多的刹车和加速，车门的开关也很频繁。有些列车的行驶距离虽然很长，但主要是正常的行驶。另外，列车在左右两个车轮上常常会发生不均匀的磨损，这取决于在行驶过程中它们倾斜的方向所带来的不对称的车轮加速度。因此，传统的以行驶里程为主要监控指标的预防性维护，对于意大利铁路公司来说，不是一种有效的管理方法。因此，尽管意大利铁路已经建立了基于传感器加物联网的监控体系，但是效果并不令人满意。

通过与 SAP 合作，意大利铁路公司对从列车上采集的物联网数据进行分析，鉴别出除了行驶里程之外的更多的有代表性的监控指标，从而将维修方式从原先的预防性维护，转变为动态的基于部件的维护策略，将不同的部件划分到不同风险等级的组别中，实现更加合理的维修策略，如图 12-5 所示。

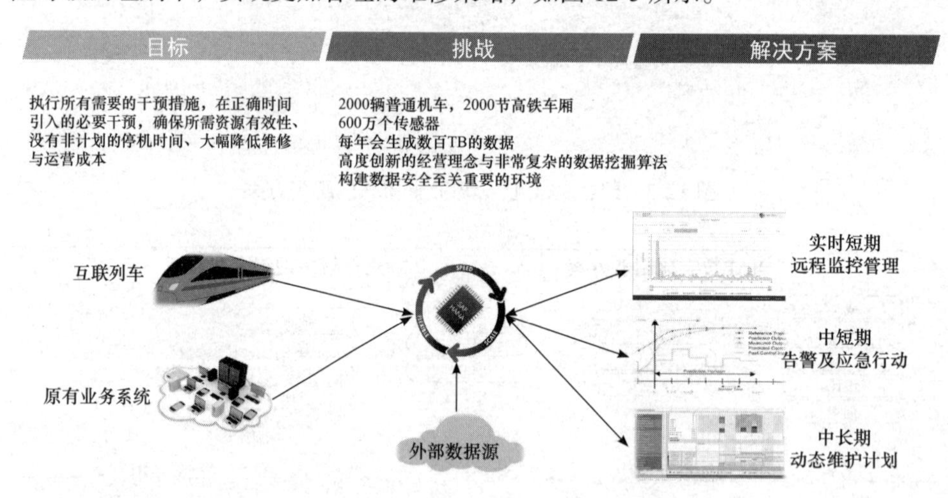

图 12-5　意大利铁路公司与 SAP 合作的物联网项目

5. 2018 年：发布第三代智能工厂解决方案

在 2014 年和 2016 年分别发布的第一代和第二代智能工厂解决方案的基础上，2018 年 SAP 再度在汉诺威工博会发布了第三代智能工厂解决方案，针对的是工业 4.0 的模块化生产需求。

所谓模块化生产，是工作站的模块化和加工工序的模块化，与之相反的是流水线生产。传统的福特制流水线，工序之间通过流水线首尾相连。而模块化生产是一种无流水线生产，具有以下四个特点：

- 独立：每一个工作站都是一个单独的模块，传统生产线的物理先后顺序上的限制不复存在。在需要的时候，模块可以随时加入和退出，不会相互影响。
- 可变：每个产品都可以有自己虚拟可变的加工流程顺序，在离开每个工作站的时候，对下一个工作站目的地做出最优决策。

- 智能：所有的产品和物料通过AGV在车间内自动运输，只有在需要的时候才会发出，从而将在制数量降到最低，提高了效率。
- 灵活：模块化提高了生产系统的扩展性和适应性，并且对产品的形状、尺寸具有更高的适应性，可以按照需要方便地进行调整。

以汽车行业为例：传统的基于流水线的汽车总装，在五大变量——节拍、工位、工艺、排序和装配件中，只有后两个变量可变，前三个变量都是固定的。而无流水线的汽车总装，则将这五个变量全部打开。在产品配置大幅度增加的前提下，生产效率有望提升20%。

6. 2019年：实现全价值链产品上云

2019年汉诺威工博会上，SAP围绕同一个产品（以智能阀为例），将覆盖端到端业务范围的应用软件，从产品设计一直到计划、采购、制造、销售、安装、运行，即“设计到运行”（Design-to-Operation，D2O），要都搬到了云上。

SAP选择智能阀门这个产品进行演示，是一个非常有代表性的选择。

- 作为一个机电产品，智能阀门可以有不同的产品配置组合，具有典型的多品种、小批量的特点，可以充分展示工业互联网技术在离散制造领域的先进性。
- 智能阀门同时又是一个工控产品，在流程工业中发挥着重要的作用，可以充分展示工业互联网与流程工业的结合。
- 在客户的视角，智能阀门也是一个精密设备，直接关系到客户现场的生产质量，需要有严格的配套措施，可以充分展示工业互联网技术在智能服务领域的进展。

SAP将跨度巨大的端到端的业务连通在一起，基于主流的工业控制和生产制造设备，面向复杂的机电产品，在工业互联网云平台上运行，创造了一项新的纪录，昭示着工业互联网端到端业务流程上的应用软件，已经可以用SaaS形态的商品化软件来实现，这是工业互联网应用落地的重要表现。

7. 建立工业4.0/工业互联网开放生态，推动行业标准化

自2011年工业4.0在汉诺威工博会上被首次提出以来，工业4.0的各个单元技术都得到了长足的发展。上文提到的“设计到运营”的应用，意味着工业4.0向大规模工程化交付的目标又前进了一大步。但是，我们依旧需要清醒地认识到，迈向工业4.0/工业互联网的最后一公里的道路上，依旧存在着巨大的难题。

经过过去几年工业物联网的迅猛发展，产品虽连接到物联网平台上，但缺乏标准化连接。如图12-6上半部分所示，这是一家典型的制造企业生产车间的例子。在生产单元分别使用了不同品牌的机床、光刻机、显示器和驱动设备。这些生产单元分别需要接入通快的Axoom平台、库卡的IIoT平台、Adamos平台、西门子的 Mindsphere 平台和博世的物联网平台。此外，该工厂的机器人选择了库卡，需要联入库卡的 IIoT 平台。而在传感器和控制设备层，使用了 IFM、Festo、Pepperl、Fuchs 等厂商的设备，它们也需要与 Heller、ASML 的设备相连，以及与 SAP 的工业物联网云平台连接。此外，生产车间的环境与健康安全管理，使用了 SAP 的 EHS 系统，也需要从上述设备中采集设备运行数据。毫无疑问，在每一个工业 4.0 项目里，这些 OT 供应商和工业物联网平台供应商之间的深度协作，都是必不可少的条件。

德国在工业 4.0 的实践中，人们也认识到不同平台之间额外的集成成本阻碍工业 4.0 规模化落地这一难题，在开放协作方面进行了有益的实践探索。最典型的开放协作实践案例是由德国的设备制造企业、软件企业自发建立起的“工业 4.0 开放联盟”。该联盟最初由 SAP 联合 6 家欧洲设备企业而成，现在已经有 70 余家会员企业。该联盟通过建立通用框架，保证联盟成员的解决方案能够互联互通，推广具有互操作的工业 4.0 解决方案和服务。

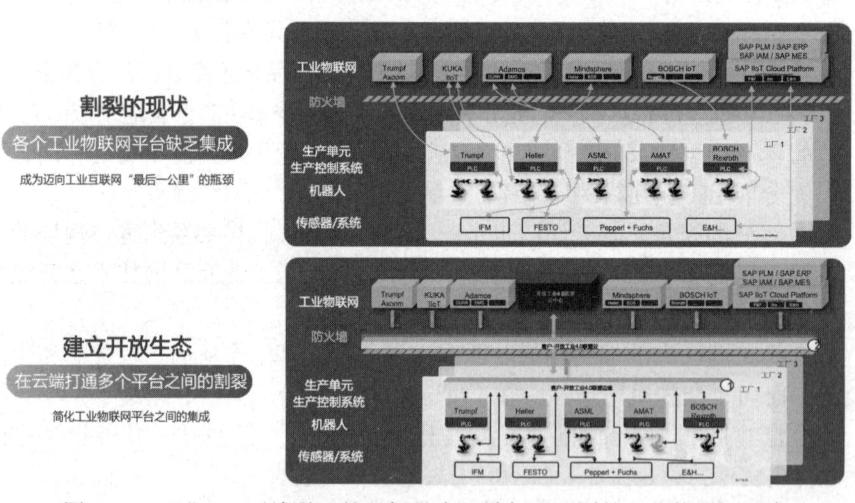

图 12-6 工业 4.0 开放联盟的目标是在云端打通不同的工业物联网平台

在推动不同的厂商平台标准相互开放的同时，SAP 同时推动行业标准的开发。通过与西门子的合作，双方将共同打造跨越产品全生命周期的，从构思 / 产品需求阶段到早期研发、细节开发、原型开发、生产直至服务的数字线程。每个制造商、产品设计团队和服务生命周期管理者都希望拥有无缝可视的数字线程，它集成了产品全生命周期的所有实时信息、反馈、性能和数据。在统一的数字线程下，每个在下游的团队都可以访问其他团队正在做的事情，企业的业务也将从反应性变为预测性，如图 12-7 所示。

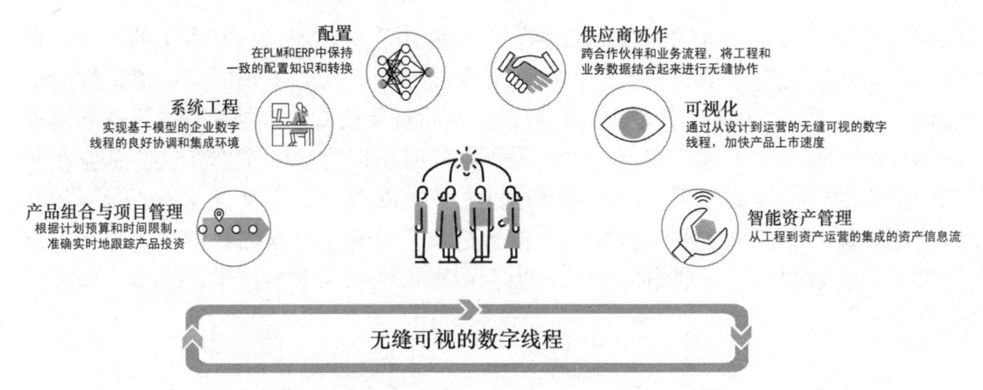

图 12-7 打造数字线程是工业 4.0 标准化的核心

12.1.2 中德共同建设工业互联网平台

中德两国在工业领域数字化的技术路线，具有很高的相似度，为中德携手共同建设工业互联网平台，奠定了良好的基础。

借鉴德国的工业互联网技术路线

基于发达的企业应用软件市场和工业自动化硬件市场，在工业互联网领域，德国已经形成了“IT 与 OT 充分融合”的技术路线，它是由企业应用软件厂商和工业自动化厂商共同推动完成的。

对于企业来说，一方面，工业互联网具有利用数字化技术推动创新的基本属性。这些创新，往往都是对企业商业模式的转型和升级。只有在新的商业模式下，实现业务的互通和闭环，才能真正实现转型和升级的目标。企业所打造的是以业务互通互联为标志的工业“互”联网。

而另一方面，工业互联网的创新来自万物互联大环境下的“物”的连接和数据分析。工业自动化厂商围绕工业大数据，特别是在设备管理和生产管理等领域，在数据采集的基础上，提供“模型 + 深度数据分析”的服务，构筑围绕“物”而展开的工业“物”联网。由此产生的数据洞察，成为推动企业应用软件业务流程，支持企业数字化转型的原动力。

德国已经形成了较为成熟的工业互联网技术路线（见图 12-8）：“在企业应用软件的整体流程框架下，充分结合工业物联网产生的数据洞察，建设工业互联网，推动企业数字化转型。”这一技术路线，一方面高度吻合了工业互联网的技术本质，另一方面也为企业迈向工业互联网的新时代提供了一个可落地的、工程化的技术手段。

事实上，德国工业互联网市场的主要客户，是成千上万的中小企业，特别是那些规模不大的各个行业的隐形冠军企业。这些企业的年收入在数千万欧元到数亿欧元不等。在IT领域里，它们已经在企业应用软件领域进行了多年的投资，在研发、采购、生产、销售和服务，以及配套的财务、人力等领域实现了良好的信息化。与此同时，在OT领域里，它们也在车间现场拥有一大批精密的设备和高素质的产业工人，在工程、制造、质量等领域具有引以为豪的实力。这些企业在激烈的国内国外市场竞争下，迫切希望通过工业互联网，实现自身业务的转型和升级。毫无疑问，如果采取自行开发的技术路线，受限于自身的规模，面对并非自己擅长的复杂的IT和OT领域知识，加上德国市场的高人力成本，绝非一条可行之路。

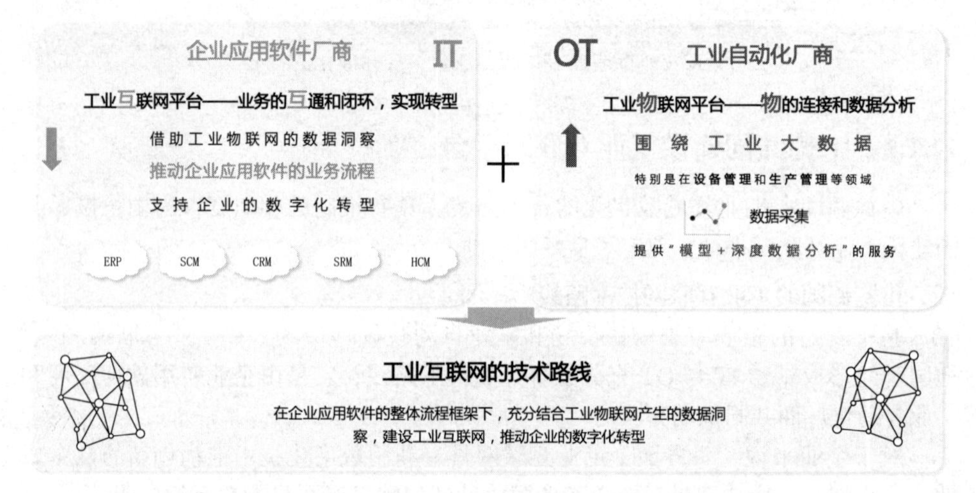

图12-8 德国的工业互联网技术路线：IT与OT充分融合

这里以一家典型的从事刀具制造的德国中小企业为例。刀具作为金属切割加工的工具，直接决定了机械制造产品的质量。德国精密刀具和加工解决方案的“隐形冠军”企业，同时也是一家中型家族企业——玛帕（MAPAL），通过与SAP和Siemens合作，打造工业互联网的方案。

玛帕在SAP的PaaS云平台上，将刀具所有的数据（无论是刀具在切削过程的工艺数据，还是刀具自身的制造数据、材料数据）都整合进来，从而实现刀具全生命周期的数据管理。在此基础上，结合玛帕对刀具使用寿命和磨损程度的理解，利用SAP现有的SaaS软件，以及在SAP的PaaS云平台上开发自己的工具，帮助客户管理自己的刀具库，优化采购流程，合理地设置刀具库存。为了帮助客户更容易地访问刀具数据和使用相关的SaaS软件，SAP还与Apple合作，开发出了基于IOS的应用，进一步促进和加快客户刀具数据管理的工作。与此同时玛帕还与Siemens合作，借助Siemens Mindsphere，采集刀具在客户工作现场的技术数据，并将这些数据传递给SAP的云平台，如图12-9所示。

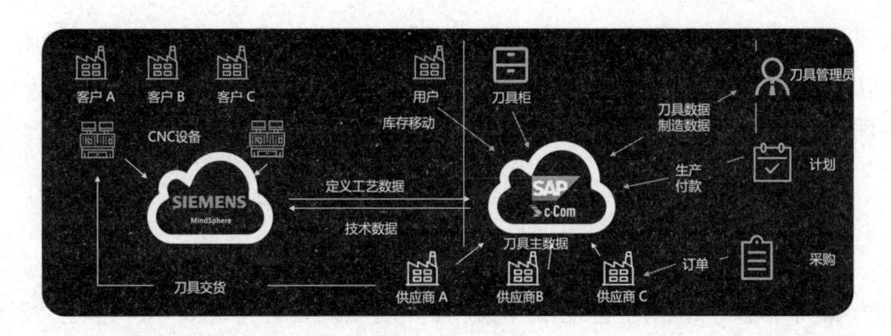

降成本：刀具综合成本下降20%　促销售：c-Com上线后刀具收入显著提升　新商业模式：卖刀具 -> 卖服务

图 12-9　玛帕使用第三方工业物联网平台采集数据，在 SAP 上建立工业互联网平台

12.1.3　中德携手建设工业互联网平台的展望

1. SAP 工业互联网的发展方向

SAP 工业互联网战略具有三大发展方向，分别是工业互联网平台运营商（Ready to Run）、工业互联网软件提供商（Ready to Sell）、工业互联网平台合作方（Ready to Build）。

首先，SAP 拥有面向物联网的 PaaS 平台，以及在 PaaS 平台之上的面向工业领域的 SaaS 软件。这些 SaaS 软件涵盖了制造企业从产品设计到产品运营的整个过程。毫无疑问，SAP 就是工业互联网平台的运营商。

其次，SAP 作为全球最大的企业应用软件提供商，拥有面向 25 个行业的解决方案，具有处理大量的工业数据和商业数据的产品、经验和能力。SAP 以提供商品化软件的方式，支持客户搭建自己的工业互联网系统。

第三，SAP 在其智慧企业产品架构中，开放了自己的业务技术平台，可以和客户、合作伙伴一道，开发针对客户业务和行业需求的工业互联网平台，共同开拓工业互联网市场。

2. 中德携手建设面向中国市场的工业互联网平台

作为德国工业 4.0 和工业互联网的典型代表企业，SAP 不断把德国的成功经验带入中国。SAP 借鉴德国工业 4.0 开放联盟模式，携手合作伙伴筹备“工业互联网创新生态联盟”，并于 2021 年 12 月 10 日在济南正式启动了工业互联网创新生态联盟（筹）启航仪式，这是构建新一代生态合作战略的创新举措。在工业互联网创新生态联盟的筹备会议上，与会的十家企业代表明确了联盟的宗旨是：开放、创新、协作和客户成功。开放是原则，创新是手段，协作是基本准则，客户成功是目标。

工业互联网创新生态联盟将借鉴工业 4.0 开放联盟的开放模式，适应中国的市场、技术特点，在中国构建工业互联网的创新生态，促进工业互联网在中国落地，助力中国企业数字化转型，引领中国工业互联网发展的正确方向，为实现中国制造业高质量发展贡献力量。

12.2 云时代 SAP 赋能战略

随着云计算技术和商业生态的成熟度日益提高，企业数字化转型正快速进入云时代。企业级应用软件厂商在拥抱云技术的同时，通过资源整合和生态重组，探索新的服务模式和商业创新逻辑。

1. RISE with SAP——云时代背景下的企业数字化转型服务新模式

SAP 早在 2018 年，云业务就超过了本地部署业务。之后，SAP 针对中国市场私有云比例高的特点，在 2021 年 1 月发布 RISE with SAP S/4HANA Cloud，private edition（私有云版本）后，实现了其 ERP 云产品 S/4HANA Cloud 对于多租户、单租户、私有云、客户数据中心部署等多种部署方式的支持。

截至 2021 年年底，SAP 已完成包括 ERP 云，CRM 云、供应链云、采购云、HR 云、费用管理云、行业云、中小企业 ERP 云的一整套的 SAP 云解决方案的本土化布局。同时，SAP 推出的 PaaS，即业务技术云平台（Business Technology Platform，BTP）提供了强大的业务拓展和创新能力。SAP 还联合本地 IaaS 云服务商，比如阿里云、中国电信等，实现了全系云产品部署在本土数据中心。

很多客户都有转云的意向和计划，但是同时也有更多顾虑，比如上云是否能实现业务云化的价值、上云周期会不会很长等。本质上，“RISE with SAP”战略的提出，其核心是业务转型即服务（Business Transformation as a Service），SAP 通过“RISE with SAP”解决了绝大部分的顾虑，可以帮助客户按照其企业自身的步调，逐步往云上走，既可以分步上云，也可以一步到位，保证了上云之后业务云化价值得以实现。

可以做到这一点，是因为“RISE with SAP”具有三个特性：一是一整套智慧企业云解决方案（包括 ERP 云，CRM 云、供应链云、采购云、HR 云、费用管理云、行业云、中小企业 ERP 云等），以及灵活的业务技术云平台，协助客户拓展与创新；二是 SAP 背书的强大实施服务和咨询服务生态，确保客户在转型的过程中没有后顾之忧；三是提供了按照客户需要的步调向云转型的灵活能力。

这种服务理念的变化体现出企业级应用软件头部厂商的战略重心已经从传统的软件产品和服务向云转型和业务创新服务转移。

在 SAP 未来的产品版图中，是没有类似 S/4HANA On-Premise 这样传统的、基于软件许可权销售模式的旧时代软件的一席之地的。SAP 的全面云化，软件的销售模式的全面订阅化的新时代已经来临。

2. SAP的全球新战略

2022年对于SAP是一个新时代的开启，因为SAP发布了全球和中国的最新战略。

（1）SAP的全球新战略

SAP的全球使命：让世界运转更卓越，让人们生活更美好。

SAP的全球愿景：成就可持续发展的智慧企业，构建企业互联的全球商业网络，共创可持续发展的世界。

SAP的全球价值定位：SAP是全球无可争议的数字经济运行底座，SAP的客户创造了87%的全球商业交易金额，全球最大的500家企业94%都是SAP的客户，SAP客户的80%都是中小企业。

（2）SAP的中国战略

SAP把自己定位为云时代"新型中国企业"赋能者，将扮演以下三大角色：

一是业务转型的好伙伴；

二是双循环的金钥匙；

三是可持续发展的同路人。

对于SAP在中国的定位，SAP全球执行副总裁、大中华区总裁黄陈宏博士在2022年3月份做客人民网"人民会客厅"视频访谈栏目时表示"新型企业"有很多关键词，可以归纳为六个特点：第一，必须进行智能化或者数字化转型，通过数字化方法决策、反应；第二，必须和上下游企业，包括同行融合到一起，产生协同效应；第三，进行产业链协同，增强全产业链竞争力，推动产业整体向行业云方向发展；第四，不但要在国内有竞争力，还要参与国际竞争；第五，企业经营做到全方面合规；第六，企业发展符合低碳要求，实现可持续发展。SAP"在中国、为中国"，做云时代"新型企业"的赋能者。